Daniel Anker/Rudolf Weiss

Skitouren
Graubünden/
Ostschweiz

Steiger-Skitourenführer

Daniel Anker/Rudolf Weiss

Skitouren Graubünden/ Ostschweiz

Steiger-Skitourenführer

STEIGER
VERLAG
st

Die Autoren:

Daniel Anker wohnt in Bern und arbeitet als freier Journalist und Fotograf in den Berei-
chen Bergsport und Tourismus. Er ist ständiger Mitarbeiter mehrerer Tageszeitungen und
Alpinzeitschriften sowie Verfasser von Bergwander- und Skitourenführern.

Univ.-Prof. Dr. Rudolf Weiss ist Professor für Erziehungswissenschaften und Ausbil-
dungsleiter für Tourenskilauf an der Universität Innsbruck. Er hat sich durch seine Tätig-
keit und zahlreiche Publikationen einen Namen gemacht. Seine Frau Siegrun unterstützt
ihn bei seinen Unternehmungen und Veröffentlichungen.

Die Deutsche Bibliothek – CIP-Einheitsaufnahme

Anker, Daniel:
Skitouren Graubünden, Ostschweiz / Daniel Anker/Rudolf Weiss. -
Augsburg : Steiger, 1997
    (Steiger-Skitourenführer)
    ISBN 3-89652-069-5

Alle Informationen und Hinweise ohne Gewähr und Haftung.

Gedruckt auf chlorfrei gebleichtem Papier.

Steiger Verlag
© 1997 Weltbild Verlag GmbH, Augsburg
Alle Rechte vorbehalten
Lektorat: Evelyn Köhler
Kartenskizzen: Steiger Verlag, Augsburg
Umschlaggestaltung und Layoutentwurf: hummel & fette, Neuburg/Donau
Satz und Reproduktion: Kaltner Media GmbH, Bobingen
Druck und Bindung: Appl, Wemding

Einbandvorderseite: Am Gipfelgrat des Schwarzhorns, ein paar Pulverschneeschwünge
oberhalb der skihistorischen Maienfelder Furgga.
Einbandrückseite: Im mittleren Teil des Anstiegs zum Piz Chalchagn. Blick zum Palü-West-
gipfel, zur Bellavista, zum Piz Bernina mit dem Biancograt und dem Piz Morteratsch.
Seite 1: Abfahrt in der Gipfelflanke des Gletschers Ducan: Der Skipionier Henry Hoek
kurvte hier auch. Seiten 2/3: Blick vom Piz Daint zu den Ortler-Alpen.

Fotos:
Daniel Anker: Einbandvorderseite, S. 1, 13, 17, 32, 66, 75, 79, 95, 104, 132, 139, 160,
169, 180, 197, 205, 223, 228, 233.
Rudolf und Siegrun Weiss: Einbandrückseite, S. 2/3, 55, 109, 115, 117, 146, 182, 184,
239, 242, 248, 251.
Christian Wüthrich: S. 228.

Printed in Germany

ISBN 3-89652-069-5

Inhalt

Vorwort

Automobilfahren

Da Fälle vorgekommen sind, in denen durch das Befahren der Straßen mit Automobilen der Post- und der Fahrverkehr überhaupt gefährdet wurde und da solche Fälle sich wiederholen und zu eigentlichen Katastrophen führen könnten, beschließt der Kleine Rat:

1. Das Fahren mit Automobilen auf sämtlichen Straßen des Kantons Graubünden ist verboten.

2. Dieser Beschluß wird zu sofortiger Nachachtung öffentlich bekanntgegeben.

Chur, den 17. August 1900
Im Auftrag des
hochl. Kleinen Rates,
Der Kanzleidirektor: G. Fient

Dieser Erlaß der Bündner Regierung, veröffentlicht im »Amtsblatt des Kantons Graubünden« vom 24. August 1900, blieb trotz heftigem Widerstand und neun Volksabstimmungen bis zum 21. Juni 1925 in Kraft. Erst dann hob eine Mehrheit der Stimmbürger in der 10. Abstimmung das Autoverbot auf, und der Kanton Graubünden erlaubte das Autofahren (vorerst nur auf den Hauptverkehrsstraßen) als letzter Kanton der Schweiz.

Hände weg: 25 Jahre blieb das Auto aus Graubünden verbannt. Nötig ist es noch heute nicht, um vom Hasenflüeli über den Grat hinweg zum Eggberg zu blicken – und um dann durch die schattige Tiefe zurück nach St. Antönien zu fahren (Tour 15).

Skitouren in der Schweiz

Winter für Winter gibt es mehr Skiläufer, die dorthin fahren, wo Felle, Laufbindung und eigene Muskelkraft für den Aufstieg benötigt werden. An die Ausgangspunkte – und an die frische Luft – gelangen die meisten Tourenfahrer mit dem umweltschädigenden Privatauto. Dabei könnte man gut Skitouren auch mit Bahn und Bus angehen – wie früher, als es im Jahrbuch des Schweizerischen Ski-Verbandes (SSV) noch lautete: »Eine Fahrt im Sportzug gehört zu einem Sonntag im Schnee wie das Wachs zum Skiläufer.«

Unsere Vorgänger sind mit den öffentlichen Verkehrsmitteln nicht schlecht (Ski) gefahren. Ganz gewiß nicht die Mitglieder des Akademischen Alpenclubs Zürich, die zusammen mit dem Akademischen Skiklub Karlsruhe (darunter der große deutsche Skipionier Wilhelm Paulcke) die Neujahrstage 1911/12 im Hochtal von Avers verbrachten und wahrscheinlich die Ski-Erstbesteigungen von Piz Platta, Piz Piot und Gletscherhorn machten. Teilnehmer Karl Steiner gibt im 8. SSV-Jahrbuch Hinweise zur Anreise ins Avers: »Die Post fährt im Winter nur einmal im Tage von der Bahnstation Thusis der Albulabahn herauf. Doch befördert sie von Andeer an nicht mehr als eine Person, so daß man wohl stets in den Fall kommen wird, hier einen Privatschlitten zu mieten.«

Etwas beengte Verhältnisse also. In der Zwischenkriegszeit wuchs die Zahl der Postauto(plätze) wie auch die der Skifahrer. »In Thusis haben wir die Rhätische Bahn und mit ihr auch den Hauptstrom der Osterskifahrer verlassen«, beschreibt Eugen Wenzel eine Osterskifahrt auf den Pizzo Stella (1936 in der Zeitschrift »Die Alpen« des Schweizer Alpen-Clubs): »Bis Andeer bleiben wir noch in Gesellschaft von einem Dutzend Skifreudigen, die nach Splügen weiterfahren. Wir selbst müssen hier den bequemen, ledergepolsterten Sitz des Postautomobils mit der schmalen Bank der Averser Postkutsche vertauschen. Damit ist auch auf einmal alles viel heimeliger geworden.«

Die Heimeligkeit hörte in den fünfziger und sechziger Jahren auf. Nun begann man, mit dem Auto skizufahren. »Wenn die Abendkälte einbricht, beginnt der gewaltige Ansturm nach den Parkplätzen«, heißt es im Band »Obertoggenburg« der »Schweizerischen Alpenposten« von 1951: »Hunderte Privatwagen, Dutzende Cars setzen sich in Bewegung; der ganze Troß der Postautos nimmt das Hin und Zurück talabwärts wieder auf«. Nicht alle konnten sich damals einen PKW leisten, und so waren sie noch auf Postauto und Bahn angewiesen – zu ihrem Vorteil: »Dann streckt man im warmen Eisenbahnwagen alle Viere von sich und summt der süßblickenden Nachbarin ins Ohr: ›Vivere ...‹« Wohl stiefeln heute zusehends mehr Skibergsteiger mit Sack und Stöcken durch die Gänge von Intercity- und Regionalzügen, doch an den Startpunkten klassischer Skitouren, wie etwa beim Berghaus Malbun in der Alviergruppe, auf dem Julier- oder Flüelapaß, in Hinterrhein am Fuß des Chilchalphorns, ist an einem sonnigen, verschneiten Februar- oder Märzsonntag nach 9 Uhr morgens die Parkplatznot größer als beim Weihnachtseinkauf in der Zürcher Innenstadt. Und wenn Start und Ziel einer Skitour meilenweit auseinanderliegen, reisen einige Tourenskifahrer mit zwei Autos zuerst ans Ziel, stellen dort eines ab, rasen zurück zum Ausgangspunkt, machen die Tour, holen dann vom Ziel mit dem einen Auto das andere am Start ab – und bleiben später auf der Rückreise im Stau stecken. Anders gesagt: Um auf der Skitour die in der Stadt so spürbar vermißte, saubere Luft einzuatmen, verschmutzen die meisten Skitourenläufer sie noch zusätzlich.

GUTE GRÜNDE FÜR SCHIENE UND SCHNEE

Mehr Natur: Der Tourenskilauf ist sicher eine der umweltschonenden Sportarten, wenigstens oberhalb der Waldgrenze. Darunter sieht es dann (für Jungwald und Tiere) nicht immer so günstig aus, aber gegenüber dem Pisten- und Variantenskifahren weisen Skitouren eine gute Ökobilanz auf. Damit dies auch für An- und Rückreise gilt, könnte man doch Zug um Zug etwas für die verschmutzte Umwelt tun, auch wenn sie im Winter in den Bergen so weiß und gesund aussieht.

Mehr Zeit: Die An- und Rückreise mit öffentlichen Verkehrsmitteln dauert meistens länger als mit dem Privatauto. Und trotzdem hat man mehr Zeit: Im Zug kann man die Zeitung und endlich dieses oder jenes Buch lesen, sich entspannen, essen, schlafen, die Karte und den Führer nochmals studieren. Beim Umsteigen bzw. beim Warten auf die nächste Abfahrt kann man den Rucksack umpacken, vielleicht auch letzte Einkäufe tätigen, die Felle aufziehen, die Lawinenverschütteten-Suchgeräte kontrollieren und sich mit Sonnencreme einschmieren, so daß man nach der Ankunft gleich gegen den ersten Gipfel losziehen kann. Im Frühjahr ist man dann schon etwas spät dran, wenn man erst am Morgen anreist (nur wenige Züge fahren während der Nacht). Deshalb empfiehlt sich in einigen Fällen die Anreise am Vorabend. Das kostet mehr Geld (Übernachtung), dafür hat man am Morgen mehr Zeit fürs Frühstück. Nicht immer, freilich: Um einen Gipfel im vorderen Teil eines Tales anzugehen, an dessen Basis sich aber keine Unterkunft befindet, logiert man weiter hinten im Tal und gelangt mit dem Postauto-Morgenkurs talauswärts. Und noch etwas: Wie lange dauert es, nach einer mehrtägigen Skidurchquerung das am Startpunkt abgestellte Auto zu holen? Meistens sehr lange. Auch dann übrigens, wenn man eine Haute Route unterwegs abbrechen muß. Wer nicht noch den zuhinterst in einem Tal eingeschneiten Wagen suchen und ausbuddeln muß, wird um einige Stunden früher zu Hause in der Badewanne sitzen und mit den neuen Skirouten-Landeskarten der Schweiz, wo auch die Autobuslinien mit Haltstellen eingezeichnet sind, die nächste Bahn-Bus-Skitour planen können.

Mehr Geld: Für vier Leute sei die Fahrt mit einem Auto viel billiger als mit der Bahn, heißt es. Das mag stimmen, wenn man ausschließlich den Preis für verbrauchtes Benzin rechnet. Aber das Auto bezahlt man ja schließlich nicht nur an der Zapfsäule. So teuer ist das Zugfahren in der teuren Schweiz übrigens gar nicht. Da gibt es bekanntlich das Halbpreisabonnement, das auf fast allen Bahn-, Bus- und Schiffslinien und auch bei manchen Seilbahnen die Fahrt zum halben Tarif ermöglicht. Dann sind mit diesem Halbpreisabo verbilligte Tageskarten zu kaufen, mit denen man fast in der ganzen Schweiz herumfahren kann. Und schließlich lohnt es sich, Rundreisefahrkarten zu lösen, die günstiger sind

Der Name stimmt: Das Berghaus unterhalb der Weissfluh ist heimelig, der Apfelkuchen von Fritzi legendär. Prinz Charles weiß das auch (Tour 1).

als zwei einfache Fahrten. Noch zu erwähnen sind zwei spezielle Tickets für Ausländer, die in der Schweiz mit öffentlichen Verkehrsmitteln reisen: die Swisscard und den Swisspaß (an den Niederlassungen des schweizerischen Tourismusverbandes wird man den kleinen, aber wichtigen Unterschied gerne erklären). Etwas ist in jedem Fall sinnvoll: das dreibändige Offizielle Kursbuch der Schweiz, worin man lückenlos die erforderlichen Angaben findet – zum Preis von etwa der Hälfte der schweizerischen Autobahnvignette. Und wem das blaue Zug-/Seilbahn-/Schiff-Kursbuch und der gelbe Autobus-Band zu schwer sind, nimmt nur die entsprechenden Seiten mit oder schreibt sich die Verbindungen heraus. Allerdings: Für das hier besprochene Gebiet bietet sich der »Graubünden-Fahrplan« mit allen Zügen, Postautos und Seilbahnen an; er kostet nur 2 Franken und ist an den Schaltern erhältlich. Skitouren-Ausgangspunkte sind in der Schweiz mit öffentlichen Verkehrsmitteln gut zu erreichen: Das Land weist ein ungewöhnlich großes und dichtes Bahn- und Busliniennetze auf, dazu kommt das Postauto als Feinverteiler. Mit Bahn und Bus zu Skitouren anzureisen heißt: ohne viel Zeitverlust und allzu häufiges Umsteigen unterwegs sein – vielleicht muß man am Ende einer großen Abfahrt die Ski zur nächsten Station tragen. Aber das ist als ein geringer Obolus an den Erhalt der Natur, die einem immerhin solch ein Vergnügen ermöglicht, zu betrachten.

Mehr Abenteuer: Skitouren mit öffentlichen Verkehrsmitteln bringen ungeahnte skifahrerische Vorteile. So muß man nicht mehr auf die Traumabfahrt durch den nordseitigen Pulverschnee verzichten, nur weil das Auto am Fuße der verharschten oder gar aperen Südseite steht. So kann man auf der einen Seite eines Berges eine Seilbahn benützen, um dann auf der andern Seite viele Höhenmeter hinunterzukurven. So kann man von einem Tal zum andern gleiten und entdeckt immer neue Berge und Orte. Sicherlich braucht man mehr Erfahrung und sichere Verhältnisse, wenn Aufstieg und Abfahrt nicht über die gleiche Route erfolgen. Aber was gibt es Schöneres und Aufregenderes, als am Samstag nachmittag von einem sonnigen Gipfel über nicht mal von einer Aufstiegsspur berührte Hänge zu schwingen, hinunter ins Bergdorf, wo man herzlich willkommen geheißen wird? Und am nächsten Morgen geht es neuen weißen Gipfeln zu. Skitouren mit öffentlichen Verkehrsmitteln, das ist mehr Abenteuer, mehr Ambiente und mehr Unabhängigkeit (außer vom Fahrplan ...).

Mehr Planung: Solche Skitouren erfordern mehr Planung. Man kann nicht alles Wichtige und Überflüssige ins Auto werfen und zum erst- oder vielleicht auch zweitbesten Skiberg davonbrausen. Man wird nämlich nur das wirklich Nötige mitnehmen wollen, denn je leichter der Rucksack, desto mehr Spaß. Allerdings kann überflüssiges Material oft auch deponiert werden, zum Beispiel wenn man vor und nach der Tour gleichentags wieder an einem bestimmten Ort (Unterkunft, Bahnhof usw.) vorbeikommt. Nicht überflüssig ist jedoch eine Stirnlampe, damit man auch bei einbrechender Dunkelheit den Weg zum kalten Wartesaal oder warmen Berggasthaus findet. Ohne Planung geht es nicht: Man muß die Routen genau auswählen, das Lawinenbulletin und den Wetterbericht abhören, die Bahn-Bus-Verbindungen heraussuchen, den Schlafplatz telefonisch reservieren. Welche Skitouren zu welcher Jahreszeit in Graubünden und in der Ostschweiz mit öffentlichen Verkehrsmitteln lohnend durchführbar sind, will dieser Führer aufzeigen. Wir wünschen angenehme Fahrt im Schnee wie in der Bahn.

Skitouren in Graubünden und der Ostschweiz

66 Skitouren in Graubünden und in der Ostschweiz, zusammengefaßt in 28 normalen oder verlängerten Wochenenden zwischen Dezember und Juni: Dieser Führer stellt eine Auswahl von je vier Tourengebieten pro Monat vor, vom Alpstein zu den Livigno Alpen und von der Silvretta zu den Adula Alpen. Die 66 Skitouren (dazu nochmals halb so viele Varianten und Ausweichtouren) richten sich an Anfänger wie Könner und berücksichtigen, daß nicht Monat für Monat jeweils samstags und sonntags ideale Schnee- und Witterungsverhältnisse herrschen. Ebenso wurde darauf geachtet, nicht nur lohnende

Skitouren im östlichen Drittel der Schweiz mit allen alpinistischen und touristischen Angaben vorzustellen, sondern auch auf andere Sehenswürdigkeiten hinzuweisen: schöne Dörfer, heimelige Berghütten, bedrohte Landschaften. In diesem Sinne werden die 28 Skitouren-Wochenenden zu Entdeckungsreisen in den Bergen und Tälern zwischen Bodensee und Engadin.

Natürlich konnten in Graubünden nicht alle 150 Täler berücksichtigt werden. Ein paar Ecken, wie etwa die sehr besuchenswerte Val da Camp südlich des Berninapasses, wird man in diesem Skitourenführer vergeblich suchen. Andere Berge dieses größten Kantons, zum Beispiel so markante Gipfel wie der Oberalpstock und der Tödi, oder diejenigen der Gotthard Alpen und der Valle Mesolcina, stellt der Steiger-Skitourenführer »Zentralschweiz – Tessin« vor. Bei der vorliegenden Auswahl wurde bewußt darauf geachtet, daß das Ziel der einen Wochenendtour mit dem Start der andern zusammenfällt, so daß sich aus den Skitouren fürs Wochenende plötzlich Skitourenwochen ergeben. Vielleicht muß vom Ende der einen Abfahrt zum Beginn des nächsten Aufstieges kurz die Bahn oder das Postauto benützt werden. Die Zeit zwischen den Anschlüssen gibt die Möglichkeit, in einem der rund 1200 Bündner Restaurants mit einem Glas Maienfelder oder Jeninser auf die erreichten und geplanten Schneeberge anzustoßen. Aber bitte nicht vergessen, auch Brot und Wurst oder eine Gerstensuppe zu bestellen!

TOURENWOCHEN

Im folgenden sei kurz zusammengestellt, welche Wochenenden gut miteinander zu Skitourenwochen kombiniert werden können, und wann die beste Urlaubszeit dazu ist.

Ostschweizer Runde: Spitzmeilen – Pizol – Alvier – Churfirsten – Säntis. In Berührung mit den schönsten St. Galler Spitzen kommen, für sechs bis sieben Tage im Januar und Februar. Touren 10–11, 19–20 und 21–22.

Davos-Arosa-St. Antönien: So heißt der Untertitel zum Blatt »Prättigau« der Landeskarte der Schweiz mit Skirouten. Und so machen wir es auch: je zwei Tage zwischen Davos und Arosa, zwischen dem Schanfigg und dem Prättigau, im Tal von St. Antönien. 6 Tage, beliebig verkürz- oder verlängerbar, ideal im Januar oder Februar. Touren 1–2, 12–13 und 14–15.

Rätikon à la carte: Fünf Tage Anfang März. Als erste Gänge Chrüz, Eggberg und Riedchopf, als Hauptspeisen Sulzfluh und Großer Drusenturm, und als Nachspeise einen Kaiserschmarrn in der Bahnhofgaststätte von Feldkirch. Touren 14–15 und 28–30.

Silvretta: Märzensonne, Piz Buin und Hüttenleben. Zuerst Heidelberger Hütte, dann Chamanna Tuoi. Ein paar Tage bis ein paar Wochen – die Silvretta gibt skiläuferisch viel her. Touren 25–27 und 45–46.

Val Müstair: Alles, was für eine herrliche Skitourenwoche zwischen Dezember und März gebraucht wird, ist dort. Nur Sitzleder für die lange Anreise in die östlichste Ecke der Schweiz wird benötigt. Touren 7–9 und 16–18.

Engadiner Steilflanken: Zum Auftakt den Muttler ganz zuunterst im Unterengadin erfahren, in der Wochenmitte die zentrale Bernina-Gruppe kennenlernen, und zum Schluß noch den Piz da la Margna ganz zuoberst im Oberengadin sehr intensiv erleben. Mai ist empfehlenswert. Bedingungen sind sichere Verhältnisse und sicheres Skifahren. Touren 54, 57, 64–66.

Albula Haute Route: Das Grialetsch-Gebiet läßt sich gut in die Ducan-Kesch-Tour miteinbeziehen. Von der Keschhütte über Piz Grialetsch zur Grialetschhütte und am nächsten Tag Flüela Schwarzhorn. Oder an der Flüela (Taxi oder zu Fuß) starten und die Durchquerung der ganzen Albula Alpen mit einer Abfahrt vom Gletscher Ducan nach Bergün, Bahnfahrt nach Preda, Aufstieg auf den Piz Jenatsch und Abfahrt nach Tinizong an der Julierpaß-Straße beschließen: eine feine Sache in einer sonnigen März- oder Aprilwoche. Touren 35–36, 42–43 und 62–63.

Averser Sommerskiwoche: Die Angaben zum ganz anderen Wochenende im Juni verraten, wie man zu ganz ungewöhnlichen Fahrten kommt. Touren 58–59 und 60–61.

Vom Beverin über Tambo zum Platta: Das Wochenende auf dem Schamserberg läßt sich sehr gut mit denjenigen im Safiental und am Splügenpaß verbinden; vom Bärenhorn ins Rheinwald gleiten, dessen südliche Berge aufsuchen und schließlich im Avers mit dem Piz Platta den siebten und höchsten Gipfel dieser mittelbündischen Skireise erreichen. Unternehmen für März und April. Touren 31–32, 33–34, 37–38 und 40.

Durchquerung Rheinwald – Medel: 1. Tag Hinterrhein – Zapporthütte; 2. Tag Rheinwaldhorn – Capanna Adula – Lago di Luzzone (Uferweg erst passierbar, wenn schneefrei!) – Capanna Motterascio; 3. Tag Piz Valdraus – Capanna Scaletta; 4. Tag Piz Medel – Fuorns. Minimum vier Tage mit folgenden zusätzlichen Gipfeln und Hütten: Rheinquellhorn, Güferhorn, Grauhorn, Pizzo di Cassimoi, Piz Terri, Piz Vial, Piz Uffiern, Piz Cristallina etc.; Läntahütte, Terrihütte, Medelserhütte. Mitte Mai bis Mitte Juni. Touren 47–49, 50–53.

TAGESAUSFLÜGE

Manchmal hat man leider nur einen Tag zur Verfügung, um auf den Brettern zu stehen. Man darf dann nur nicht zu hoch hinaus wollen, und eine Route, in welche die Morgensonne hineinbrennt, sollte man wenigstens im Frühling besser vermeiden. Die Ostschweizer Touren sind alle locker auch als einzelne Tagestouren durchführbar. Gleiches gilt für die Ziele in Nordbünden (zum Beispiel die 3200-Meter-Abfahrt von der Weissfluh). Die Ilanzer Köstlichkeiten können als Tagesportionen genossen werden, ebenso einige der Averser, wenn nicht gerade ein Wärmeeinbruch für Gefahr sorgt. Im Frühling sind Tagesausflüge mit Ski und Rucksack verständlicherweise eingeschränkt, doch das Surettahorn bei Splügen zum Beispiel darf mit seiner nordwestseitigen Route, die noch mit den Liften der Tambo-Skiregion verkürzt werden kann, gewiß noch nach Tagesanbruch angegangen werden.

Auf alle Fälle sollte man auch auf Tagestouren immer die Zahnbürste, Reservewäsche und ein paar Zusatzfränkli dabei haben. Denn zwischen Säntis und Piz Bernina glitzern so viele Skiberge, daß die Verlockung groß sein wird, in diesem Berghotel oder jener Chamanna vom Sonnenaufgang am nächsten Tag zu träumen.

Zum Gebrauch des Führers

An- und Abreise: Zu den Touren reisen wir ausschließlich mit öffentlichen Verkehrsmitteln an, wobei Zürich, Basel oder Bern die Startbahnhöfe bilden. Von Basel und Bern dauert die Fahrt nach Zürich je rund eine Stunde, von dort nach Chur eineinhalb Stunden. Von Chur führt die schmalspurige Rhätische Bahn, die Lebensader Graubündens und größte Privatbahn der Schweiz, zu allen wichtigen Orten im Kanton. Nach Ilanz, von wo die Postautolinien nach Vals und Vrin fahren, dauert die Fahrt 40 Minuten. Bis Thusis, dem Ausgangsort der Linien ins Schams, nach Splügen und ins Avers, braucht man nur so viel Zeit wie für einen eher kurzen Gipfelaufenthalt (30 Minuten). Das Postauto nach Cresta Avers benötigt dann schon etwas mehr Zeit; insgesamt ist man von Zürich in dieses Tal mit seinen hervorragenden Skitourenmöglichkeiten rund 3 Stunden unterwegs. Wer ins Engadin will, bedarf noch mehr Sitzleder. Zwei Stunden allein dauert die allerdings dank landschaftlicher und (eisenbahn-)technischer Sehenswürdigkeiten überaus kurzweilige Fahrt von Chur nach St. Moritz. Sitzt man etwa gar noch im prunkvollen Speisewagen des »Glacier-Express«, so erreicht man das größte und berühmteste Bündner Tal fast zu schnell. Wer ganz lange fahren möchte, reise nach Samnaun: Von der Hauptstadt Graubündens gelangt man in fünf Stunden in die Zollfreizone am äußersten Rand der Schweiz. Nur halb so viel Zeit muß aufwenden, wer von der größten Schweizer Stadt die größte Gebirgsstadt erreichen will: zweieinhalb Stunden von Zürich nach Davos, wobei man nicht vergessen darf, in Landquart und nicht erst in Chur den Schnellzug zu verlassen. Leider fährt im Winter von Davos kein Postauto über den Flüelapaß nach Zernez, dem Ausgangspunkt für die mit Kurswagen bediente Ofenpaß-Strecke ins Münstertal. Man muß also mit dem Zug den Umweg über Samedan machen. Doch in der Bahn kann man besser den Wochenend-Skitourenführer lesen – oder auch die Zeitung, in der vielleicht über den Stand der Bauarbeiten am Vereinatunnel von Klosters ins Unterengadin berichtet wird. Dieser Eisenbahntunnel, der die Fahrt von Landquart nach Scuol beispielsweise um zwei Stunden verkürzt, soll 1997 eröffnet werden, allerdings auch mit Autoverladung – sozusagen eine Auto-Bahn ins Unterengadin.

Wer sich hingegen um Zeitgewinne und direkte Verbindungen nicht groß kümmern möchte, sondern beim Ausflug nach Graubünden möglichst schnell auf den Ski stehen will, der oder die fahre gar nicht dorthin, sondern schaue sich in der Ostschweiz um. Es gibt da nämlich ein paar ganz ansehnliche Berge, die im Winterkleid noch viel mächtiger wirken. Im Juni ermöglichen dann nur noch die Firne am Alpenhauptkamm Fahrvergnügen. Und das gibt es doppelt für diejenigen, welche in die Bahn zusätzlich zu den Brettern auch gleich das Bike mitnehmen.

Auf Angaben von Abfahrtszeiten wurde verzichtet; hingegen wurde teils angegeben, wann der erste oder letzte Zug/Bus fährt. Die Fahrplanfelder des offiziellen Kursbuches der Schweiz sind in eckigen Klammern angeführt, so daß sich die Verbindungen rasch herstellen lassen. Dabei bedeuten 3 Ziffern = Bahn, 3 + 2 Ziffern = Bus/Postauto, 4 Ziffern = Seilbahn. Bei Postautos und Seilbahnen stehen im Kursbuch auch Telefonnummern, wo man weitere Informationen bekommt.

Unterkunft: Wenn möglich, werden die Unterkunftsmöglichkeiten mit Telefonnummern einzeln angegeben. Gibt es mehr als vier Unterkünfte pro Ort, so vermittelt der lokale Verkehrsverein eine Bleibe für die Nacht. Der Verkehrsverein Graubünden (Adresse siehe wichtige Telefonnummern) weiß Bescheid über die 50 000 Betten in den knapp 1000 Hotels und über die 29 000 Plätze in Gruppenunterkünften.

Die Hütten des Schweizer Alpen-Clubs sind immer offen (oder wenigstens der Winterraum); wenn der Hüttenwart anwesend ist, kann man ihm einfache (!) Sachen zum Kochen geben oder das Menü bestellen; sonst kocht man selbst. Es empfiehlt sich, die Unterkünfte vorher telefonisch zu reservieren.

Material: Unter normaler Skitourenausstattung ist die übliche Ausrüstung für den Tourenskilauf in unvergletscherten Gebieten und ohne alpinistische Gipfelanstiege zu Fuß gemeint. Dazu gehören in jedem Fall neben Lawinenverschütteten-Suchgerät und Schneeschaufel Höhenmesser, Kompaß, Harscheisen, Biwaksack und Stirnlampe, damit man auch bei einbrechender Dunkelheit den Weg ins Berggasthaus findet. Unter Material für eine Skihochtour ist zu verstehen: Anseilgürtel, je 4 Reepschnur-stücke und Karabiner, Eisschraube, Pickel, Steigeisen, Seil. Und, ganz wichtig, der »Graubünden-Fahrplan« mit allen Zügen, Post-autos und Seilbahnen; er kostet nur 2 Franken und ist an den Schaltern erhältlich.

Karten: Die Nummern beziehen sich auf die Landeskarte der Schweiz: 3 Ziffern = Maßstab 1:50 000; 4 Ziffern = Maßstab 1:25 000. S = mit eingezeichneten Skirouten (rot) und Post-autolinien (gelb).

Jahreszeit: Die Gliederung der Skitouren fürs Wochenende nach Monaten berücksichtigt sinnvolle Ziele für die jeweilige Jahreszeit und dient damit der Sicherheit. Beim Tourenskilauf beginnt die Sicherheit mit der Auswahl eines der Jahreszeit (und natürlich den entsprechenden Verhältnissen) angepaßten Zie-les. Mit andern Worten: Die eine Tour ist im Februar am gün-stigsten (und auch lohnendsten), die andere erst im Mai – nor-malerweise. Denn mit den verrückten Wintern der letzten Jahre müssen die aktuellen Verhältnisse viel stärker berücksichtigt wer-den als früher – Frühlingsskitouren, falls sie nicht über zer-schrundete Gletscher führen, locken nun plötzlich schon im Januar, während Voralpentouren in tieferen Lagen auf einmal nur noch im März nach Schneefall bis in die Niederungen für kurze Zeit gemacht werden können.

Weiters wird beim Stichwort »Jahreszeit« angegeben, in welchen anderen Monaten die vorgestellte Wochenend-Skitour ebenfalls häufig günstige Verhältnisse aufweist: So ist der Piz Bernina nicht nur im Juni, sondern auch schon im Mai ein hohes Ziel, während der Piz Piot von Juf aus mindestens sieben Monate im Jahr mit Ski befahren werden kann.

Ausweichtour: Hier steht, welche Touren alternativ unternommen werden können, wenn die vorgestellten schlechte Bedingungen aufweisen sollten oder wenn das Wetter nur kleine Ausflüge zuläßt. Manchmal sind die Ausweichtouren nur aufgelistet, teils genau beschrieben – oder es ist an dieser Stelle auch eine Ergänzungstour oder eine Variante näher vorgestellt.

Besonderes: Da erfährt man weitere wichtige Details für ein erfolgreiches Wochenende: Wann die Anreise am Vortag angezeigt ist, wann mit Schießübungen der Schweizer Armee zu rechnen ist (wenn jemand die Wochenendtour während der Woche unternehmen möchte) oder ob es speziell zu berücksichtigende Wetterverhältnisse und andere Besonderheiten gibt.

Schwierigkeit: Die vorliegende Schwierigkeitsbewertung basiert auf der Skala der Skitourenführer des Schweizer Alpen-Clubs, die sich ihrerseits auf die französische Blachère-Skala stützt. Die Skala wurde etwas erweitert. Hier die Übersicht:

MS – Mittlere Skifahrer: Geländeform: Flaches bis mäßig steiles Gelände. Nur vereinzelte, kurze, gut ausfahrbare Steilstufen. Engpässe sind flach und können gut abgerutscht werden. Keine oder wenig Gräben und Buckel. Geringe Abrutschgefahr.

GS – Gute Skifahrer: Geländeform: Mäßig bis steiles (ca. 35°) Gelände. Steile Passagen bieten noch recht viel Bewegungsfreiheit. Vereinzelte Engpässe, in denen kurz geschwungen werden muß. Vermehrt Gräben und Buckel. Abrutschgefahr.

SGS – Sehr gute Skifahrer: Geländeform: Steiles bis sehr steiles Gelände (40°, kurze Abschnitte auch steiler), das in der Regel in der Fallinie befahren werden muß. Sehr viele Engpässe, oft kurz hintereinander. Schmale Rücken, die in der Fallinie zu befahren sind. Ungleichmäßiges, rauhes Gelände. Ausrutschen kann schwerwiegende Folgen haben (Felsstufen, tiefe Gräben etc.).

MAS – Mittlere Alpinskifahrer
GAS – Gute Alpinskifahrer
SGAS – Sehr gute Alpinskifahrer

Zu den rein skitechnischen Schwierigkeiten kommen noch alpintechnische Schwierigkeiten: Gletscherspalten; Streckenabschnitte, in die Stufen im Aufstieg geschlagen werden müssen; mit aufgebundenen Ski zurückzulegende Steilstufen, Rinnen (Couloirs), eventuell kurze Kletterstellen. Die Alpinskifahrer sind im Gebrauch von Seil, Pickel und Steigeisen geübt und in der Lage, spezifische Gefahren des Hochgebirges, die im Winter auch in den Voralpen anzutreffen sind, zu erkennen.

Die skitechnischen Schwierigkeiten beziehen sich auf die Strecke zwischen Ausgangspunkt und Skidepot, das so hoch wie möglich, im besten Falle also auf dem Gipfel, gemacht wird. Wird das Skidepot hingegen weiter unten gewählt, so wird die Tour skitechnisch entsprechend leichter. Im weiteren wird der Zusatz »A« für alpin nicht nur auf Hochtouren verwendet, sondern teilweise auch in den Voralpen, wo die Erreichung des höchsten Punktes zu Fuß manchmal alpinistische Fähigkeiten erfordert.

Wichtige Kriterien der Schwierigkeitsbewertung von Skitouren sind die Hangneigung und die Ausgesetztheit bzw. die Abrutschgefahr. Wann immer möglich, wurden bei den Touren die verschiedenen Hangneigungen ab etwa 30° angegeben. Ob ein Hang nämlich 30° oder 35° steil ist, ist ein spürbar großer Unterschied. Wichtig ist auch, ob ein Hang unten flach ausläuft oder in Felswänden abbricht; dann ist die Ausgesetztheit groß, und ein Sturz kann beim Aufstieg wie bei der Abfahrt tödliche Folgen haben. Die Ausgesetztheit definiert sich also vor allem darin, ob ein Sturz erlaubt ist oder nicht, und das auf hartem Schnee, wie er ab Frühling am Morgen häufig anzutreffen ist.

Die **Lawinengefahr** einer Route beeinflußt deren Schwierigkeitsbewertung nur indirekt. Die spezielle Lawinensituation einer Tour ist, wenn nötig, unter dem Stichwort »Schwierigkeit« angegeben; weitere Hinweise auf Gefahren wie Wächten, große Spalten etc. finden sich ebenfalls hier.

Ein Schrägstrich »/« bedeutet »oder, je nach Routenwahl«. In Klammern sind Grenzfälle gesetzt, wo nur ein kurzes, aber wichtiges Zwischenstück größere Schwierigkeiten bieten kann, wie MAS (GAS). Ein waagrechter Strich bedeutet, daß alles möglich ist: Abfahrten für mäßige bis sehr gute Skifahrer. Aber nicht alle Skigipfel in Graubünden entsprechen so vollständig allen Ansprüchen.

Europäische Lawinengefahrenskala

Gefahrenstufen von 1–5

Lawinen-Auslösewahrscheinlichkeit

1 gering
Die Schneedecke ist allgemein gut verfestigt und stabil.

Auslösung ist nur bei großer Zusatzbelastung an sehr wenigen, extremen Steilhängen möglich. Spontan sind nur kleine Lawinen (sogenannte Rutsche) möglich.

2 mäßig
Die Schneedecke ist an einigen Steilhängen nur mäßig verfestigt, ansonsten allgemein gut verfestigt.

Auslösung ist bei großer Zusatzbelastung vor allem an den angegebenen Steilhängen wahrscheinlich. Größere spontane Lawinen sind nicht zu erwarten.

3 erheblich
Die Schneedecke ist an vielen Stellen nur mäßig bis schwach verfestigt.

Auslösung ist bereits bei geringer Zusatzbelastung vor allem an den angegebenen Steilhängen wahrscheinlich. Fallweise sind spontan einige mittlere, vereinzelt aber auch große Lawinen möglich.

4 groß
Die Schneedecke ist an den meisten Steilhängen schwach verfestigt.

Auslösung ist bereits bei geringer Zusatzbelastung an den meisten Steilhängen wahrscheinlich. Fallweise sind spontan viele mittlere, mehrfach auch große Lawinen zu erwarten.

5 sehr groß
Die Schneedecke ist allgemein schwach verfestigt und weitgehend instabil.

Spontan sind zahlreiche große Lawinen auch in mäßig steilem Gelände zu erwarten.

Erklärungen
ZUSATZBELASTUNG – **groß** (z.B. Skifahrergruppe ohne Abstände, Pistenfahrzeug, Lawinensprengung); – **gering** (z.B. einzelner Skifahrer, Fußgänger).
STEILHÄNGE – Hänge, die steiler als rund 30° abfallen.
EXTREME STEILHÄNGE – besonder ungünstig bezüglich Neigung, Geländeform, Kammnähe, Bodenrauhigkeit.

Auswirkungen für Verkehrswege und Siedlungen/Empfehlungen	Auswirkungen für Touristen außerhalb gesicherter Zonen (Empfehlungen)
Keine Gefährdung.	Allgemeine sichere Verhältnisse.
Kaum Gefährdung durch spontane Lawinen.	Mehrheitliche günstige Verhältnisse. Vorsichtige Routenwahl, vor allem an Steilhängen der angegebenen Exposition und Höhenlage.
Exponierte Teile vereinzelt gefährdet. Dort sind teilweise Sicherheitsmaßnahmen zu empfehlen.	Teilweise ungünstige Verhältnisse. Erfahrung in der Lawinenbeurteilung erforderlich. Steilhänge der angegebenen Exposition und Höhenlage möglichst meiden.
Exponierte Teile mehrheitlich gefährdet. Dort sind Sicherheitsmaßnahmen zu empfehlen.	Ungünstige Verhältnisse. Viel Erfahrung in der Lawinenbeurteilung erforderlich. Beschränkung auf mäßig steiles Gelände /Lawinenauslaufbereiche beachten.
Akute Gefährdung. Umfangreiche Sicherheitsmaßnahmen.	Sehr ungünstige Verhältnisse. Verzicht empfohlen.

SPONTAN – ohne menschliches Dazutun.
EXPOSITION – Himmelsrichtung, in die ein Hang abfällt.
EXPONIERT – besonders der Gefahr ausgesetzt.
Farben der Lawinengefahrenstufen: gering = grün; mäßig = gelb; erheblich = dunkelgelb; groß = orange; sehr groß = rot.

Höhenunterschied: Gemessen wird der Höhenunterschied zwischen Ausgangspunkt (bzw. tiefstem Punkt der Route) und Gipfel, wobei auf den nächsten Zehner auf- oder abgerundet wird. Kleinere Gegensteigungen werden nicht berücksichtigt; machen diese mehr als 100 Höhenmeter aus, so werden sie extra aufgelistet. Bei den Höhenangaben wurden die Dezimeter weggelassen, außer bei Punkten.

Routenbeschreibung: Die Richtungsangaben links/rechts erfolgen im Sinne des Aufstieges, bzw. der Abfahrt. Aber: auf der (orographisch) rechten Talseite, auf dem rechten Ufer des Gletschers. Die Namensgebung erfolgt nach Blättern der LK 1:25 000.

Abkürzungen:

N = Norden
O = Osten
S = Süden
W = Westen
P. = Punkt
Hm = Höhenmeter
SAC = Schweizer Alpen-Club
DAV = Deutscher Alpenverein
LK = Landeskarte der Schweiz (1:25 000)
RhB = Rhätische Bahn

Kartenskizzen:

—— beschriebene Route
- – - beschriebene Variante(n)
· · · · · zu Fuß

Wichtige Telefonnummern:
Lawinenbulletin

Keine Skitour ohne vorheriges Abhören des Lawinenbulletins des Eidgenössischen Institutes für Schnee- und Lawinenforschung Weissfluhjoch-Davos, Tel. 187. Von Deutschland wählt man 00 41/11 87, von Österreich 05/1187. Das Bulletin wird teilweise auch von Tageszeitungen abgedruckt. Fax (auf Abruf): 15 73 38 71; Internet: http://www.slf.ch/slf.html;gopher.wsl.ch.

Um das bei Bedarf täglich aktualisierte Lawinenbulletin richtig zu interpretieren, ist auf den Seiten 28 und 29 die aus dem Jahre 1994 stammende Interpretationshilfe abgedruckt.

Schneeverhältnisse: Das Lawinenbulletin (Tel. 187, siehe oben) gibt auch einen Überblick über Schneehöhen auf 2000 m im schweizerischen Alpengebiet. Unter Tel. 120 hört man den Pistenbericht der Schweizerischen Skiorte, dem auch die Tourenskifahrer die für sie wichtigen Angaben entnehmen können. Weitere Informationen über die Schneeverhältnisse sind bei den Verkehrsbüros, Seilbahnen, Unterkünften und Hüttenwirten einzuholen. Tageszeitungen wie »Basler Zeitung« und »Tages-Anzeiger« veröffentlichen in ihrer Freitagausgabe eine Schneehöhenkarte (auf der Basis von 1500 oder 2000 m). Eine nützliche Hilfe bei der Planung vor allem zu Beginn der Saison sind die Life-Bilder einzelner Skistationen, die auf verschiedenen Fernsehkanälen um 8 Uhr morgens zu sehen sind: Damit kann man sich, klare Sicht vorausgesetzt, ein recht gutes Bild über die verschneite Landschaft machen.

Wetterbericht: Tel. 162. Der Wetterbericht von SMA/Meteo Schweiz wird täglich fünfmal erneuert. Außerdem gibt es täglich ab 17.30 Uhr den Spezialwetterbericht, Tel. 1 57 12 62 11. Unter Tel. 1 57 12 62 18 erfährt man den Alpenwetterbericht für die Schweizer Alpen. Ein persönlicher Wetterbericht (auch nachts) ist erhältlich unter Tel. 15 75 26 20. Die Fax-Nr. lautet 1 57 32 62 10.
Der Bergwetterbericht für Österreich von der Schweiz aus: Tel. 1 57 12 62 39.
Der Wetterbericht des Deutschen Alpenvereins für die Ostalpen mit Wettermeldung von der Zugspitze und Plateau Rosa: Tel. 0 89/29 50 70, Vorwahl von der Schweiz 0049.

Notrettung: REGA – Schweizerische Rettungsflugwacht, Tel. 14 14. Vom Ausland wählt man: 00 41 1 14 14.

Militär: In Graubünden und in der Ostschweiz führt das Militär während der Woche an einigen Orten Schießübungen durch. Es empfiehlt sich deshalb eine vorherige Erkundung bei der entsprechenden regionalen Auskunftsstelle für militärisches Schießen (RAMS), wenn unter »Besonderes« auf diese Gefahr hingewiesen wird: Mels (für Graubünden und St. Galler Oberland), Tel. 0 81/7 25 11 95; St. Gallen, Tel. 0 71/2 74 25 44.

Tourismus:
Verkehrsverein Graubünden, Alexanderstraße 24,
CH-7001 Chur, Tel. 0 81/2 54 24 24, Fax 0 81/2 54 24 00;
Internet: http://www.graubuenden.ch.
Tourismusverband St. Gallerland, Bahnhofplatz 1a,
CH-9001 St. Gallen, Tel. 0 71/2 27 37 37, Fax 0 71/2 27 37 67;
Internet: http://www.bodan.net/tourism.

Ein berühmtes Verkehrsmittel vor dem Piz Turba in Juf: das Postauto.

Skitouren im Dezember

Für den Beginn der Saison am Ende eines Jahres brauchen die Tourenskiläufer drei Dinge: Ideen, ein Telefon und alte Ski. Erstens Ideen, wo man – wenn es wenig Schnee hat – trotzdem skifahren kann. Zweitens ein Telefon, um das Lawinenbulletin des Eidgenössischen Instituts für Schnee- und Lawinenforschung Weissfluhjoch-Davos (Tel. 187) abzuhören, das nicht nur die Gefahrenstufen, sondern auch die Schneehöhen in den verschiedenen Gebieten der Schweizer Alpen bekannt gibt. Wer noch mehr wissen will, greift zu einer großen Schweizer Tageszeitung wie der »Basler Zeitung« oder dem Zürcher »Tages-Anzeiger«. Sie veröffentlichen jeweils in der Freitagausgabe eine Schneehöhenkarte, welche die Verteilung des kostbaren Stoffs auf 1500 oder 2000 m über Meer optisch gut sichtbar macht. Und drittens ein paar alte Ski. Denn Kontakte Ski/Stein lassen sich nicht vermeiden, trotz minutiöser Tourenplanung, wozu auch gehört: Höhe (je höher, desto mehr Schnee), Lage (Nord- und Osthänge haben im Normalfall mehr Schnee als Süd- und Westhänge) sowie Untergrund (Gras ist besser als Geröll; Gletscher sind im Normalfall zu meiden, es sei denn, man findet spaltenarme Altfirnfelder). Freilich müssen ältere Ski gepflegt sein und über eine funktionierende Sicherheitsbindung verfügen: Erstens schwingt man mit gewachsten Ski auch bei wenig Schnee bedeutend genußvoller, und zweitens ist die Gefahr des Hängenbleibens an einem versteckten Stein nicht zu unterschätzen. Man wird also vorsichtig fahren.

Vorsicht auch aus einem andern Grund, denn sobald es geschneit hat, kann Lawinengefahr herrschen. Allgemein gilt: Günstig für Skitourenfahrer ist es, wenn viel Schnee bei wenig Wind auf gefrorenen Boden fällt. Wenig Schnee heißt also nicht: wenig Lawinen- oder Schneebrettgefahr. Allerdings kann im Frühwinter das Gelände gut ausgenützt werden: Mulden sind noch als solche sichtbar und meistens zu meiden, während Rücken häufig eine sichere Route ermöglichen. Bei der Abfahrt muß man dann in solchem Gelände zwischen mehr Gefahr durch Schneebretter und mehr Geräusch an der Laufläche entscheiden können.

Wochenende zwischen Davos und Arosa

Plessur Alpen

Anreise: Mit der RhB [910] von Landquart nach Davos Dorf. Zu Fuß zur Parsennbahn. Mit der Standseilbahn [2865] auf's Weissfluhjoch und mit der Luftseilbahn [2866] auf den Weissfluhgipfel; die Parsennbahnen sind von Ende November bis etwa Mitte April in Betrieb. Das Weissfluhjoch ist ebenfalls von Klosters Platz über Gotschnagrat und Parsennhütte erreichbar; Seilbahnen [2860 + 2867].

Weiterreise: Von Langwies im Schanfigg mit der RhB [930] nach Arosa.

Rückreise: Entweder von Arosa mit der RhB [930] nach Chur oder mit der RhB [910] von Davos Frauenkirch über Davos nach Landquart oder über Filisur-Thusis nach Chur. Zwischen Frauenkirch und Davos Platz besteht auch eine Postautoverbindung [900.86]

Ausgangspunkt: Weissfluh, Bergstation der Luftseilbahn (ca. 2820 m). Der eigentliche Gipfel (2843 m) der Weissfluh liegt weiter nordwestlich, in ein paar Minuten zu Fuß erreichbar (keine alpinistischen Schwierigkeiten, da gesicherter Steig).

Unterkunft: Berghotel Heimeli Sapün (1831 m), oberhalb von Langwies, 35 Plätze zum Übernachten, offen von Mitte Dezember bis Sonntag nach Ostern, Tel. 0 81/3 74 21 61. Hotel Bahnhof in Langwies, Tel. 0 81/3 74 22 76; Hotel Alte Post in Langwies, Tel. 0 81/3 74 20 33. Mehrere Fünf-Stern-Hotels in CH-7050 Arosa, weitere Details beim Verkehrsverein, Tel. 0 81/3 77 51 51, Fax 3 77 31 35, Internet: http://www.arosa.ch. Berghaus Stafelalp (1894 m) oberhalb Davos Frauenkirch, 14 Plätze zum Übernachten, ganzjährig geöffnet bis 17 Uhr, auf Voranmeldung auch abends, Tel. 081/4136631. Ein paar 5-Sterne-Hotels in CH-7270 Davos, der Verkehrsverein nennt auch billigere Unterkünfte, Tel. 0 81/4 15 21 21, Fax 4152100, Internet: http://www.davos.ch/parsen.

Material: Normale Skitourenausrüstung.

Karten: 248 S Prättigau; 1196 Arosa, 1197 Davos.

Jahreszeit: Dezember bis März. Recht schneesicher ab den ersten Schneefällen; die Westabdachung, also die Schanfigger Seite der Kette Weissfluh-Furggahorn, gilt als niederschlagsreich; ein Davoser Sprichwort besagt, das schlechte Wetter und die schönen Mädchen kämen aus dem Schanfigg. Ganz so schneesicher ist die Abfahrt von der Maienfelder Furgga nach Frauenkirch nicht, insbesondere das letzte Stück unter der Stafelalp apert schnell aus; wie weit der Schnee auf den Davoser Sonnenhängen herabreicht, ist am ersten Tag des Wochenendes auszumachen. Automatischer Schneebericht per Telefon 0 81/ 4 13 69 04.

Ausweichtour: Davos und Arosa bieten soviel, daß man sich fast einen für Skitouren ungünstigen Tag wünscht: Pistenskifahren und Pferdeschlittenfahrt, Kultur und Kullnarisches.

Besonderes: In der Landschaft Davos kann man gut zwei Wochen Skitourenurlaub machen, ohne je den gleichen Hang befahren zu müssen. Und sollte einem der Pulverschnee doch einmal verleidet sein, setzt man sich auf irgendeine der Sonnenterrassen und liest den »Zauberberg« von Thomas Mann. Oder man fragt im Verkehrsbüro nach geführten Skitouren (Radiant Orbit zum Beispiel).

Das erste Wochenende sollte etwas Besonderes darstellen. Dieses hier in den Bergen zwischen Davos und Arosa ist es bestimmt – so gewiß wie die erste Schneeflocke im Winter.

Davos, das Mekka des Skilaufs in Graubünden und in der Schweiz, die größte Stadt der Alpen, liegt in einem sonnigen Hochtal, gilt trotz aller Verkehrsbelastung immer noch als Luftkurort, wie auch Arosa auf der andern Seite der weißen Berge, eine Spur intimer als Davos, aber ebenso berühmt. Wer Graubünden im Schnee meint, denkt an St. Moritz, an Davos, an Arosa. Wer an Skitouren in der Schweiz denkt, meint (hoffentlich) immer auch Davos. Denn hier befindet sich das Eidgenössische Institut für Schnee- und Lawinenforschung (SLF). Seine im Winterhalbjahr bei Bedarf täglich erneuerten Meldungen über die aktuelle Lawinengefahr und den Schneezustand, das sogenannte Lawinenbulletin, sollte vor jeder Tour eingeholt werden.

1936 hatte sich auf dem Weissfluhjoch oben eine Gruppe von Wissenschaftlern eingerichtet, um, so der ehemalige Institutsdirektor Claude Jaccard, »die natürliche Schneedecke und ihre Beeinflussung durch die Witterung sowie die mechanischen Eigenschaften und die Strukturumwandlung des Schnees zu untersuchen.« Das tönt kompliziert, und was da alles in der Schneedecke abläuft, von der erste Flocke bis zum letzten Tropfen, ist noch heute nicht restlos geklärt. Klar ist jedoch, daß Lawinengefahr immer Lebensgefahr heißt, und dieses Risiko hilft »Weissfluhjoch« entscheidend herabsetzen. 1996 wurde der Neubau des SLF in Davos eingeweiht.

Von den besonderen winterlichen Gefahren hatten die Davoser Tobias und Johann Branger kaum Kenntnisse, als sie mit E. Burkhardt am 23. März 1893 die Mayenfelder Furka (heute Maienfelder Furgga) von Davos Frauenkirch nach Arosa überquerten, auf 2,30 m langen Holzski, versehen mit einer Lederriemen-»Bindung«. Seit dem Winter 1889/90 hatten Tobias und Johann Branger auf diesen aus Norwegen importierten Hölzern geübt und im folgenden Winter auch schon die ersten Skitouren, zum Beispiel auf den Strelapaß, unternommen. Die erste große Tour war dann die Maienfelder Furgga: Nur sechseinhalb Stunden brauchte die Branger-Gruppe für die Überschreitung auf Ski (und Hosenboden), und am nächsten Tag kehrten die beiden Brüder gleich wieder über den Paß nach Davos zurück.

In diesen Märztagen vor über 100 Jahren kam der Tourenskilauf in Graubünden schon richtig in Fahrt: Am 27. März machte C. Stäubli mit drei Begleitern auf Schneeschuhen die erste Skibesteigung des Aroser Rothorns (2980 m), nachdem er schon in den Wintern zuvor als erster die Hänge des Weisshorns und des Hörnlis befahren hatte. Die Überschreitung der Maienfelder Furgga ist also nicht die erste, wohl aber die erste große und vor allem bekannte Skitour in Graubünden. Denn Johann Branger veröffentlichte 1893 in der »Neuen Bündner Zeitung« einen ausführlichen Bericht darüber; mehr Beachtung fand die Schilderung des englischen Schriftstellers Conan Doyle im »Strand Magazine«, der am 23. März 1894 mit den Branger-Brüdern die Tour von Davos nach Arosa wiederholt hat. »Die Ski sind die bockbeinigsten Dinger der Welt!«, meint der Schöpfer des Sherlock Holmes zuerst, um dann weiter hinten fortzufahren:

»Tatsache ist, daß es leichter ist, einen gewöhnlichen Gipfel zu ersteigen oder eine Reise über einen der höheren Pässe im Winter als im Sommer zu machen, wenn nur das Wetter beständig bleibt. Im Sommer muß man sowohl hinunter- als hinaufsteigen, und eins ist so mühsam wie das andre. Im Winter ist die Arbeit um die Hälfte geringer, weil der größte Teil des Rückwegs ein bloßes Gleiten ist«.

Recht hat er. Und nun nichts wie los! Von Davos nach Arosa und wieder zurück.

Weissfluh (2843 m) – Zenjiflue (2685 m)

Von Davos über das Weissfluhjoch nach Heimeli/Sapün und Langwies

Touren-Steckbrief

Schwierigkeit: GS. Die Rinne bei der Einfahrt in den großen SW-Hang der Weissfluh ist auf 100 Hm 34°, der Beginn noch eine Spur steiler. Der O-Grat der Zenjiflue ist teilweise recht schmal. Mitunter Lawinengefahr am Weissfluhgipfel.

Höhenunterschied: Abfahrt Weissfluh – Heimeli 990 m; dazu 510 m nach Langwies. Abstecher Zenjiflue je 230 m.

Zeit: Weissfluh – Heimeli: 1^1/$_2$ Std. Abstecher: Zenjiflue 1 Std. Heimeli – Langwies je nach Vereisung des Sträßchens 15 bis 60 Minuten.

Lage: Hauptsächlich SW; am Zenjifluegipfel SO.

Besonderes: Die Parsennbahnen wollen ihr Skigebiet durch das noch unerschlossene Fondei hindurch mit demjenigen der Fideriser Heuberge zusammenhängen.

Der Weissfluhgipfel – ein rundum schöner Einstieg in Wochenend-Skitouren im östlichen Drittel der Schweiz. Zu Füßen die glitzernden Hänge des Mattjisch-Horn-Gebietes, drüben das Tal

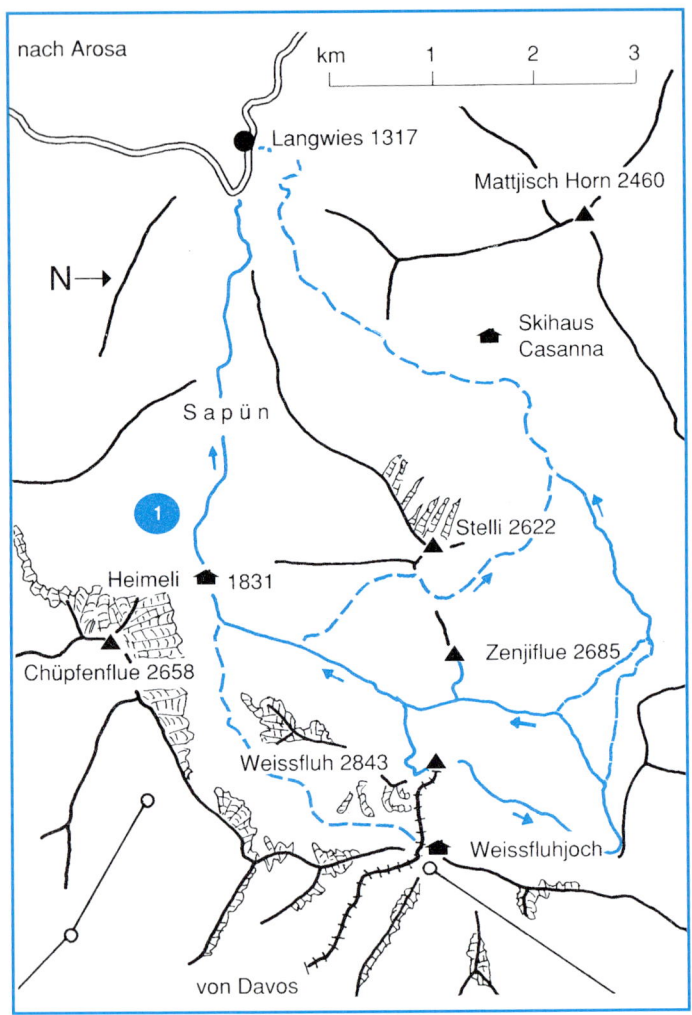

nach Arosa

km 1 2 3

Langwies 1317

Mattjisch Horn 2460

N→

Skihaus
Casanna

Sapün

1

Stelli 2622

Heimeli 1831

Zenjiflue 2685

Chüpfenflue 2658

Weissfluh 2843

Weissfluhjoch

von Davos

38

von St. Antönien, dahinter die Rätikon-Wände. Rechts davon die unendlichen Skimöglichkeiten der Silvretta, dann die großen Touren südlich von Davos (Grialetsch-Kesch-Ducan), darüber am Horizont die herausfordernden Bernina Alpen. Noch weiter rechts die Piz Jenatsch, Platta und Tambo. Schließlich die Furche des Vorderrheintales, von Staffeln weißer Berge gesäumt. Und zuletzt über dem Rheintal die Ostschweizer Spitzen – Alvier, die Churfirsten ganz deutlich, der Säntis.

Wie auf dem Säntis beginnt die Weissfluh-Skitour mit einer Abfahrt. Aber es ist halt schon lange her, daß Johann Branger hier oben als erster die Ski in den Schnee stecken konnte, im Februar 1896. Solche Geräte kannten die Walser nicht, als sie 1707 das heute als »Berghotel Heimeli« bekannte Haus im Sapün erbauten, einem Seitental, das von der Weissfluh ins Schanfigg hinabzieht. Der Name paßt so goldrichtig zu diesem Skihaus, wie der Apfelstrudel von Fritzi Merki gut schmeckt (Stammgast Prinz Charles von England wird's bestätigen). Verständlich, daß man hier ebenfalls das Abendessen und das Frühstück kosten möchte, weshalb die nächste Skitour wieder mit einer Abfahrt beginnen wird – auf dem Schlittelweg hinunter nach Langwies zur Arosa-Bahn.

Abfahrt Weissfluh – Heimeli/Sapün: Der Start erfolgt zwischen Seilbahn-Bergstation (ca. 2820 m) und Bergrestaurant. Schrägfahrt in südlicher Richtung in eine Mulde. Darin hinab, durch einen Engpaß in einen nächsten, muldenförmigen Hang. Scharf nach rechts bis fast zu den Felsen queren. Nun durch die nördlichste der Steilrinnen hinunter in den breiten SW-Hang der Weissfluh und am besten in der Fallinie hinab auf eine Verflachung (ca. 2460 m; nordöstlich P. 2414). Anfellpunkt für den Wiederaufstieg auf die Zenjiflue. Sonst Weiterabfahrt in sanftem, gewelltem Skigelände in grob südlicher Richtung nach Inner Haupt. Westlich dieser Siedlung vorbei, durch eine Mulde auf den Alpweg hinab und zum Berghotel Heimeli (1831 m). Man kann auch mehr in südwestliche Richtung abfahren, einen Bachlauf auf etwa 2160 m queren und über Usser Haupt direkt zum Heimeli gelangen.

Abstecher Zenjiflue: Von der Verflachung am Fuß der Weissfluh-Südwestflanke (etwa 2460 m) nordwärts Richtung Schwerzi. Noch vor dem Übergang links zum geknickten O-Grat der Zenjiflue (auch Zenjafluh genannt). Auf ihm zum Gipfel (2685 m). Man kann im Weissfluh-Südwesthang schon deutlich nach rechts queren und erspart sich so einige Aufstiegsmeter. Abfahrt (bei guten Verhältnissen direkt über die SO-Flanke) wie Aufstieg.

Abfahrt Heimeli – Langwies: Auf dem Schlittelweg durch Sapün-Dörfli, in zwei engen Kurven und über den gedeckten Sapüner Stäg auf die Schanfigger Talstraße (1373 m). Geradeaus ins Dorf Langwies und hinab zum Bahnhof (1317 m).

Varianten:

1) Zenjiflue über Kreuzweg: Vom Weissfluhgipfel auf der klassischen Parsenn-Abfahrt (schwarze Piste) bis Kreuzweg, kurz der markierten Route zu den Fideriser Heubergen folgen und vor dem Casannapaß links in eine Senke (ca. 2200 m) hinab. Anfellen. Südwestwärts hinauf in einen Sattel südlich des Schafturmes und über die Nordhänge, die Schwachstellen ausnützend, auf die Schwerzi (2568 m). Weiter auf die Zenjiflue oder direkt hinab ins Sapün. Empfiehlt sich als Ausweichroute, wenn die SW-Flanke der Weissfluh nicht befahren werden sollte. Etwa 1^1/$_2$ Std. vom Gipfel auf den Paß; Schwierigkeit MS. Vom Kreuzweg kann man auch über Barga und Strassberg zum Skihaus Casanna im Fondei gelangen und findet so Anschluß an die Mattjisch-Horn-Touren (12–13). Schließlich kann man von der Zenjiflue bei sicheren Verhältnissen direkt über die knapp 700 m hohe N-Flanke oder sonst mit einem Schwenk über Schwerzi nach Barga hinunterkurven.

2) Stelli (2622 m): Nachbargipfel der Zenjiflue, wie diese ebenfalls ein paar ganz starke Abfahrten aufweisend. Beste Route: Vom Heimeli (1831 m) über recht steile Hänge zur Siedlung Usser Haupt. Östlich unter dem Felsturm Chobel hindurch, steil hinauf zu Stall und über Kuppen und durch Mulden nordwestwärts in ein Tälchen. Darin auf einem Rücken aufsteigen und links haltend, zuletzt über SO-Grat, auf den Gipfel. Schwierigkeit MS. Höhenunterschied: 790 m, Zeit 2^1/$_2$ Std. Abfahrt wie Aufstieg. Oder über O-Grat in den Sattel Stelli-Zenjiflue und tolle N-Abfahrt nach Strassberg (Anschluß Touren 12–13).

3) Haupter Tälli: Der schnellste Weg von Davos ins Heimeli. Vom Weissfluhjoch (2685 m) auf der Strelapaß-Piste bis zur Talstation eines Skiliftes. Links davon über einen steilen Rücken ins Haupter Tälli einfahren und darin, ab 2000 m auf der rechten Talseite, zum Heimeli (1831 m).

Furggahorn (2727 m) – Schwarzhorn (2765 m)

2

**Von Arosa über die Maienfelder Furgga
nach Stafelalp und Davos Frauenkirch**

Touren-Steckbrief

Schwierigkeit: MS für Schwarzhorn. SGS für Furggahorn;
der steile S-Grat ist auf den obersten 120 Hm 34°. Lawinen-
gefahr oberhalb des Furggabödelis, am Furggahorn sowie
in der NO-Mulde des Tiejer Fürggli.
Höhenunterschied: Aufstieg zum Schwarzhorn 1160 m,
Abfahrt nach Frauenkirch 1260 m. Abstieg Bahnhof Arosa-
Stausee 130 m. Aufstieg und Abfahrt Furggahorn je 310 m.
Zeit: Für den Aufstieg 4 Std; Abfahrt $1^1/_2$ – 2 Std.; Abstecher
Furggahorn $1^1/_2$ – 2 Std.
Lage: Aufstieg NW, SW; Abfahrt NO, SO. Furggahorn: S.

Ein Drei-Seen-Spaziergang als Auftakt der Tour, vom Obersee
beim Bahnhof Arosa über Untersee zum Stausee. Wenn die
Straße genügend schneebedeckt ist, können wir gar gleiten, was
laut Arthur Conan Doyle weniger mühsam als hinuntersteigen
ist. Er stieg allerdings mit seinen beiden Begleitern um 10.30
Uhr dort hinauf – zu früh für das Aroser Zuschauerpublikum, das
die Rutscherei der Skipioniere im steilen Furggatobel erst nach
Mittag mit den Ferngläsern begucken wollte.
Dieses Tobel lassen wir beim Aufstieg auf die Maienfelder Furgga rechts liegen. Solches machen wir mit dem Furggahorn nicht,
das zusammen mit der Tiejer Flue das Panorama von Arosa im
Osten beherrscht. Für die Abfahrt vom Furggahorn sollten wir
allerdings über bessere Skiausrüstung und -technik als Sir Doyle
verfügen. Am Schwarzhorn, das sich hinter der Tiejer Flue ver-
steckt und dessen höchsten Punkt die Landeskarte nicht mal
kotiert hat, wären Urgroßvaters Bretter hingegen knapp geeignet.

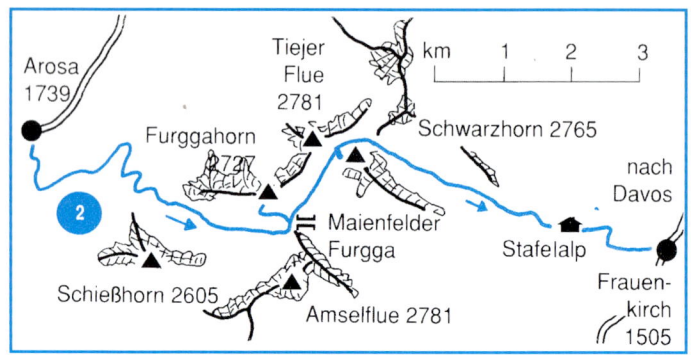

Die Abfahrt auf die Stafelalp könnte so jedoch nicht recht genossen werden, was schade wäre. Ob der Schnee bis zu dieser Alpsiedlung reicht, läßt sich vom Gipfel des Schwarzhorns ausmachen. Vielleicht hapert's mit der Weiterfahrt – Grund genug, noch länger auf der Terrasse des dortigen Berghauses zu verweilen. Der deutsche Maler Ernst Ludwig Kirchner verbrachte auf Stafelalp seinen ersten Davoser Sommer (1917). Einen schöneren Platz, um sich von der städtischen Hektik zu erholen, hätte er kaum finden können.

Aufstieg Schwarzhorn: Vom Bahnhof Arosa (1739 m) süd(ost)wärts auf der Straße zum Untersee, über die Bahngeleise und – zuletzt talauswärts – zum Stausee (1606 m). Auf einem breiten Weg seinem Südufer entlang und im Wald talauswärts ansteigen zur Lichtung Furggaalp. Weiter dem Wanderweg entlang durch den Furggawald, bis zur großen Lichtung Furggabödeli. Ostwärts hoch, rechtshaltend durch ein Wäldchen und noch weiter rechts auf eine Art Moränenrücken. Ihm entlang gegen die Maienfelder Furgga (2440 m) hinauf, wo sich eine immer offene Unterstandshütte befindet. Unterhalb der Furka (etwa 2420 m) links abbiegen und nordwestwärts ins Tiejer Fürggli (2663 m) hinauf. Über den NW-Grat auf den höchsten Punkt des Schwarzhorns (etwa 2765 m; ohne Kote auf der LK; der S-Gipfel ist mit 2759 m kotiert). Das Schwarzhorn wird auch Chummerhorn genannt.

Abfahrt Schwarzhorn: Zurück ins Tiejer Fürggli. Durch die schattenseitige Mulde hinab, rechtshaltend auf einen Rücken zu einem Übergang (2531 m). In südöstlicher Richtung über einen weiteren Rücken (linker Hand von Bodmen begrenzt); er leitet in flacheres Skigelände hinunter. In der Grundrichtung O tal-auswärts, je nach Schneelage mehr die Mulden oder Rücken benützend. Unterhalb 2100 m links einen Bachlauf queren und über die Ausläufer des Stafler Berges zur Brücke (1953 m) über den Stutzibach. Auf dem Wanderweg zur Stafelalp (1894 m; nur Stafel auf der LK). Auf dem Sträßchen durch den Wald und über die Wiesenhänge hinunter zur Station Davos Frauenkirch (1505 m).

Abstecher Furggahorn: Vom gekrümmten Tal westlich der Maienfelder Furgga (ca. 2420 m) rechts oder links um die Kuppe von P. 2475 herum. Durch den steiler werdenden SO-Hang hin-auf, bis man nach links auf die Süd-Grat-Schulter (etwa 2560 m) queren kann. Über diesen Grat, die Ski ganz oben even-tuell tragen, zum Gipfel des Furggahorns (2727 m).

Variante: Ist die Schattenseite des Tiejer Fürggli nicht passier-bar, so kann über Inner-, Chummer-, Usserberg und P. 2177 die Stutzibachbrücke und Stafelalp erreicht werden, was vom Abfahrtsvergnügen her jedoch leichten Kummer bereitet.

Wochenende in Ilanz

Adula Alpen

An- und Rückreise: Von Chur mit der RhB [920] nach Ilanz.
Ausgangspunkt: Für den Piz Titschal Postauto [920.35] Ilanz-Meierhof-Friggen Hüs/Obersaxen (1315 m). Für den Piz da Vrin Postauto [920.40] Ilanz-Lumbrein-Vrin (1448 m).
Unterkunft: Verkehrsverein, CH-7130 Ilanz, Tel. 0 81/ 9 25 20 70. Sehr schön ist das Hotel Casutt, ehemals Bahnhof, das der be-kannte Bündner Architekt Olgiati umgebaut hat, Tel. 0 81/ 9 25 11 31. Wer in Vrin übernachten will: vgl. Greina-Wochen-ende, Touren 47-49.
Material: Normale Skitourenausrüstung.

Karten: 256 S Disentis, 257 S Safiental; 1213 Trun, 1233 Greina, 1234 Vals.

Jahreszeit: Dezember bis März. Die beiden Touren brauchen wenig Schnee, da die Routen größtenteils über Grashänge führen. Zur relativen Schnee- kommt (außer für den Piz da Vrin) eine ziemliche Lawinensicherheit dazu.

Besonderes: Der Sonderteil »Bergwanderer« der Zeitschrift »Bergsteiger« 1/96 stellt weitere Postauto-Skitouren rund um Ilanz vor.

Ein Skitourenwochenende in der Stadt, warum nicht? Zumal es die erste Stadt am Rhein ist. Ilanz heißt das Städtchen (2200 Einwohner), oder auf rätoromanisch Glion. Denn es liegt in der Surselva, im Bündner Oberland, und hier spricht die Mehrheit der Bevölkerung rätoromanisch, genauer: Sursilvan, einen der fünf Dialekte des Rätoromanischen, der vierten Landessprache der Schweiz, die nur in Graubünden (22 % der Bündner, 1 % der Schweizer Bevölkerung) gesprochen wird. Staunen Sie also nicht, wenn Sie am Bahnhofskiosk von Ilanz, wo Sie vielleicht noch etwas Zwischenverpflegung einkaufen, auf romanisch angesprochen werden. Vor acht Uhr sollten die Einkäufe getätigt sein, denn dann fahren die Postautos vom Bahnhofsplatz ab, in alle Himmelsrichtungen und Täler. Zweimal fahren Sie mit, bis zur Endstation. Nach der Skitour nimmt Sie der Chauffeur wieder mit, hinunter in die erste Stadt am Rhein. Machen Sie noch einen Bummel (oder auch dann, wenn das Wetter keine Skitour und auch kein Pistenskifahren in Obersaxen zuläßt) durch die Altstadt mit den wappengeschmückten Häusern und den mittelalterlichen Stadttoren. Damals war Ilanz, das 1289 das Stadtrecht erhielt, die Hauptstadt der Grauen Bundes, und deshalb tagten hier – abwechselnd mit Davos und Chur – alle drei rätischen Bünde. Seit 1903 fährt übrigens die Rhätische Bahn, die Viafier retica, von Chur durch die Vorderrheinschlucht nach Ilanz. In diesem Sinne: Bi viadi!

Touren-Steckbrief

Schwierigkeit: MS. Bei richtiger Spurenanlage
lawinensicher.
Höhenunterschied: Aufstieg und Abfahrt je 1240 m.
Zeit: Aufstieg $3^1/_2$– 4 Std.; Abfahrt $1^1/_2$– 2 Std.
Lage: NO, N.

Obersaxen besteht aus 28 kleinen Siedlungen auf einer schatenseitigen Terrasse über dem Vorderrheintal. Meierhof heißt der Hauptort dieses walserischen Siedlungsgebietes, das als deutschsprachige Enklave mitten im rätoromanischen Sprachraum liegt. Der östliche Teil des Gebietes mit der Mundaun-Kette ist als Skigebiet erschlossen worden. Übriggeblieben sind die Skigipfel in der Val Gronda, deren nördlichster und am leichtesten erreichbarer der Piz Titschal ist. Wie seine Aussicht, insbesondere auf die gegenüberliegende Tödigruppe, darf auch die nordseitige Abfahrt gerühmt werden, die mit einer Ausnahme viel Raum für eigene Spuren zuläßt. Wer auf diese klassische Obersaxer Skitour anstoßen will, kann dies nicht im Ausgangspunkt Friggen Hüs tun, sondern im kleinen, gemütlichen Restaurant im Nachbardorf St. Martin.

Aufstieg: Von Friggen Hüs (1315 m), auch Friggahüs geschrieben, genau südwärts über Weiden, unterbrochen von einem Wäldchen, zur Siedlung Wasmen hoch. Weiter südwärts schräg den Hang ansteigen, bis man in westlicher Richtung durch eine Waldschneise aufsteigen kann. Weiter zur Vorderalp-Hütte (2010 m). Über einen flachen Rücken, dabei langsam wieder nach Süden abdrehend, in die Talmulde Rossboden am Fuße der stark gegliederten Nordflanke des Piz Titschal. Durch eine Folge von Mulden hoch auf eine Verflachung bei P. 2370 und rechtshaltend unterhalb des NO-Grates direkt zum Gipfel (2550 m) ansteigen.

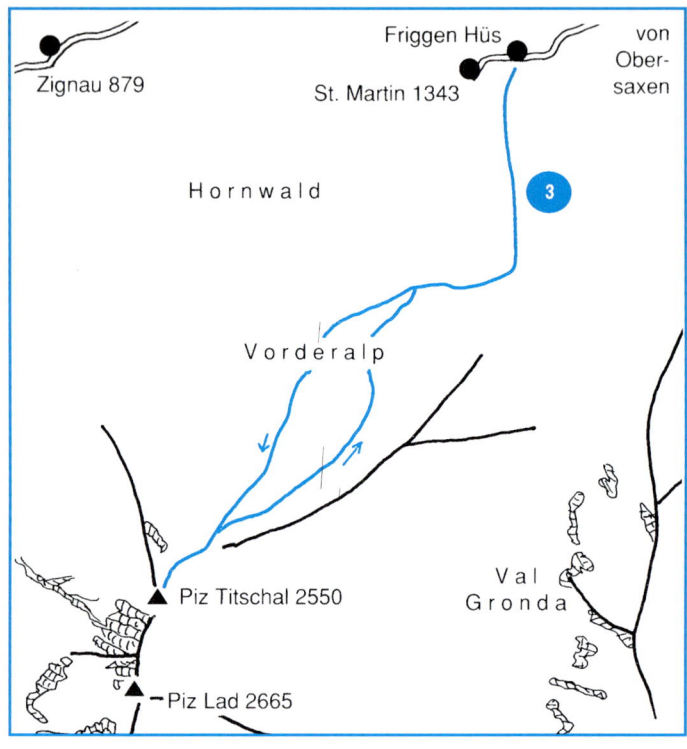

Zignau 879

Friggen Hüs
St. Martin 1343

von
Ober-
saxen

H o r n w a l d

3

V o r d e r a l p

▲ Piz Titschal 2550

V a l
G r o n d a

▲ Piz Lad 2665

Unter Umständen ist es sicherer, bei P. 2370 den NO-Grat zu gewinnen und ihm entlang dem Piz Titschal zuzustreben.

Abfahrt: Wie Aufstieg. Oder sehr lohnend: Von der Verflachung bei P. 2370 ostwärts zum schönen Hang von Schroten fahren, über ihn bis etwa 2000 m und dann linkshaltend auf den Rücken hinüberqueren, der zur Waldschneise führt.

Touren-Steckbrief

Schwierigkeit: GS. Einzelne, kurze Hänge bis 30°. Der kurze, etwas ausgesetzte Gipfelhang ist noch eine Spur steiler (er wird deshalb häufig zu Fuß zurückgelegt). Bei geschickter Spuranlage nur mäßig lawinengefährdet (einige kritische Stellen).
Höhenunterschied: Aufstieg und Abfahrt je 1120 m.
Zeit: Aufstieg 3^1/$_2$ Std.; Abfahrt 1–1^1/$_2$ Std.
Lage: SO.

Die Lumnezia ist das größte Seitental des Vorderrheintales. Das Lugnez, wie das Tal auf deutsch heißt, zieht sich vom wilden Gebirgskessel mit Piz Terri und Piz Scharbode über rund 25 km nordwärts nach Ilanz. Bei Uors mündet der Valser Rhein aus dem gleichnamigen Tal in den Glogn oder Glenner, den Talfluß der Lumnezia. Westlich von ihm liegen auf sonnigen Terrassen eine Reihe von Bergdörfern mit bemerkenswerten Kirchen. Das Beinhaus der Barockkirche von Vrin, dem obersten Dorf des Lugnez, dient allerdings nicht zur richtigen Einstimmung auf die Skitour zum Piz da Vrin!
Vrin verlor nach 1950 durch Abwanderung fast die Hälfte seiner Einwohner. Heute aber ziehen Jungbauern wieder zu; das Schulhaus mußte erweitert werden. Den Bau geplant hat der Architekt Gion A. Caminada, ein Spezialist des Holzbaus und Garant der Baukultur im Lugenez. Von ihm stammen auch die meisten neuen Ställe. 1994 erhielt er für einen Geißenstall auf der Alp Pravanauls die Auszeichnung »Gute Bauten« der Bündner Fachverbände, 1996 den Bruckmann-Umweltpreis.
Zwei Drittel der 280köpfigen, romanisch sprechenden Bevölkerung von Vrin sind noch Bauern. Man trifft zuweilen einen von ihnen, wie er durch tiefen Schnee den Schafen oder Ziegen im

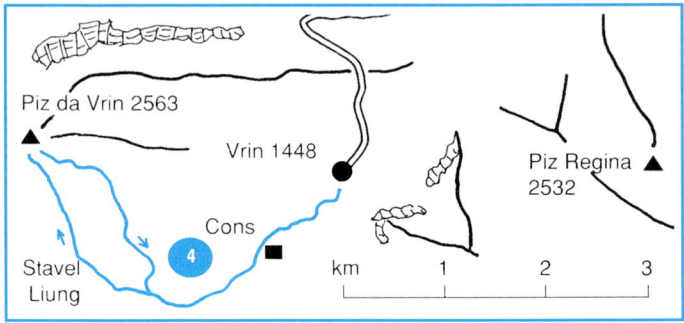

Piz da Vrin 2563

Vrin 1448

Cons

Stavel
Liung

4

Piz Regina
2532

km   1   2   3

Stall hoch oben am Hang das Futter bringt. Der Hang kulminiert im Piz da Vrin, von dem man eine packende Rundsicht hat, vor allem auf die gegenüberliegende Piz-Aul-Gruppe. Und dann startet man zu einer schnörkellosen 1100-m-Abfahrt, die endlose Schlängelspuren ermöglicht. Viel zu rasch ist man wieder in Vrin, und hoffentlich fährt nicht gleich das Postauto nach Ilanz zurück, so daß man im »Restaurant della Posta« noch ein Calanda bestellen kann. Graubünden ist schließlich das Calanda-Land. Viva Grischun!

Aufstieg: Von Vrin (1448 m) taleinwärts auf der Straße nach Cons (1477 m). Ausgangs des Dorfes anfellen und oberhalb der Straße Schräganstieg taleinwärts bis Foppa oberhalb des Weilers Sogn Giusep. Hier biegt man ab und steigt durch eine Mulde (oder über ihre Ränder) hoch auf eine Hangterasse (P.1888,2). Nun werden die Ställe rarer. Nordwestwärts hinauf auf den Geländerücken von Stavel Liung, nordwärts über eine Steilstufe zu den Hütten von Puozzas (2221 m) und über den SO-Grat, zuoberst eine Kuppe überschreitend, bis zum Gipfel des Piz da Vrin (2563 m).

Abfahrt: Wie Aufstieg. Oder, bei sicheren Verhältnissen: Ostwärts direkt durch das Tal der Alp Coulm Sura hinab. Auf etwa 2200 m an seine rechte Begrenzungskante queren und in südlicher Richtung (also immer leicht rechtshaltend) über die Alphütten von P. 2083 zurück zur Hangterasse, wo man wieder auf die Aufstiegsroute trifft. Natürlich gibt es noch viele andere Abfahrtsmöglichkeiten, vor allem im Frühling bei Firn.

Wochenende in Zuoz
Albula und Livigno Alpen

Anreise: Von Chur mit der Rhätischen Bahn nach Samedan [940] und weiter [960] nach Zuoz (1692 m).

Unterkunft: Zahlreiche Unterkünfte in unterschiedlichen Preislagen. Auskünfte erteilt das Verkehrsbüro CH-7524 Zuoz, Tel. 0 81/8 54 15 10, Fax 8 54 33 34.

Material: Normale Skitourenausrüstung.

Karten: 258 S Bergün und 259 S Ofenpaß; 1237 Albulapaß und 1238 Piz Quattervals.

Jahreszeit: Aufgrund der verhältnismäßig hohen Ausgangslage und des »skifreundlichen« Untergrundes (Wiesen, Alpgelände) bereits im Dezember möglich. Reizvoll im Februar und im März – Firn auf den Südhängen! Die schattenseitigen Anstiege können auch noch im April bis zum Talboden abgefahren werden.

Besonderheiten: Die erwähnten Schlepplifte, mit deren Hilfe man mehrere Anstiege verkürzen könnte, sind – je nach Schneelage – von Dezember bis Mitte März in Betrieb.

Der reizvolle Ort Zuoz bezeichnet sich in der Werbung als »besterhaltenes Dorf des Oberengadins« – kein markiger Werbespruch, sondern lautere Wahrheit! Zuoz bietet aber nicht nur Kunst- und Kulturdenkmäler, sondern auch eine Fülle von Skitouren – höchst unterschiedliche: auf der Schatten- und auf der Sonnenseite. Bei einigem Glück kann man an einem Wochenende erst im Pulver und dann im Firn abfahren, das allerdings in der Regel erst ab Februar. Im Dezember wird man beiderseits auf Pulver stoßen, was ja auch nicht zu verachten ist. Zuoz wird mit der gemütlichen Rhätischen Bahn erreicht. Der Bahnhof liegt für unsere erste Tour geradezu ideal, für die zweite muß man mit einem Zustieg von einer Viertelstunde rechnen. Wer länger Zeit hat, kann dieses Wochenende mit dem nächsten (verlängerten) Wochenende im Münstertal zu einer Tourenwoche verbinden.

5 Piz Arpiglia (2765 m)

Über den NW-Rücken

Touren-Steckbrief

Schwierigkeit: MS; auf der Anstiegsroute bei vernünftiger Spurwahl kaum lawinengefährdet.
Höhenunterschied: Aufstieg und Abfahrt je 1100 m.
Zeit: Aufstieg $3^{1}/_{2}$ Std., Abfahrt 1 Std.
Lage: NW.

Hübscher Skigipfel, der wegen der windgeschützten Lage im unteren Teil fast immer, im oberen Teil etwas seltener guten Pulverschnee aufweist. Eine gemütliche Skitour, gut geeignet zum Eingehen am Beginn der Wintersaison.

Aufstieg: Vom Bahnhof Zuoz (1692 m) auf der Fahrstraße zum Inn, über eine Brücke und unter der Umfahrungsstraße hindurch zum Ortsteil Resgia (Loipen-Stützpunkt). Mit geringem Höhengewinn auf einem Weg Richtung SO und über eine kleine Brücke. Links von der Ova d'Arpiglia über breite Schneisen zur Waldgrenze. Neuerlich linkshaltend über weite Hänge (nur mehr einzelne Bäume), dann ziemlich flach bis zum Ansatz eines deutlich ausgeprägten Rückens, über den man zunächst einen Vorgipfel (Steinmann) und – nach rechts querend – den nur wenige Meter höheren Hauptgipfel erreicht.

Abfahrt: Wie Aufstieg. Im oberen Teil sind zahlreiche Varianten möglich (zumeist steiler, nur bei stabilen Schneeverhältnissen), im unteren Teil muß die Anstiegsschneise benützt werden, um die jungen Bäume nicht zu gefährden.

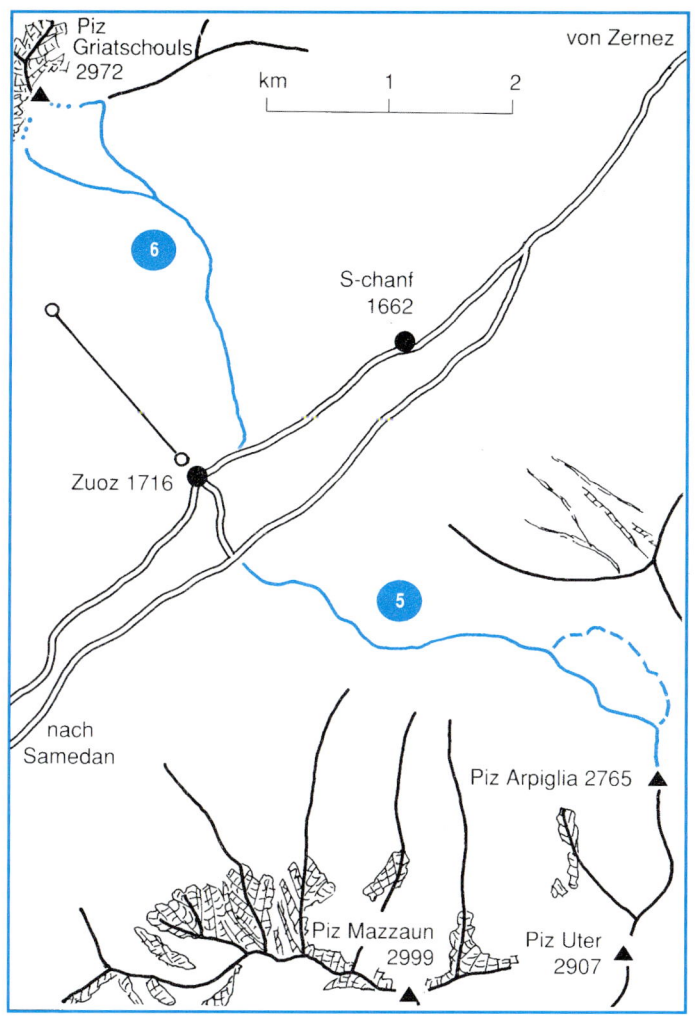

Piz
Griatschouls
2972

von Zernez

km   1   2

6

S-chanf
1662

Zuoz 1716

5

nach
Samedan

Piz Arpiglia 2765

Piz Mazzaun
2999

Piz Uter
2907

51

6 Piz Griatschouls (2972 m)

Über die SO-Flanke

Touren-Steckbrief

Schwierigkeit: GAS. Mitunter lawinengefährdet, insbesondere in den oberen Teilen des Anstiegs. Ab Skidepot leichte Blockkletterei.
Höhenunterschied: Aufstieg und Abfahrt 1260 m.
Zeit: Zuoz – Piz Griatschouls 4 Std., Abfahrt 1 Std.
Lage: SO, S.

Eine großartige Skitour, die über weite freie Hänge führt. Wegen der sonnenseitigen Lage frühe Auffirnung, im Dezember jedoch zumeist noch Pulverschnee – die Sonne ist gerade um diese Jahreszeit ein erwünschter Begleiter.

Aufstieg: Richtung Ost durch Zuoz. Am Ortsausgang kann man bereits die Ski anschnallen. Richtung Norden kurz durch die Ebene, dann aber in derselben Grundrichtung über die herrliche Flanke. In einer Höhe von 2100 m hält man sich rechts, erreicht einen Rücken, über den man bis zu P. 2563 aufsteigt. Bis hierher wurde man dreimal in Versuchung geführt, bei einem malerischen und aussichtsreichen (unbewarteten) Hüttchen eine Rastpause einzulegen, der man hoffentlich widerstehen konnte! Nun hat man zwei Möglichkeiten:

a) Man verfolgt den Rücken weiter. Er verschmälert sich bei 2800 m zu einem Grat, den man meist zu Fuß begehen muß. Bei sicheren Verhältnissen kann man jedoch links davon in einer steilen Mulde zu P. 2955 m, einem Vorgipfel, aufsteigen. Skidepot. In leichter Kletterei zum Hauptgipfel. Skitechnisch schwieriger, doch wird ein höherer »Skigipfel« erreicht.

b) Man quert nach rechts in eine weite Mulde und steigt über einen mittelsteilen Südhang zu P. 2801 m auf. Über den Gratrücken Richtung Westen bis zum felsigen Gipfelaufbau. Skidepot. In leichter Kletterei, zuerst durch eine Rinne, dann über einen kurzen Grat, zum Gipfel (2972 m). Skitechnisch leichter, doch längerer Anstieg ab Skidepot.

Abfahrt: Wie Aufstieg. Die freien Hänge gestatten viele Varianten, so daß jeder Tourenfreund zu seinem unverspurten Abfahrtsvergnügen kommen kann.

Verlängertes Wochenende auf dem Ofenpaß

Ortler Alpen und Sesvennagruppe

Anreise: Von Chur mit der Rhätischen Bahn auf schmaler Spur nach Samedan [940] und weiter nach Zernez [960]. Der Postbus [960.20] führt uns zur Haltestelle Buffalora (1968 m) westlich unterhalb des Ofenpasses.

Rückreise: Von der Paßhöhe (Haltestelle Süsom Givè, 2149 m) mit dem Postbus nach Zernez.

Unterkunft: Gasthaus Stradin (1960 m), nahe bei der Haltestelle Buffalora, Tel. 0 81/85 68 16 32, oder Hotel Süsom-Givè (2149 m) auf der Paßhöhe, Tel. 0 81/8 58 51 82. Auskünfte: Verkehrsverein CH-Zernez, Tel. 0 81/8 56 13 00, Fax 8 56 11 55.

Material: Normale Skitourenausrüstung. Karten: 259 S Ofenpaß; 1219 S-charl und 1239 Santa Maria.

Jahreszeit: Aufgrund der großen Höhe der Ausgangspunkte, sind die Anstiege bereits im Dezember, aber auch noch im April, schattenseitig sogar im Mai möglich.

Ausweichtour: Serraglio (Nordgipfel) in der Nähe des Munt Buffalora. Bei ganz argem Schlechtwetter kleines Liftgebiet Minschuns (mit Postauto erreichbar).

Ordentlich weit ist die Anreise zum Ofenpaß für die meisten Skitourengeher schon – aber sie lohnt, wenn Schneeverhältnisse und Wetter mitspielen. Wer sich eine volle Woche einteilen kann, kombiniert am besten dieses Wochenende mit dem Wochenende in Zuoz (Touren 5–6) oder dem Wochenende im Münstertal (Touren 16–18). Der Paß dal Fuorn liegt in der östlichsten Ecke der Schweiz und verbindet Zernez im Unterengadin mit Müstair im Münstertal, unmittelbar an der Grenze zu Süd-tirol/Italien. Zugleich trennt der Ofenpaß zwei Gebirgsgruppen, die berühmten Ortler Alpen von der weniger bekannten, aber reizvollen Sesvennagruppe. »Ofenpaß« verbindet sich mit der Vorstellung »Nationalpark«, dessen Grenze bis auf 2 km an die Paßhöhe heranreicht. Im Nationalpark ist das Verlassen der mar-kierten Wege, die zudem im allgemeinen nicht auf Gipfel führen, verboten. Unsere Tourenvorschläge berücksichtigen diese Ein-schränkungen.

7 Munt Buffalora (2630 m)
Über die NO-Flanke

Touren-Steckbrief

Schwierigkeit: MS. Bei vernünftiger Wahl der Anstiegs- und Abfahrtsspur kaum lawinengefährdet.
Höhenunterschied: Aufstieg und Abfahrt je 670 m.
Zeit: Aufstieg 2 Std.; Abfahrt rund $^1/_2$ Std., Flachstücke berücksichtigen!
Lage: N.

Mini-Skitour für den Ankunftstag, kann trotz der kurzen Tage im Frühwinter noch am frühen Nachmittag begonnen werden.
Aufstieg: Von der Haltestelle Buffalora bzw. dem Gasthof Stradin wandert man mit geringem Höhengewinn Richtung Süden zur Alp Buffalora (2038 m) und erreicht nach einer etwas steileren Stufe einige Alphütten (P. 2194 m). Nun biegt man nach rechts ab und steigt in einem weiten Linksbogen zum breiten Rücken des Munt Buffalora auf. Über diesen Rücken erreicht man unschwierig den höchsten Punkt.
Abfahrt: Wie Aufstieg. In dem freien und hindernislosen Gelän-de sind zahlreiche Varianten möglich. Je nach dem skiläuferi-schen Können und den Schneeverhältnissen läßt sich die Abfahrt sanfter, aber auch steiler gestalten.

Piz Daint (2968 m)

Über den SW-Rücken

mit Abfahrt durch die SW- oder N-Flanke

Munt Buffalora über der Ebene von Jufplaun.

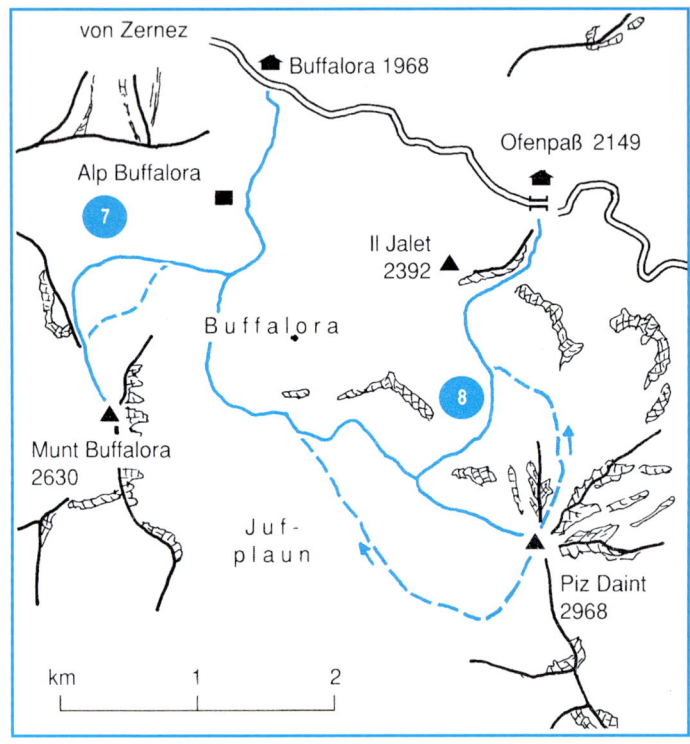

von Zernez

Buffalora 1968

Ofenpaß 2149

Alp Buffalora

7

Il Jalet
2392

B u f f a l o r a

8

Munt Buffalora
2630

J u f -
plaun

Piz Daint
2968

km   1   2

Dieser »Nicht-ganz-Dreitausender« macht diesen Mangel durch
eine Fernsicht wett, die ihm zu Recht den Ruf eines der schönsten Aussichtsberge der Ostalpen eingebracht hat. Wem das
Wetter wohlgesinnt ist, der kann von den Bernina und Ortler
Alpen, der Sesvennagruppe und den Ötztalern eine derartige
Fülle von Gipfeln sehen, daß es geraten erscheint, außer den
angegebenen Spezialkarten auch eine Übersichtskarte im Maßstab 1:200.000 mitzunehmen – um die vielen Gipfel einordnen
und bestimmen zu können. Darüber sollte man nicht vergessen,
auch an die Abfahrt zu denken, die für den Stemmbögler ebenso wie für den Steilhangartisten etwas zu bieten hat.

Aufstieg: Zwei Möglichkeiten, eine etwas längere und leichtere Route von Buffalora; eine kürzere, im untersten Teil häufig, im mittleren Teil mitunter lawinengefährdete Route von der Paßhöhe.

a) Von der Haltestelle Buffalora bzw. dem Gasthof Stradin wandert man mit geringem Höhengewinn Richtung Süden zur Alp Buffalora (2038 m) und erreicht nach einer etwas steileren Stufe einige Alphütten (P. 2194) auf der Alpfläche Jufplaun. Weiter Richtung Süden, bis man nach links abbiegen und zu einem Nordwestrücken aufsteigen kann. Über diesen erreicht man, nur im letzten Teil etwas steil, den Gipfel.

b) Von der Paßhöhe: Von der Haltestelle steigt man zu einer Sendeanlage auf. Hier beginnt eine sehr heikle Querung in ein Tälchen, das zu einer Hochfläche führt, die man Richtung Süden quert und zu einer zweiten Hochfläche (»Murtaröl«) aufsteigt. Von hier quert man ansteigend zu P. 2641 auf dem erwähnten Nordwestrücken (beliebter Rastplatz) und erreicht von hier wie bei a) den Gipfel.

Abfahrt: Die leichteste Abfahrt führt wie bei a) zur Haltestelle Buffalora. Eine steile Variante (bis 34°) im ersten Teil: Unmittelbar vom Gipfel über die Südwestflanke, dann nach rechts zum Anstiegsweg queren. – Schwieriger ist die Abfahrt wie bei b). Ausgezeichnete Skiläufer können bei besonders sicheren Verhältnissen (im Frühwinter eher ungewöhnlich) durch die 500 m hohe, steile (33° auf 300 Hm) Nordrinne nach Murtaröl und weiter wie bei b) abfahren.

Piz Vallatscha (3021 m)

Über den Munt da la Bescha und die S-Flanke

9

Touren-Steckbrief

Schwierigkeit: GS. Lawinengefährdung vor allem im ersten Teil des Anstiegs (bei der Querung unterhalb des Gipfelaufbaus des Munt da la Bescha), in der Südmulde nach stärkeren Schneefällen.

Höhenunterschied: Aufstieg 440 + 690 + 50 (Gegenanstieg) = 1180 m; Abfahrt 50 + 690 + 440 = 1180 m.

Zeit: Paßhöhe – Sattel östl. Munt da la Bescha 1 Std., Anfellplatz Valbella – Piz Vallatscha 2 Std., insgesamt 3 Std., Abfahrt 2 Std.

Lage: Aufstieg und Abfahrt S, kurzer Gegenanstieg (auf dem Rückweg) N.

Der Piz Vallatscha, ein herrlicher Aussichtsberg, weist als besonderes »Zuckerl« für die Skiläufer eine riesige Südmulde auf. Die Aufstiegshilfen von »Minschuns« verkürzen den Anstieg. Von dieser Seite her wird unser Gipfel deshalb verhältnismäßig häufig bestiegen. Auf dem hier beschriebenen Weg wird man einsam aufsteigen und in der Abfahrt den ersten Gipfelaspiranten begegnen, die den kürzeren Anstieg von Minschuns gewählt haben. Der späte Betriebsbeginn der Liftanlagen bringt auf unserer (an sich längeren) Route zumindest für die Frühaufsteher den Vorteil, früher auf dem Gipfel zu stehen.

Aufstieg: Von der Paßhöhe zuerst flach durch schütteren Wald, dann in ansehnlicher Steilheit zu einer Hochfläche östlich von P. 2479. (Gipfelsammler können von hier in einem Bogen über den Westhang zum Munt da la Bescha, 2698 m, aufsteigen.) In einem Bogen um den Gipfelaufbau herum in eine Einsattelung (2588 m). Von hier kurze schattenseitige Abfahrt in die weite Valbella. In einer weiten, sich zunehmend aufsteilenden Mulde Richtung Nord aufsteigen. In einer Höhe von 2850 m wird es kurzfristig gemütlicher, dann aber geht es steil möglichst hoch hinauf zu den Felsen des Südgrates. Skidepot. Ohne Schwierigkeiten, zumeist in guten Stapfen, zum Gipfel.

Abfahrt: Wie Aufstieg. Es ist auch möglich, den Munt da la Bescha auf dem Rückweg mitzunehmen. Aus der Einsattelung (2588 m) steil, aber unschwierig über den Ostrücken. Abfahrt dann am besten nach Westen und in einem Bogen nach links zurück zur Anstiegsspur. Bei sehr sicheren Verhältnissen kann man (sehr steil und felsdurchsetzt!) unmittelbar zur Paßhöhe abfahren.

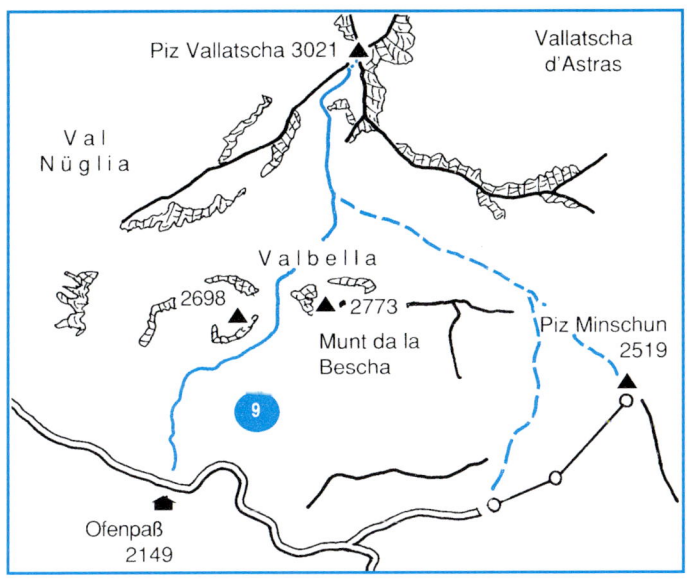

Skitouren im Januar

Im Januar gilt fast das gleiche wie im Dezember. Das bedeutet, wenn man im ersten Monat des Jahres Skitouren machen will: wieder den Schneebericht des Schweizerischen Lawinenbulletins abhören, Karten und Führer studieren, zusätzliche telefonische Erkundigungen bei Verkehrsbüros, Berggasthäusern und Bergbahnen einholen. Lange Planung für kurze Skitourentage, doch es lohnt sich.

Auch für den Jahresanfang gilt das gleiche wie fürs Jahresende: Ski weg von Gletschern. Die Gefahr ist nämlich fast noch größer, da nun die Spalten mit lockerem Pulverschnee häufig ganz zugeweht sind. Und so schön diese Art von Schnee ist: auf großen Spalten ist sie es ganz und gar nicht.

Wochenende im Spitzmeilengebiet

Glarner Alpen

Anreise: Von Zürich mit dem Schnellzug oder der S-Bahn nach Ziegelbrücke und umsteigen in den Regionalzug nach Unterterzen [900]. Mit der Seilbahn [2790] von Unterterzen (gleich gegenüber dem Bahnhof) auf die Tannenbodenalp und mit der Gondelbahn [2792] auf den Maschgenkamm. Von der Bergstation (2019 m) westwärts über Piste hinab nach Grüeb (1845 m) und mit dem Sessellift auf den Gipfel des Leist (2222 m).

Rückreise: Mit dem Postauto von Weisstannen [900.50] nach Sargans und mit dem Schnellzug [900] zurück.

Ausgangspunkt: Leist (2222 m), Bergstation des Sesselliftes und höchster Punkt im Skigebiet der Flumserberge.

Unterkunft: Spitzmeilenhütte SAC (2087 m), 55 Plätze, immer offen, an Wochenenden nach Bedarf bewartet, Tel. 0 81/7 33 22 32.

Material: Pickel, Seil und Steigeisen für den Spitzmeilen.

Karten: 237 S Walenstadt; 1154 Spitzmeilen, 1155 Sargans.

Jahreszeit: Januar bis März. Automatischer Schneebericht des Skigebietes Flumserberge auf Tel. 0 81/7 20 15 10.

Ausweichtour: Keine. Falls der recht steile NO-Hang des Hüendri (auch Fulegg genannt) vor der Lauifurggla nicht gequert werden darf, muß der Hüendri südlich über eine Lücke (2318 m) umgangen werden; allerdings ist der O-Hang dieser Lücke auch nicht lawinensicher. Ist die Direktabfahrt vom Walachamm ins Weisstannental nicht möglich, so kann die Überschreitung Madfurggl-Hüenerchopf (oder eine Schulter in dessen Ostgrat) mit anschließender Abfahrt nach Vermol (1100 m) gewählt werden; das Postauto von dort nach Mels fährt im Winter nicht, doch an schönen Wintersonntagen wird es nicht an Mitfahrgelegenheiten fehlen, da der Hüenerchopf neben dem Pizol die bekannteste Skitour im St. Galler Oberland ist.

Schade wäre es, würde man durch das Walensee-Gebiet, durch diesen alten Verkehrskorridor von Basel und Zürich nach Graubünden und in den Bodenseeraum, nur durchfahren. »Flums ist mit Zürich rasch und billig durch Sportschnellzüge verbunden, Fahrzeit nur 1 $1/2$ Std., Sportbillet Fr. 6,15«, schrieb schon der »Zürcher Skiführer« von 1933, der unter anderem Wochenendfahrten in die Gebiete Spitzmeilen und Pizol beschrieb. Und der Führer »Abseits der Heerstraße«, der 1938 die in den beiden Wintern zuvor in der »Neuen Zürcher Zeitung« vorgestellten »lohnenden Wochenendtouren mittlerer fahrtechnischer Ansprüche« in Buchform zusammenfaßte, unterstrich in einer Vorbemerkung zur Walachamm-Hüenerchopf-Tour: »Es ist dies eine der wenigen alpinen Gegenden, die von Zürich aus Samstag und Sonntag leicht erreichbar und doch vom Strom der Skifahrer noch nicht überflutet worden ist«.

Die Reise kostete noch immer nicht viel. Und obwohl die Gipfel im Spitzmeilengebiet, wie beispielsweise der Wissmilen, wegen ihrer leichten Erreichbarkeit vom Flumserberge-Skizirkus des öftern bestiegen werden, sind gerade die Nordhänge hinab zur Spitzmeilenhütte wenig zerfahren. Sie ist die erste Skihütte des Schweizer Alpen-Clubs. Der traditionsreiche, 1863 gegründete Bergsteigerverein freute sich nicht sonderlich über den seit den 90er Jahren des 19. Jahrhunderts immer schneller in Fahrt kommenden Skisport. Die Mitglieder der Glarner Sektion Tödi hingegen waren begeisterte Skifahrer, war doch in ihrem Kanton der Skilauf in der Schweiz mitentdeckt worden. Was ihnen noch fehlte, war eine eigene Skihütte. Das geeignete Gelände fanden sie im Spitzmeilengebiet, das schon im Kanton St. Gallen liegt (der nördliche Teil der Glarner Alpen wird zusammen mit der Pizol- und Ringelspitzgruppe auch als St. Galler Oberland bezeichnet). Deshalb wurde die SAC-Sektion Piz Sol mit viel Mühe überzeugt, am Nordfuß des auffälligen Spitzmeilen (2501 m) eine Hütte zu errichten. Am 26. Dezember 1903 konnte der Norweger Olaf Kjelsberg, Hüttenchef des damaligen SAC-Zentralkomitees Winterthur, die erste SAC-Hütte einweihen. Sie wurde speziell für Skifahrer gebaut.

Wissmilen (2483 m)

Von Unterterzen/Tannenbodenalp über Leist zur Spitzmeilenhütte

Der Spitzmeilen ist mit seinem symmetrischen, von einer rechteckigen Felsspitze gekrönten Kegel ein unverwechselbarer Berg. Weil man den höchsten Punkt nur zu Fuß durch eine manchmal unangenehme Steilrinne erreichen kann, erhält er von Tourenskiläufern nur wenig Besuch. Ganz im Gegensatz zum Nachbarn, dem Wissmilen, der im Winter seinem Namen – früher hieß er Weissmeilen – alle Ehre macht. Er gleicht von Norden einem Schneedreieck, in das man bei sicheren Verhältnissen fast überall Spuren hineinzeichnen kann. Doch vorher muß man noch die Aussicht bewundern: gegenüber die Zähne der Churfisten, im Osten die Vorarlberger Spitzen, gegen Südwesten die Bollwerke von Tödi und Glärnisch, und über dem Mittelland der Wolkenpilz des Atomkraftwerkes von Gösgen.

Abfahrt Leist – Fursch: Von der Sessellift-Bergstation Leist (2222 m) auf einer teilweise als Variantenabfahrt gekennzeichneten Piste links (östlich) der auffälligen Breitmantel-Spitze hinab auf die Verflachung von Burstbühl, wo man die Skiroute verläßt. Südwärts hinab, zwei Gräben überquerend, zu den Alpgebäuden von Fursch (1792 m). Man kann auch westlich vom Breitmantel vorbei- und dann schräg rechtshaltend abfahren, um die Talmulde westlich der Alp Fursch bei einem Felsblock (P. 1883) zu erreichen.

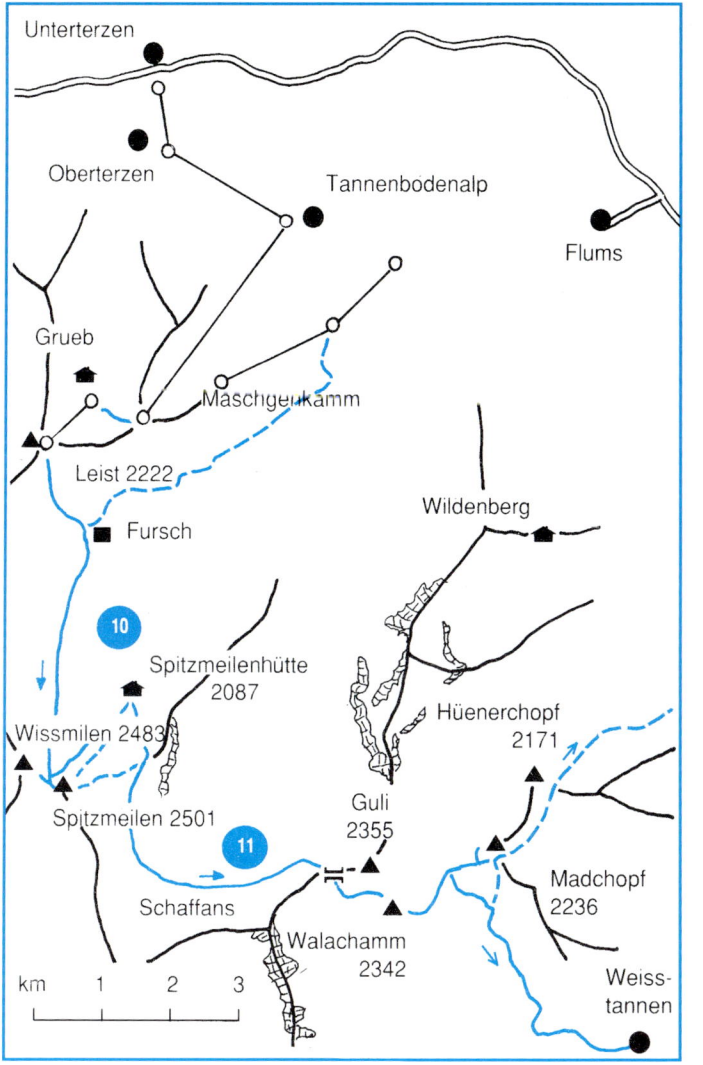

Unterterzen

Oberterzen

Tannenbodenalp

Flums

Grueb

Maschgenkamm

Leist 2222

Fursch

Wildenberg

10

Spitzmeilenhütte
2087

Hüenerchopf
2171

Wissmilen 2483

Spitzmeilen 2501

Guli
2355

11

Madchopf
2236

Schaffans

Walachamm
2342

km   1   2   3

Weiss-
tannen

63

Aufstieg Wissmilen: Von Fursch südwärts ansteigen über Obetweid, Bäll und Schafläger in den Sattel südlich von P. 2329. Bei sicheren Verhältnissen kann der breite NO-Hang in die Lücke zwischen Wissmilen und Spitzmeilen aufsteigend gequert werden. Besser ist es, am Fuße des Hanges gegen den Spitzmeilen zu queren und auf der östlichen Begrenzung der Mulde aufzusteigen, die in die erwähnte Lücke führt. Über den SO-Grat auf den flachen Gipfel des Wissmilen (2483 m).

Abfahrt zur Spitzmeilenhütte: Nordostwärts so gerade wie möglich zur Hütte (2087 m).

Variante: Will man ins Tal zurückkehren, so fährt man nach Fursch, steigt auf einer Alpstraße zu P. 1840 und folgt ihr weiter über Panüöl und Prod ins Skigebiet der Flumserberge. Auch von der Spitzmeilenhütte ist die einzige empfehlenswerte Abfahrt die über Fursch, diejenige ins Schilstal bis Wisen schön, doch lawinengefährlich und nachher eher eintönig (Straße).

Zusatzgipfel Spitzmeilen: Wer genügend Zeit und alpine Erfahrung hat, besteigt noch den Spitzmeilen (2501 m). Vom Wissmilen in der Süd-Flanke, von der Spitzmeilenhütte über den Schönegg-Rücken, Skidepot am Ostfuß des felsigen Gipfelkopfes und durch eine steile Schneerinne hinauf; Abfahrt am schönsten direkt über den Nord-Hang. Schwierigkeit: GAS.

Walachamm (2342 m)

Von der Spitzmeilenhütte mit Abfahrt nach Weisstannen

Touren-Steckbrief

Schwierigkeit: GS. Die O-Abfahrt vom Walachamm ist auf 350 m ziemlich, aber nicht anhaltend steil; kurze Stellen bis 38°. Dort auch Schneebrettgefahr sowie im Hang südlich vom Schöneggsattel (2203 m) und vor allem im schattigen Hang vor der Lauifurggl. Schwierige Orientierung über die Karstplateaus bei schlechter Sicht.

Auf der Karte 1:50 000 hat der Walachamm nicht mal einen Namen. Das sollte aber kein Grund sein, auf ihn zu verzichten. Eher schon bei Nebel und viel Neuschnee: die gut sechs Kilometer lange Höhenwanderung von der Spitzmeilenhütte zum Walenkamm, wie der langgezogene, nach Osten und Südwesten steil abfallende Gipfelgrat früher hieß, verlangt gute Sicht und »schnellen« Schnee. Sonst wird dieses ständige Auf und Ab über die abgeschiedenen Karsthochflächen zur gefährlichen Plackerei. So beschaulich der ungewöhnliche Anstieg zum Walachamm ist, so rassig ist die Abfahrt ins Weisstannental. Aufatmen kann man erst vor der Jägerhütte auf Säss.

Aufstieg: Von der Spitzmeilenhütte (2087 m) in südsüdöstlicher Richtung in einen Sattel bei P. 2203 m am Beginn des Schönegg-Rückens. Hier setzt man die lange Querung in die Lauifurggla an; manchmal weisen Sommerwegmarkierungen die Richtung. Zuerst flach über das obere Band, nördlich von P. 2208 über eine kurze Steilstufe aufs untere Band. Weiter südwärts an den Rand von Uf den Chären, wo man links abschwenkt. Über Schils, Tüfboden und Schafläger bis oberhalb des Schafanshüttli. Weiter über den östlichen Teil von Schaffans nach Büelen und Querung der steilen NO-Flanke des Hüendri in die Lauifurggla (2192 m). Durch die S-Flanke des Guli auf den Verbindungsgrat Guli – Walachamm, der nordwestlich von P. 2291 erreicht wird. Über den NW-Grat auf den höchsten Punkt des Walachamm (2342 m).

Abfahrt: Über den SO-Grat in einen Sattel und nordostwärts nach Hinter Mad. Rechtshaltend über eine Folge von kleinen Rücken beim Rotchopf vorbei in einen Einschnitt südlich von P. 2207. Nun südostwärts über einen Rücken hinab. Wo er abbricht (etwa 2000 m), linkshaltend kurz sehr steil auf einen andern Rücken. Über diesen (Tritt auf der LK) in mehreren Stufen hinab, bis er in Felsstufen übergeht. Zuvor rechtshaltend über einen tiefeingeschnittenen Graben und über einen letzten schönen Hang südostwärts hinunter. Den Galanser Bach überschreiten nach Böden auf der andern Talseite. Dann südwärts nach unten, bis man auf einen Waldweg stößt, der zu den Hütten von Säss (1477 m) führt. Westlich der Kuppe Ringgastein über recht steile S-Hänge hinunter zur Siedlung Rütenen, dann deutlich linkshaltend, teilweise im oder am Wald, zu den Hof-Häusern und über Gädmen hinunter zur Seezbrücke (999 m). Auf der Straße in den »Alpenhof« oder die »Gemse« von Weisstannen.

Variante: Kann die Abfahrt vom Rotchopf nach Böden nicht gemacht werden, so hält man von Hinter Mad nach Vorder Mad (kleinere Gegensteigung) und quert die Madchopf-Südseite in die Madfurggl (2149 m). Nun den steilen Südhang (30° auf 160 Hm) hinab zur Alphütte von Ober-Galans.

Zusatzgipfel: Madchopf (2236 m); der namenlose Gipfel westlich von ihm ist aber höher! Aufstieg und Abfahrt über W-Grat. Der Guli (2355m) ist leicht über W- oder S-Grat erreichbar; Abfahrt über S-Grat oder schöner im südlichen Teil der O-Flanke.

Blick zurück von der Hochebene von Schaffans auf den Spitzmeilen, dessen Besteigung eine kurze Kletterei erfordert. Der Weissmeilen ist weniger spitzig.

Wochenende zwischen Schanfigg und Prättigau

Plessur Alpen

Anreise: Mit dem Postauto [900.72] vom Bahnhof Chur nach St. Peter und mit dem Privatbus ins Skigebiet Hochwang (den Postautochauffeur fragen, wo man am besten in den Privatbus umsteigen kann); Infos unter Tel. 081/3741122. Man kann auch mit der RhB [930] Richtung Langwies und Arosa bis zur Station St. Peter fahren und zu Fuß ca. 15 Min. ins Dorf hinaufgehen.

Rückreise: Von Jenaz mit der RhB [910] nach Landquart.

Ausgangspunkt: Bergstation des oberen Triemel-Skiliftes (P. 2284) im Schanfigger Skigebiet Hochwang.

Unterkunft: Ski- und Berghaus Casanna (1944 m), mit 25 Plätzen, Pension immer offen, Restaurant Sa – Mo, Tel. 0 81/3 74 20 82. Skihaus Pirigen (1733 m), 20 Plätze, ganzjährig geöffnet, Tel. 0 81/3 74 20 64. Skihaus Hochwang (1958 m), 50 Plätze, während Betrieb der Skilifte Hochwang tagsüber meistens offen, aber nicht immer Übernachtungsmöglichkeit, Tel. 0 81/3 74 11 08. Weitere Unterkunfts- und Verpflegungsmöglichkeit in den zwei Skihäusern der Fideriser Heuberge: Skihaus Arflina (2000 m), Tel. 0 81/3 32 13 04 oder 3 32 20 79; Ski- und Berghaus Heuberge (1939 m), Tel. 0 81/3 32 13 05.

Material: Normale Skitourenausrüstung.

Karten: 248 S Prättigau; 1176 Schiers, 1196 Arosa.

Jahreszeit: Dezember bis Februar; dann einfach, wenn der Schnee bis in tiefere Lagen fällt (der Bahnhof Jenaz liegt auf 723 m). Schnee- und Pistenbericht Skigebiet Hochwang Tel. 0 81/3 74 13 44.

Besonderes: In diesem sehr vielfältigen Winterskitouren-Gebiet seien ein paar Möglichkeiten angegeben, wie das Skihaus Casanna, insbesondere auch von Davos aus, erreicht werden kann:

1) Direkt vom Bahnhof Langwies: Vom westlichen Teil des Bahnhofs Langwies (1317 m) durch das von der Hauptstraße quer durchschnittene Schluochttal auf eine Erschließungsstraße. Weiter ost-, später nordostwärts in das Tal von Fondei (z. T. Lawinengalerien). Nach den ersten Häusern (Stutz) direkt hinauf zum

Skihaus Casanna (1944 m). 630 m Aufstieg, 2 Std.; empfiehlt sich auch als Abfahrtsroute. Und dann noch schnell aufs Mattjisch Horn hinauf, für den Sonnenuntergang.

2) Vom Bahnhof Langwies über Skihaus Pirigen und Mattjisch Horn: auf obiger Route bis auf die Erschließungsstraße. Nun aber nach links auf ein Eck und direkt über Wiesen und durch Wald zum Skihaus Pirigen (1773 m). Über sanfte Hänge genau Richtung Mattjisch Horn ansteigen, auf etwa 2200 m zum S-Grat hinausschwenken und auf ihm zum Gipfel. Abfahrt zurück zum Skihaus Pirigen oder zum Skihaus Casanna, oder gleich weiter zum Glattwang. 460 m Aufstieg und eine gute Stunde zum Skihaus Pirigen, von dort 690 m und rund 2 Std. aufs Mattjisch Horn.

3) Von der Weissfluh (2843 m): Von der Weissfluh (vgl. Tour Nr. 1) zum Kreuzweg, westwärts nach Barga, im Fondei bis zur Siedlung Strassberg (1919 m) und auf einem Sträßchen flach ansteigen zum Skihaus Casanna. Müheloser geht's fast nicht. Verlockender ist nur noch folgende Route: Weissfluh – Abfahrt SW-Flanke bis etwa 2500 m, Aufstieg Zenjiflue (2685 m) – phantastische N-Abfahrt nach Barga – Mittagessen im Skihaus Casanna, und zur Verdauung über Mattjisch Horn und Glattwang nach Jenaz. Insgesamt 1100 m Aufstieg und und fast dreimal soviel Abfahrt. Und alles Bruchharsch ...

»Lieber Gusti!
Anlässlich unserer letzten Bergfahrt habe ich es übernommen, Dir einen Vorschlag für gemeinsame Skiferientage in Graubünden zusammenzustellen.
Wie wär's, wenn wir kommenden Winter das Hochwanggebiet wählen würden? Die Hochwangkette erstreckt sich zwischen dem Prättigau einerseits und dem Plessurtal, dem Schanfigg anderseits, von der Davoser Weissfluhgruppe aus westwärts bis Chur. Der Skiklub Rhätia Chur hat in dieses schöne Skigebiet eine nagelneue, pickefeine Skihütte gestellt, das ›Skihaus am Hochwang‹. (...) Für Dich ist es wichtig, daß das Hochwanggebiet rasch erreichbar ist, ja selbst wenn sich Deine Bündnerreise auf einen Samstag Nachmittag und Sonntag reduzieren müßte, ließe sich hier noch eine genußreiche Tour durchführen. (...)
Nachmittags werden in der schönen, auch aussichtsreichen Umgebung des Skiheims Schwünge dressiert! (...)

Gegen Abend geraten wir vielleicht dann auch noch auf den nahen Gipfel des Kunkels (2418 m) hinauf, um von dort herunter in einer rassigen Schussfahrt den Tag zu beschließen. (...)

Der nächste Vormittag dürfte uns wohl auf dem Wege zum Matlishorn (2464 m) sehen. Hier oben überrascht uns vor allem der Blick ins Fondeital und hinüber zur nahen Davoser Weissfluh. (...)

Am folgenden Morgen käme dann wohl die berühmte ›Jenazer-Abfahrt‹ an die Reihe. (...) Diese Tour kann gut mit dem Besuch des Matlishorngipfels verbunden werden. (...) Und dann geht's los! Immer auf offenen Waldwiesen über Alp Larein, kreuz und quer hinab ins Prättigau. Nur ganz zuletzt einmal etwa 100 Meter auf Waldweg und dann wieder über offene Wiesen zum Dorf und zur Station Jenaz. (...)

Wie Du siehst, gibt es in diesem Hüttengebiet Berge für Anfänger, für Fortgeschrittene und für Stürmer. Kommt man auch nach schöner Tagestour erst abends nach Chur oder nach Landquart hinaus, so erreicht man immer noch einen der guten Abendzüge ins Unterland, um gleichen Abends noch die heimatlichen Penaten am Zürichsee, am Rhein, an der Aare oder an der Reuss zu gewinnen. (...)

Inzwischen verbleibe ich, mit einem Rucksack voll der herzlichsten Grüsse, Dein Carl Eggerling.

Stimmt alles, was hier auszugsweise aus dem Jubiläumsjahrbuch des Schweizerischen Ski-Verbandes von 1929 wiedergegeben ist – mit zwei Ausnahmen. Das Skihaus Hochwang hat sich zur Wochenend-Festhütte für Pistenskifahrer gewandelt. Aber es gibt im Fondei einen Ersatz, der die Sehnsüchte der Tourenfahrer nach Pulverschnee, Ruhe und Sonnenterrasse erfüllt: das Skihaus Casanna. Diese Idylle im Fondei ist allerdings auch in Gefahr. Die Parsennbahnen wollen nämlich ihr Skigebiet durch dieses noch unerschlossene Tal hindurch mit demjenigen der Fideriser Heuberge zusammenhängen. Der nächste Ausbauschritt wäre der Bau von Anschlußliften, zum Beispiel über den Cunggel, zum Skigebiet Hochwang. Man will den Cunggel aber vorerst aus diesem Skigebiet verkabeln. Also nichts wie hin, solange er noch ein Skitourenberg ist!

12 Cunggel (2413 m) – Matjisch Horn (2460 m)

Vom Skigebiet Hochwang ins Skihaus Casanna

Touren-Steckbrief

Schwierigkeit: MS. Einzig die Abfahrt über die O-Flanke des Matjisch Horns ist im oberen Teil auf etwa 100 Hm ziemlich steil.
Höhenunterschied: Aufstieg 210 + 260 m (= 470 m); Abfahrt 210 + 520 m (= 730 m).
Zeit: Skilift Bergstation Hochwang – Cunggel knapp 1 Std.; Cunggel – Matjisch Horn gut 1^1/$_2$ Std; Matjisch Horn – Skihaus Casanna ^{1}/$_2$ Std. Insgesamt 3 Std.
Lage: Mehrheitlich S und SO.

Das Mattjisch Horn, ein rundum schöner, weißer Skiberg, hat alles, was es für winterliche Skitouren braucht: sonnige Aufstiege und (pulver-)schneesichere Abfahrten, weitreichende Aussicht, insbesondere gegen Westen bis zu den Berner Alpen, und nahegelegene Skihäuser. Wenn hartnäckig der Nebel auf die Städte drückt und sich ein tiefblauer Himmel über die reinweißen Alpen wölbt, dann ist der richtige Moment fürs Mattlishorn da (so wurde der Berg früher auf der Karte benannt). Und weil es da so schön ist, wird das Mattjisch Horn gleich zweimal überquert, einmal am Nachmittag, das andere Mal am Vormittag, und jedesmal auf einer neuen Route. Schöne Aussichten, nicht wahr?

Aufstieg Cunggel: Von der Bergstation der Triemel-Skilifte (P. 2284) ostwärts Schrägfahrt bis P. 2199,2. Anfellen. Flach weiter zu P. 2207 m, linkshaltend zu einem Stall und Aufstieg über den unten ziemlich steilen und oben schmalen SO-Rücken auf den Cunggel (2413 m). Der Cunggel kann natürlich auch ausgelassen werden.

Abfahrt Cunggel – Mattjisch Horn: Wie Aufstieg, oder schöner, aber nur bei sicheren Verhältnissen, über die NO-Flanke, dann Schrägfahrt ostwärts bis etwa 2200 m. Anfellen. Ostwärts über den

Faninpaß auf die Arflinafurgga (2247 m). Nun dem Grat entlang, einzelne Erhebungen bei sicheren Verhältnissen rechts umgehend, zum Sattel (2277 m) am Beginn des NW-Grates des Mattjisch Horns. Über diesen zum Gipfelplateau und -buch (2460 m).

Abfahrt Skihaus Casanna: Vom Mattjisch Horn über den S-Grat bis zum Flachstück und rechts einer Mulde über die O-Flanke. Weiter unten südostwärts, ein paar Gräben überquerend, zum Skihaus Casanna (1944 m). Bei unsicheren Verhältnissen über die Aufstiegsroute vom nächsten Tag (O-Grat) abfahren.

Variante Skihaus Hochwang: Von der Skilift-Bergstation auf der bezeichneten Piste zum Skihaus Hochwang (1958 m). Wiederaufstieg in nordöstlicher Richtung zur Aufstiegsroute auf den Cunggel.

Mattjisch Horn (2460 m) – Glattwang (2376 m)

13

Vom Skihaus Casanna über Heuberg nach Jenaz

Touren-Steckbrief

Schwierigkeit: MS (GS). Die N-Flanke des Mattjisch Horns ist oben knapp 30° steil, aber schön breit. Nur skibreit ist dafür der oberste Teil des Glattwang-Nordgrates. Schneebrettgefahr in der Mattjisch Horn N-Flanke sowie in der Gipfelmulde am Glattwang.

Höhenunterschied: Aufstieg 520 + 380 m (= 900 m); Abfahrt 460 + 1650 m (= 2110 m).

Zeit: Skihaus Casanna – Mattjisch Horn knapp 2 Std.; Mattjisch Horn – Glattwang 1^1/$_2$ Std.; Glattwang – Jenaz je nach Zustand der Tourenpiste.

Lage: Aufstiege O, Abfahrten N.

Die Parsennabfahrt vom Gipfel der Weissfluh (2843 m) nach Küblis (810 m) ist eine der bekanntesten in Graubünden, wenn nicht die berühmteste überhaupt. 1903 von Oscar Schuster und Johann Engi entdeckt, hat sie seither nichts von ihrer Faszination verloren, nur vielleicht einige Befahrungen, weil die unteren Hänge im Zeitalter der Klimaerwärmung nicht immer weiß sind. Der Name Parsenn, eigentlich ein Übergang auf der Weissfluh-Nordseite, gilt heute für die ganze Skiregion zwischen Davos und Klosters. Doch wenn man von der Parsennabfahrt spricht, dann meint man die 14 km lange Piste mit 2030 Höhenmetern nach Küblis hinunter. Aber es gibt weiter westlich eine Abfahrt, die keine Piste ist (markiert ist sie freilich schon), die weniger Höhenmeter aufweist (1650 m), skiläuferisch aber um einige Schwünge mehr überzeugt: die Abfahrt vom Glattwang nach Jenaz.

Aufstieg Mattjisch Horn: Vom Skihaus Casanna (1944 m) auf dem Weg vom Vortag zurück bis etwa 2100 m. In nördlicher Richtung über die Blackter Alp in einen Sattel (2290 m) und über den O-Grat auf das Mattjisch Horn (2460 m).

Abfahrt Mattjisch Horn: Über N-Flanke am schönsten, aber nur bei sicheren Verhältnissen; allerdings ist diese Route oft befahren (fast eine Piste). Abfahrt eher im linken Teil der N-Flanke bis auf ein Flachstück. Ostwärts um P. 2185 herum und linkshaltend zum Skihaus Arflina (2000 m) in den (Fideriser) Heubergen. Bei zweifelhaften Verhältnissen besser über NW-Grat bis etwa 2300 m und nordwärts einbiegen.

Aufstieg Glattwang: Vom Skihaus Arflina nordwestwärts in die Mulde Caua (P. 2153). Nordwärts ansteigen über verschiedene Rücken bis in die schattige Mulde südlich des Glattwang. Deutlich rechtshaltend über den Sonnenhang auf den S-Grat und in wenigen Schritten auf den höchsten Punkt des Gipfelfirst (2376 m).

Abfahrt Glattwang: Über den schmalen Nordgrat bis zum Sattel oberhalb des Glattwangseeli. Die folgende Kuppe (P. 2303) westlich (steiler, aber windzugekehrte Seite) oder östlich umfahren (bei unsicheren Verhältnissen überqueren). Nördlich dieser Kuppe stehen die ersten orangefarbenen Stangen, die bis Jenaz hinunter die Abfahrt markieren. Bei der untersten Markierung direkt hinab über zwei steile Böschungen zu den Hotels »Krone« und »Post« und dahinter links zum Bahnhof (723 m). Man kann von den Fideriser Heubergen auch unter dem

Glattwang durchgehen, indem man nur auf eine Schulter zwischen Glattwangseeli und Alp Nova steigt.

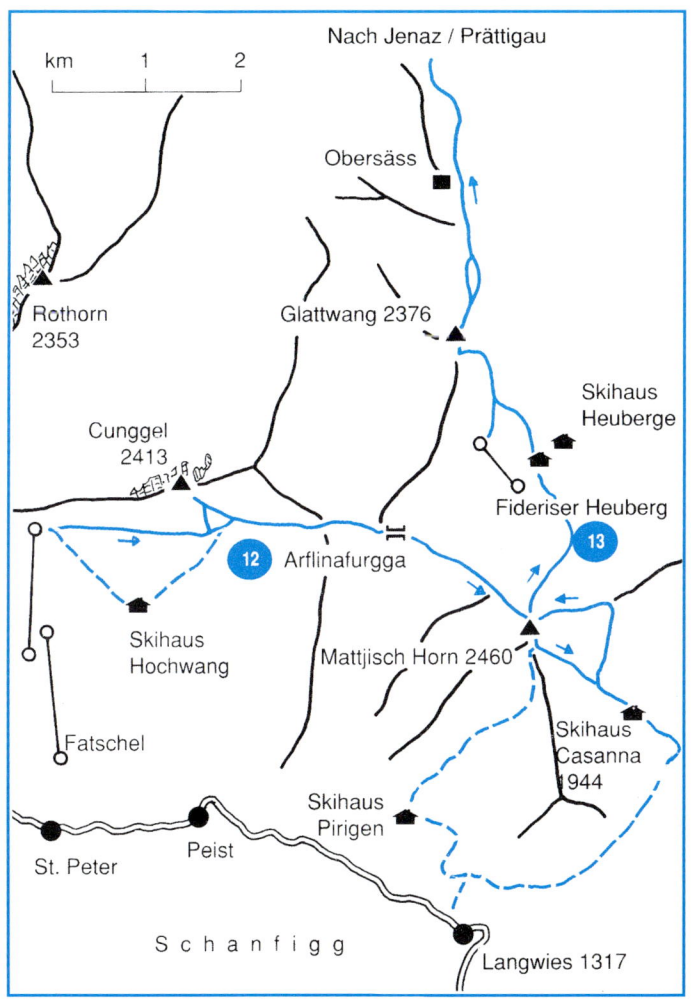

Nach Jenaz / Prättigau

km 1 2

Obersäss

Rothorn 2353

Glattwang 2376

Cunggel 2413

Skihaus Heuberge

Fideriser Heuberg

12 Arflinafurgga

13

Skihaus Hochwang

Mattjisch Horn 2460

Fatschel

Skihaus Casanna 1944

Skihaus Pirigen

St. Peter

Peist

S c h a n f i g g

Langwies 1317

Wochenende in St. Antönien
Rätikon

Anreise: Linie Zürich – Chur [880] bis Landquart, RhB [910] bis Schiers und mit dem Postauto Schiers – Fajauna – Stels [910.35] bis zum Berggasthaus Mottis.

Rückreise: Von St. Antönien mit dem Postauto [910.55] über Pany nach Küblis und mit der RhB [910] nach Landquart oder Davos.

Ausgangspunkt: Berggasthaus Mottis (1484 m) auf dem Stelserberg östlich ob Schiers; genauer die Straßenkurve (P. 1467) östlich vom Berggasthaus.

Unterkunft: Kur- und Verkehrsverein, CH-7246 St. Antönien, Tel./Fax 0 81/3 32 32 33; Internet: http://www.praettigau.ch. Berggasthaus Mottis immer offen, Tel. 0 81/ 3 28 13 19.

Material: Normale Skitourenausrüstung. Karten: 248 S Prättigau; 1176 Schiers, 1177 Serneus.

Jahreszeit: Dezember bis Februar; Eggberg aus dem Tal von Gafia bis März.

»Den 3. Januar, eine Weile in der Nacht, kam die Mattenlawine und ging über Valtin Härtlis Haus und Stall auf dem Meierhof, wahrscheinlich auf dem äusseren Meierhof ob dem Weg, jedoch ohne diese Gemächer zu beschädigen, hingegen bei den untern Häusern, vielleicht auf dem äussern Meierhof unter dem Weg, zerstörte sie einen Stall und tötete in demselben 2 Kühe, 3 Galti, 2 Kälber und 2 Schafe. Desgleichen schlug sie einen Stall auf dem Börtli auf die Matte herunter.«

So berichtet der Chronist Peter Ruosch über den ersten schweren Lawinenwinter im Tal von St. Antönien. Das war im Jahre 1668 gewesen, und in den folgenden drei Jahrhunderten sind immer wieder Lawinen von den steilen Grasbergen in diesem Seitentale des Prättigaus heruntergedonnert, haben Bannwälder entwurzelt, Ställe mitgerissen, Häuser zertrümmert, Menschen erschlagen. Und obwohl die Lawinenunglücke zusehends verheerender wurden – 1935 beispielsweise waren 7 Menschen und 20 Gebäude zu beklagen, im Januar 1951, dem katastrophalen Lawinenwinter in den Alpen, 1 Mann, 50 Tiere, 42 gänzlich zerstörte Gebäude – gaben die Bewohner von St. Antönien nicht auf, bauten ihre Häuser immer wieder auf. Ab 1797 schützten sie diese hangseitig mit keilförmigen Erd- und Steinwällen, sogenannten »Ebihöch«. Doch erst als ab 1953 am Chüenihorn, dem gefährlichsten St. Antönier Lawinenberg, Verbauungen erstellt wurden und Aufforstungen erfolgten, mußten die Leute bei starken Schneefällen nicht mehr um ihr Leben bangen. Elf Millionen Franken kosteten diese größten Lawinenschutzbauten in der Schweiz.

Schuld daran, daß der weiße Tod die Geschichte dieses Tales am Rande der Schweiz wie ein roter Faden durchläuft, sind die Menschen selbst. Allen voran die Walser, die ab dem 13. Jh. die Bergwaldwildnis rodeten, um diese nutzbar zu machen. Platzbedarf, Häuserbau und schließlich noch Bergbau im Tal von Gafia rissen immer größere Lücken in die Wälder, die ihre Schutzfunktion zusehends verloren. Kilometerlange Stahl- und Betonskelette ersetzen heute die Bäume, und vielleicht sehen in Zukunft viele Berge in den Alpen so wie das Chüenihorn aus, wenn das von uns mitverursachte Waldsterben im Gebirge nicht gestoppt werden kann.

Wer sich für die erschütternde »Geschichte der St. Antönier Lawinen« interessiert, sollte ein 1988 erschienenes Buch mit diesem Titel im Dorfladen von St. Antönien Platz kaufen.

Ruhig gleitet die Tourenskiläuferin vom Stelserberg dem Chrüz zu. Der Pulverschnee liegt weich auf den Weiden.

14 Chrüz (2195 m)

Vom Stelserberg ob Schiers nach St. Antönien

Touren-Steckbrief

Schwierigkeit: MS bei Abfahrt über O-Grat, GS bei Abfahrt über N-Hang. Dieser ist oft schneebrettgefährlich. Wenn man sich strikt an die Grate hält (was beim Aufstieg über den NW-Grat einige Spitzkehren erfordert), ist das Chrüz lawinensicher.
Höhenunterschied: Aufstieg 730 m; Abfahrt 780 m.
Zeit: Aufstieg 3 Std.; Abfahrt 1 Std.
Lage: Aufstieg W, NW; Abfahrt N, unten O.

Das Chrüz ist der westliche Vorposten beim Eingang ins Tal von St. Antönien; sein Gegenüber ist das Jägglisch Horn. Beide Gipfel sind auf drei verschiedenen Skirouten erreichbar und weisen je zuoberst einen Nordhang auf, worin häufig ein Schneebrett eingelagert ist. Beim Chrüz jedoch läßt sich diese Stelle leicht umfahren. Zudem sind die drei Ausgangspunkte Stelserberg, St. Antönien und Pany höher gelegen. Zum Aufstieg wählen wir die sonnigste und aussichtsreichste, zur Abfahrt die schattigste und schneereichste Route.

Aufstieg: Von der Haarnadelkurve P. 1467 beim Gasthaus Mottis auf dem Stelserberg ostwärts auf dem Sträßchen, dabei die Kurven evtl. abkürzend, bis auf die Moorebene Zum See (P. 1774) am Beginn des NW-Grates des Chrüz. Auf diesem Grat aufsteigen, wobei man sich an den Kammverlauf hält. Zuletzt vom Sattel (P. 2082) über den recht schmalen und steilen Schlußgrat auf den Gipfel des Chrüz (2195 m).

Abfahrt: Über den O-Grat in einen Sattel, dann kurzer Wiederaufstieg auf das Chlei Chrüz (2103 m). Entlang seinem N-Rücken auf die Alp Valpun. Bei ganz sicheren Verhältnissen ist es natürlich schöner, vom Gipfel des Chrüz direkt über die auf der LK als Augstberg bezeichnete N-Flanke (33° auf 100 Hm) abzufahren. Vom großen Alpgebäude von Valpun nordostwärts

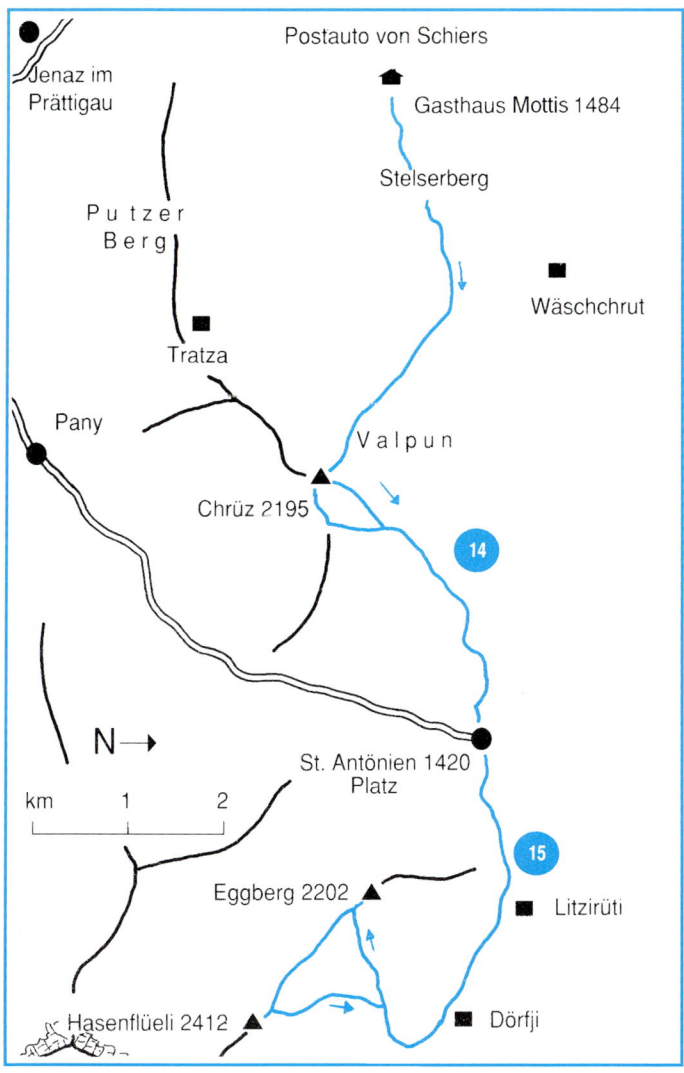

Jenaz im
Prättigau

Postauto von Schiers

Gasthaus Mottis 1484

Stelserberg

P u t z e r
B e r g

Wäschchrut

Tratza

Pany

V a l p u n

Chrüz 2195

14

N →

St. Antönien 1420
Platz

km   1   2

15

Eggberg 2202

Litzirüti

Hasenflüeli 2412

Dörfji

an den Waldrand hinunter, den man bei P. 1720 erreicht. Nun auf dem Wanderweg nordostwärts mit einigen kleineren Gegensteigungen durch den Wald. Man gelangt so zum Skilift von St. Antönien. Auf der Piste, zuletzt aber linkshaltend direkt nach St. Antönien Platz (1420 m) hinab.

15 Eggberg (2202 m) – Hasenflüeli (2412 m)

Aus dem Tal von Gafia

Touren-Steckbrief

Schwierigkeit: MS bei Beschränkung auf Eggberg, GAS bei Überquerung des Grates zum Hasenflüeli und Besteigung desselben. Der Grat zwischen den beiden Gipfeln ist teilweise recht schmal und verlangt, besonders wenn er noch verwächtet ist, sichere Aufstiegstechnik. Der Fußaufstieg auf das Hasenflüeli ist etwas ausgesetzt. Schneebrettgefahr an einigen Stellen in der breiten NO-Flanke der beiden Gipfel.

Höhenunterschied: Aufstieg 780 m Eggberg + rund 250 m Hasenflüeli (= 1030 m); Abfahrt vom Hasenflüeli – Skidepot nach St. Antönien Platz etwa 950 m.

Zeit: St. Antönien – Eggberg $2^1/_2$ Std.; Eggberg – Hasenflüeli 1 Std.; Abfahrt 1 Std.

Lage: NO.

Wie man's auch immer macht: Die Tour hat vieles von dem, was Skitouren bieten können. Einen landschaftlich reizvollen Aufstieg mit einer Alphütte auf zwei Drittel der Strecke, wo man in der Morgensonne nicht widerstehen wird können, eine Rast einzulegen. Einen aussichtsreichen Gipfel, der einen guten Überblick über das ganze Gebiet erlaubt, in dem man sich bewegt. Eine Höhenwanderung auf einem schmalen Grat, wo präzises Fellen nötig ist. Eine kurze alpinistische Einlage auf einen Felszahn, der bis zuletzt unzugänglich aussieht. Und schließlich eine schattenseitige, Pulverschnee versprechende und über offene Hänge führende Abfahrt, die gut – wenn überhaupt! – noch am Nachmittag befahren werden kann.

Aufstieg Eggberg: Von St. Antönien Platz (1420 m) auf der Straße taleinwärts nach Litzirüti am Eingang zum Tal von Gafia. Südostwärts über Weiden zur Siedlung Engi und kurz darauf den Gafierbach überschreiten (Brücke P. 1622). Auf dem rechten Bachufer bis ins Dörfli, wieder über eine Brücke und taleinwärts zum auffälligen Schlangenstein (1739 m). Hier beginnt der Aufstieg über die NO-Seite zum Eggberg. In ziemlich direkter Linie hoch zur Alphütte von Säss (1941 m) und südwestwärts in den Sattel südlich des Eggberges. Nach rechts auf den Gipfel (2202 m).

Überquerung Eggberg – Hasenflüeli: Vom Eggberg folgt man dem teils schmalen Grat, wobei die Höcker dazwischen je nach Schneeverhältnissen überschritten oder in der SW-Flanke gequert werden. Zuletzt kommt man zum Felszahn des Hasenflüeli. Unterhalb der Felswände quert man nach rechts, zuerst in einer Mulde, dann in einem steilen Hang, bis zur Fallinie einer Rinne, die den Aufstieg auf den SO-Grat des Hasenflüeli erlaubt. Skidepot am Fuß der Rinne (ca. 2370 m) oder auch weiter unten. Durch die Rinne (fast ein Kamin) in eine Scharte hinauf und kurz über den ausgesetzten Grat zum höchsten Punkt (2412 m).

Abfahrt: Vom Skidepot auf der Aufstiegsroute zurück in einen flachen Sattel nordwestlich des Hasenflüeli. Nun über herrliche Hänge, westlich von Ammaflue und Haupt, immer leicht linkshaltend hinab, wobei man sich mit Vorteil an die Rücken hält.

Gratwanderung vom Eggberg zum Hasenflüeli. Trittsicherheit ist erwünscht.

Verlängertes Wochenende in der Val Müstair

Ortler Alpen und Sesvennagruppe

An- und Rückreise: Von Chur mit der Rhätischen Bahn nach Samedan [940] und weiter nach Zernez [960]. Mit dem Postbus [960.20] nach Tschierv (1660 m), Fuldera (1635 m) oder Santa Maria (1375 m) im Münstertal.

Unterkunft: Verkehrsbüro Val Müstair, CH-7531 Santa Maria, Tel. 0 81/8 58 55 66, Fax 8 58 50 26.

Material: Normale Skitourenausrüstung.

Karten: 259 S Ofenpaß und 275 bis Glorenza (nicht unbedingt nötig, da auf 259 S rückseitig teilweise vorhanden); 1219 S-charl, 1239 Santa Maria, 1239 bis Müstair.

Jahreszeit: Die beschriebenen Anstiege sind von Dezember bis März (Piz Terza) bzw. bis April (Piz Dora, Piz Minschuns) möglich.

Ausweichtour: Muntet (westlich von Piz Terza), Piz Turettas (östlich von Piz Fora), Piz Chalderas (westlich von Piz Minschuns). Ausführliche Informationen: Rudolf Weiss, AV-Skiführer Ortler Alpen, Bergverlag Rother.

Weiter noch als zum Ofenpaß ist es von der Zentralschweiz in das Münstertal, die Val Müstair, wie es im Rätoromanischen heißt. Wer zeitökonomisch denkt und es sich einrichten kann, wird deshalb das verlängerte Wochenende »Ofenpaß« (Tour 7–9) mit dem verlängerten Wochenende »Münstertal« zu einer ertragreichen Tourenwoche verbinden. Selbst das Wochenende in Zuoz (Tour 5–6) ließe sich noch anhängen.

Ganz unbekannt ist das Münstertal bei den Skitourengehern nicht (mehr). Nach den bei den Ausgangspunkten geparkten Autos zu schließen, ist es von Zürchern und Münchnern entdeckt worden. An Wochenenden kommen auch Südtiroler gern hierher und versäumen es nicht, sich vor der Ausreise mit dem preiswerten Schweizer Benzin zu versorgen. Diese Sorgen quälen die Benützer öffentlicher Verkehrsmittel nicht, die übrigens gut bedient werden: Die Linie Zernez – Müstair wird ausreichend oft (und im Hochwinter auch ausreichend früh) befahren; selbst zum hohen Ausgangspunkt Lü fährt die Schweizer Post und erspart uns 6 km Fußmarsch von Fuldera.

Bei ganz argem Schlechtwetter, das wir den Benützern unseres Buches natürlich nicht wünschen, ist ein Besuch der großartigen Klosteranlage von Müstair empfehlenswert. Aus der Gründungszeit sind noch karolingische Wandmalereien (um 800 entstanden) erhalten. Klostergebäude und Klosterkirche stammen in ihrer heutigen Gestalt aus dem Mittelalter. Sehenswert sind auch das Klostermuseum, die Heiligkreuzkapelle (südlich an der Straße) und die Chasa Chalvaina. In Valchava (zwischen Fuldera und Santa Maria) lohnt ein Besuch des Talmuseums, das in der Chasa Jaura untergebracht ist.

Piz Dora (2951 m)
Von Tschierv über die NO-Seite mit Abfahrt nach Fuldera

Touren-Steckbrief

Schwierigkeit: GS. Bei vernünftiger Wahl der Aufstiegs- und Abfahrtsspur selten lawinengefährdet.
Höhenunterschied: Aufstieg 1290 m; Abfahrt 1320 m.
Zeit: Aufstieg 4 Std., Abfahrt $1^1/2$–2 Std. Lage: Aufstieg N, O; Abfahrt O, NO.
Besonderes: Von Fuldera Postautokurs nach Lü [960.25]; letzte Fahrt zur Zeit der Drucklegung im Winter um 16.43.

Vermutlich der beliebteste Skigipfel des Tales – und das nicht ohne Grund: vom Gipfel bis zur Waldgrenze herrliches, hindernisloses, abwechslungsreiches Skigelände!

Aufstieg: Von Tschierv-Plaz (1660 m) über die Brücke. Kurz danach anfellen (Wegtafel, zumeist Spuren) und Richtung Süden durch Wald zu einer großen Lichtung mit einer »großen Quelle« (Funtauna Grossa, 1866 m) aufsteigen. In derselben Grundrichtung durch lichten Wald und zunehmend häufig über Schneisen und Lichtungen zu einem malerischen Hüttchen (Era da la

Bescha, 2200 m). Nunmehr oberhalb der Waldgrenze Richtung Süd durch Gelände unterschiedlicher Steilheit zu einem Becken, in das ein kleiner See eingelagert ist (Lai da Chazfora). Hier gabelt sich der Weg: Nach links könnte man zum Piz Chazfora und zum Piz Turettas aufsteigen; geradeaus erreicht man einen Sattel und in hübscher sonnenseitiger Abfahrt die Val Mora – mit zahlreichen großartigen Gipfeln für das Frühjahr; wir halten uns rechts und steigen Richtung West durch ein ausgeprägtes Tälchen bis zum Gipfel des Piz Dora (2951 m) auf.

Abfahrt: Durch das Tälchen, eine schöne Ostmulde, zurück zum Lai da Chazfora. Richtung Nordosten bis zu einer auffallenden Ebene oberhalb der Waldgrenze. Hier scharf nach rechts abbiegen und kurz südostwärts abfahren (fast eben), bis man ein Bachtälchen erreicht, das man bis zu einem Forstweg auf der linken, dann aber aber auf der rechten Talseite bis nach Fuldera verfolgt.

Die Abfahrt ist natürlich auch auf dem Anstiegswege möglich.

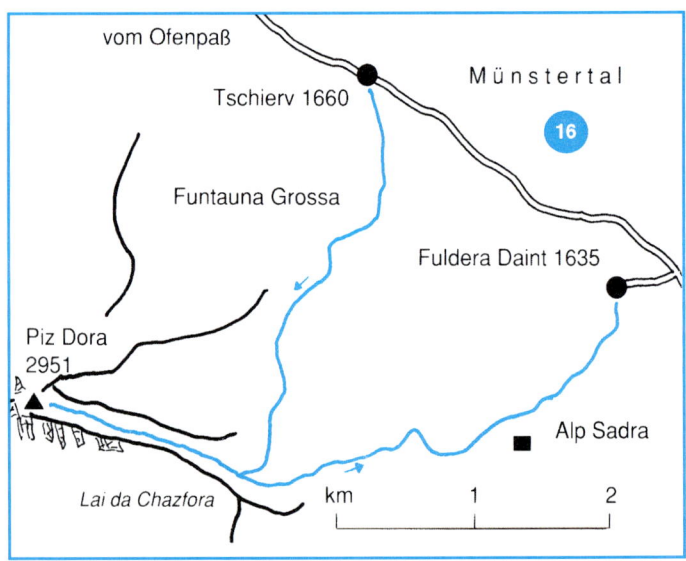

Piz Terza (2909 m)

Von Lü mit Abfahrt über die S-Flanke nach Valchava

17

Ein Doppelgipfel (Nordgipfel 2909 m, Südgipfel 2907 m), der bei den Südtirolern »Urtiolaspitz« heißt. »Piz Terza« ist die rätoromanische Bezeichnung (»Drittel«, Hinweis auf die Aufteilung der Alpen). Bei günstigen Verhältnissen ergeben sich bedeutend mehr Abfahrts- als Aufstiegshöhenmeter – der hohe Ausgangspunkt Lü (1920 m) macht's möglich.

Aufstieg: Von Lü (1920 m) auf einem Forstweg durch den Wald bis zu einer großen Lichtung (Urschai, 2007 m). Durch diese Lichtung steigt man auf, erst durch ein Tälchen, dann auf dem Rücken der (im Anstiegssinne) linken Talbegrenzung. Man erreicht die Alp Valmorain (2195 m). Weiter in Richtung Norden durch ziemlich steiles Gelände in eine weite Ebene. Nach einer kurzen Verschnaufpause wieder steil Richtung Norden, dann nach Nordosten einbiegend, zum Nordgipfel des Piz Terza (2909 m).

Abfahrt: Durch eine Mulde und mit leichtem Gegenanstieg zum Südgipfel. Über einen Rücken zu P. 2727.2 und etwas rechts haltend weiter bis in eine Höhe von etwa 2500 m. Durch eine ausgeprägte, steile und enge Mulde, kurz über sanftes, bald aber wieder über steiles Gelände zur Alp Sot (2053 m). Auf einem Rücken oder links davon in einer Mulde Richtung Süd zu einer Reihe von Alphütten (1771 m). Hat der Winter mit dem Schnee

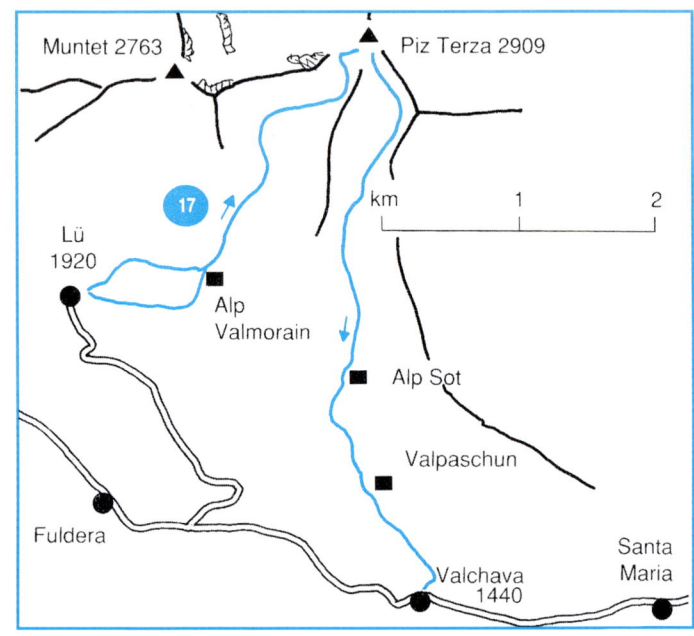

gegeizt, benützt man von hier ab besser den Fahrweg. Sonst über schöne Wiesen links von einem Taleinschnitt, zuletzt rechts haltend, um die Brücke nicht zu versäumen, nach Valchava (1440 m). **Besonderes:** Es ist zweckmäßig, in Santa Maria zu nächtigen, um den nächsten Anstieg – den weitaus längsten dieses verlängerten Wochenendes – frühzeitig beginnen zu können. Von Valchava zu Fuß etwa $1/2$ Std. Letzter Postkurs [960.20] im Winter im Jahr der Drucklegung um 18.38 Uhr.

Piz Minschuns (2934 m)

**Santa Maria – Val Costainas, Abfahrt
über Piz Chalderas (2794 m)**

Touren-Steckbrief

Schwierigkeit: GS. Bei vernünftiger Spurwahl geringe Lawinengefährdung, am ehesten in der Steilstufe beim Verlassen der Val Costainas in Richtung Piz Minschuns.
Höhenunterschied: Aufstieg und Abfahrt je 1560 m.
Zeit: Aufstieg 5 Std., Abfahrt 2 Std., Flachstück im Bereich der Paßstraße beachten.
Lage: Aufstieg NW, SW. Abfahrt WNW, NW.

Wenn die Straße zum Umbrailpaß bereits bis zur Abzweigung in die Val Costainas, dem eigentlichen Ausgangspunkt für unsere Skitour, geräumt und befahrbar ist, verirren sich gelegentlich ein paar Tourengeher, zumeist Südtiroler, in diese Gegend. Im allgemeinen herrscht hier aber nach der Wintersperre der Paßstraße die große Bergeinsamkeit. Wir haben die großartigen Nordwesthänge vom Piz Chalderas jedenfalls stets ebenso unverspurt und einsam vorgefunden wie die nicht minder schöne Südwestflanke vom Piz Minschuns in die Val Costainas. Durch die Einsamkeit der Touren ergeben sich aber auch höhere Anforderungen – vor allem an die Orientierungsfähigkeit und bei entsprechender Schneelage (Spurarbeit!) auch an die Kondition. Großartige Aussicht, insbesondere eindrucksvoller Nahblick auf den Ortler und seine Nachbarn.

Aufstieg: Von Santa Maria (1375 m) auf der Straße zum Umbrailpaß (Wintersperre) in vielen Kehren, die man zum größten Teil abkürzen kann, zu einem Restaurant (Sommerbewirtschaftung). Man befindet sich nun oberhalb einer Bachschlucht und wandert auf der Straße etwa $^1/_2$ Stunde gemächlich talein bis zur Abzweigung der Val Costainas (P. 1883 m). Über eine ordentliche Steilstufe rechts von der Bachschlucht erreicht man

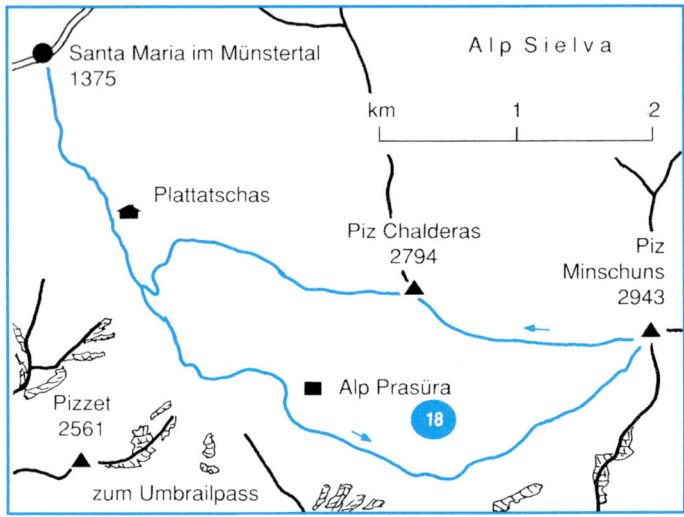

den nur wenig ansteigenden Talboden. Man verläßt ihn, bevor sich das Tal deutlich Richtung Süden dreht, überwindet – Richtung Nordosten ansteigend – eine Steilstufe, nach einem kurzen ebenen Zwischenspiel eine zweite, und erreicht über die Südwestflanke, angenehmer aber über den Westrücken, den Gipfel des Piz Minschuns (2934 m).

Abfahrt: Die Abfahrt auf dem Anstiegsweg ist bis zur Paßstraße sehr schön. Landschaftlich und skiläuferisch besonders reizvoll ist jedoch die nachstehend empfohlene Variante. Vom Gipfel (mit ständigem Blick in das Münstertal bis zum Piz Daint) über die Gratverbindung zum Piz Chalderas (2794 m). Weiter über eine prachtvolle Nordwestflanke. Sie verengt sich im linken Hangteil zu einem Rücken (P. 2420.3), über den wir bis zum Wald abfahren. Der Wald ist ziemlich dicht. Man überwindet ihn auf einem Weg, der zu einer Alp auf einer großen Lichtung (Marangun da la Prasüra) und weiter zur Paßstraße führt. Nach dem kurzen flachen Straßenteil fährt man bei günstigen Schneeverhältnissen, die Kehren abkürzend, noch recht nett bis nach Santa Maria hinunter.

Skitouren im Februar

Skitouren im Februar sind ein Spiegelbild des Wetters: Von bitterer Kälte bis zu erster süßer Frühlingswärme ist alles möglich. Ein schwieriger Monat, wie zahlreiche Lawinenunglücke und -katastrophen beweisen. Es kann sehr viel schneien im kürzesten Monat des Jahres, was Freude und Furcht zugleich bereitet. Skitouristen wie vom Wintertourismus abhängige Menschen, Organisationen und Staaten freuen sich, daß endlich – oder noch mehr – Schnee fällt. Andererseits kann dann auch zuviel davon herunterkommen, so daß die Lawinengefahr bedenklich steigt. Ist die Schneedecke gut aufgebaut, so darf man sich im Februar schon in steile Hänge hineinwagen. Vorsicht ist jedoch immer in Kammnähe angeraten, wo Winde Schneebretter einwehen, die nur darauf warten, mit einem Knall loszubrechen: »Kammnahe Triebschneeansammlungen« meldet dann jeweils das Weissfluhjoch, und diese Gefahr kann, besonders bei kalter Witterung, wochenlang anhalten. Gefahr droht auch, wenn sich beim Schneedeckenaufbau ab Frühwinter ungünstige Zwischenschichten eingelagert haben.

Wenn das Lawinenbulletin erhebliche Schneebrettgefahr in den Hängen der Exposition Nordwest über Nord bis Südost meldet, dann gibt's nur eines: Touren aussuchen, die über Südwesthänge führen. Sind diese genügend steil, kann man dort schon im Februar Firnschnee genießen. Allerdings ist die Firndecke noch dünn, so daß die richtigen Minuten für eine rauschende Abfahrt erwischt werden müssen. Ist das sonnenseitige Gelände jedoch zu wenig steil, macht die Februarsonne den Pulverschnee kaputt, aber der Firn ist noch nicht tragfähig. Bruchharsch nennt man diesen unangenehmen Schnee dazwischen. Er kann die schönste Abfahrt in ein bitteres Erlebnis verwandeln. Was tun? Ganz einfach: vor einer sonnigen Alphütte die Tour abbrechen und »sünnelen«, wobei die Sonnencreme dem Rucksack zu entnehmen ist. Im Februar ist nämlich alles möglich, Sonnenbrand wie Kälteschäden.

Wochenende im Toggenburg
Churfirsten und Alpstein

Anreise: Mit dem Schnellzug [850] von Zürich nach Wil, mit dem Lokalzug [853] über Wattwil nach Nesslau-Neu St. Johann und mit dem Postauto [853.70] nach Alt St. Johann. Dieser Ort ist mit der gleichen Postautolinie auch von Buchs im Rheintal [Bahnlinie 880] erreichbar.

Weiterreise: Von Horb bei Alt St. Johann zurück nach Nesslau-Neu St. Johann und mit einem andern Postauto [853.75] auf die Schwägalp; letzter Kurs um 18 Uhr. Von hier mit Seilbahn [2730] auf den Säntis; letzte Fahrt um 17 Uhr; Tel. 071/3656565.

Rückreise: Sie erfolgt von Unterwasser aus mit den gleichen Linien wie bei der Anreise. Fährt man vom Säntis hingegen ins Appenzellerland ab: von Brülisau mit dem Postauto [854.30] nach Weissbad und mit der Wasserauen-Bahn [854] über Appenzell und Herisau nach Gossau.

Ausgangspunkt: Alp Sellamatt (1390 m) oberhalb von Alt St. Johann. Von der Postauto-Haltestelle taleinwärts zur Talstation des Sesselliftes [2765] und mit ihm zum Berggasthaus Sellamatt.

Unterkunft: Am eindrucksvollsten natürlich im Hotel auf dem Säntis selbst, immer offen, Betten und Lager, Tel. 0 71/7 99 11 60. Weitere Möglichkeiten: Gasthaus Schwägalp bei der Talstation der Säntis-Luftseilbahn, Tel. 0 71/3 65 66 00. In CH-9650 Nesslau-Neu St. Johann, Verkehrsbüro Tel. 071/9941722, Fax 9943315. Im Berggasthaus Sellamatt, Betten und Lager, Tel. 0 71/9 99 13 30.

Material: Der Schnee in der N-Flanke des Brisi kann so hart sein, daß ein Aufstieg mit Steigeisen am bequemsten ist.

Karten: 237 S Walenstadt (darauf ist auch ein Ausschnitt von 227 Appenzell mit den Skirouten im Alpstein abgebildet); 1134 Walensee, 1115 Säntis; 2514 Säntis-Churfirsten (Zusammensetzung in 1:25 000; auch als Wanderkarte mit eingezeichneten Skirouten erhältlich).

Jahreszeit: Februar bis Mitte März. In den unteren Teilen beider Abfahrten (insbesondere zwischen Alpli und Unterwasser) müssen die Ski eventuell getragen werden. Aber was macht das schon aus bei diesen Abfahrten?

Ausweichtouren: 1) Selun (2204 m): Vom Brisizimmer west-wärts über Torloch zur Chalttal-Hütte (1692 m); kurz steil (Achtung auf Schneebrett) auf den Nordrücken des Selun und über ihn zum Gipfel. Abfahrt über den N-Rücken (an seinem Ausläufer das Wildenmannlisloch), dann leicht linkshaltend durch die östliche Mulde von Vorder Selun an den Waldsaum (P. 1577) hinab. Entlang dem Waldweg über Stöcken steil hinab auf die Hofstatt-Lichtung. Diese an der unteren rechten Ecke verlassen und über Säss nach Starkenbach (891 m); Postauto-Haltestelle. Aufstiegszeit ab Sellamat: 3 Std.; Schwierigkeit: GS. Natürlich kann auch von Starkenbach aufgestiegen werden.
2) Sattel (2034 m) zwischen Brisi und Frümsel: Vom Fuß der Brisi N-Flanke rechtshaltend ins Frümseltal und darin aufsteigen. Zeit: 2 Std. von Sellamat. Schwierigkeit: MS. Abfahrt: Wie Brisi-Route.
Besonderes: Automatischer Auskunftdienst über Wetter, Temperatur, Fahrplan und Öffnung sowie Zustand der Säntisabfahrten unter Tel. 0 71/3 65 66 66.

»Mein Vaterland ist zwar kein Schlauraffenland, kein glückliches Arabien, und kein reitzendes Pays de Vaud.« Der dies schrieb, kannte und liebte sein Heimatland. Er wurde hier geboren, verdiente hier mehr schlecht als recht das Brot für sich und die Familie mit Heimarbeit in der aufkommenden Textilindustrie, und verfaßte zwischendurch ein Werk, das zur Weltliteratur gezählt wird: »Lebensgeschichte und Natürliche Ebentheuer des Armen Mannes im Tockenburg.« Sein Name: Ulrich Bräker (1735 – 1798). Ein anderer Mann aus dem Toggenburg ist viel berühmter. Er wurde, zusammen mit dem Genfer Calvin, zum Mitbegründer des weltweiten Protestantismus reformierten Gepräges. Sein Name: Huldrych Zwingli (1484–1531). Ein dritter Mann aus diesem Tal hatte gar keinen Namen. Er konnte nicht einmal sprechen. Hirten der Alp Selun hatten den Jüngling mit dürftiger Kleidung und Haar am ganzen Körper eingefangen, weil er ihren Kühen regelmäßig die Euter leerte. In der Nacht hatte er jeweils im schon von Neandertalern benützten Wildenmannlisloch gehaust. In den Armenhäusern, wohin man den Milchdieb steckte, schlief er lieber auf dem Heu statt am Boden. Die Herkunft des toggenburgischen Kaspar Hausers blieb im Dunkeln. Einen Namen erhielt er trotzdem: Johannes Seluner. 1898 starb er in Nesslau. Dieses Dorf ist der Angelpunkt unserer Skireise durchs Toggenburg. Es ist, so lesen wir bei Bräker, »ein anmuthiges, 12 Stunden langes Thal, mit vielen Nebenthälchen und fruchtbaren Bergen umschlossen.« Diese Berge wollen wir kennenlernen, angenehm erfahrbar mit Postauto, Seilbahnen und Ski in etwas mehr als 12 Stunden. Und sollte sich das Wetter als furchtbar erweisen, so können wir vielleicht in der steinzeitlichen Höhle Schutz finden, ganz sicher das Geburtshaus von Zwingli in Wildhaus besuchen, oder auf dem Säntis, dem höchsten Gipfel des Toggenburgs, ins Gästebett kriechen, um die bekanntesten Abenteuer des Tals lesend mitzuerleben.

19 Brisi (2279 m)
N-Flanke: von Sellamatt nach Horb bei Alt St. Johann

Touren-Steckbrief **Schwierigkeit:** SGS. Die knapp 500 m hohe Brisi-N-Flanke ist durchschnittlich 32° steil; einzelne Stellen sind jedoch steiler, insbesondere der Einstieg auf das Brisi-Dach.
Ziemlich ausgesetzt, da die N-Flanke außer an einer Stelle ringsum von Felswänden eingefaßt ist. Der Schnee ist häufig verblasen und oft auch hart.
Höhenunterschied: Aufstieg 890 m; Abfahrt 1390 m.
Zeit: Aufstieg 3 Std.; Abfahrt 1^1/$_2$ Std.
Lage: N.

Die Churfirsten, die südliche Begrenzung des Toggenburgs, gehören zu den auffälligsten Bergen der Schweiz. Eine von Ost nach West verlaufende Kette mit sieben schön hintereinander gestaffelten, durch Trockenkare sauber voneinander getrennten Gipfeln, die nach Süden mit 300 bis 500 m hohen Kalkwänden gegen den Walensee abbrechen, gegen das Toggenburg jedoch mit grasigen, von Felsbändern gesäumten Steilrücken abfallen.

Auf den Chäserrugg, der zusammen mit dem höchsten Churfirstenspitz, dem Hinterrugg (2306 m), einen Doppelgipfel bildet, gibt es eine Luftseilbahn, die von Unterwasser mit der Iltiosbahn erreicht wird. Auch der schon etwas abseits stehende Gamser Rugg ist von Wildhaus aus mit Liftanlagen erschlossen. Schließlich führen vom dritten Toggenburger Wintersportort, von Alt St. Johann, mechanische Aufstiegshilfen gegen die Zackenlinie der Churfirsten hinauf. Weiter geht es nur zu Fuß – oder mit Ski. Verlockend ist vor allem der mächtig auf dem Kamm zwischen Walensee und Toggenburg sitzende Brisi mit seinem fast 500 m hohen Rücken. Eigentlich ist er eher eine Flanke, und da sie um ein paar Grad nach Westen gedreht ist, läßt sich dort noch gut am früheren Nachmittag hinunterkurven. Allerdings weist das Brisidach auch etliche Grade Neigung auf, so daß sich auf den stolzesten Churfirstengipfel nur sichere Skifahrer bei ebensolchen Verhältnissen wagen sollten.

Aufstieg: Von der Sessellift-Bergstation Sellamatt (1390 m) südwärts flach auf der Piste auf das Hochplateau Zinggen (1429 m), eventuell auch mit einem langsamen Schlepplift. Von hier in südwestlicher Richtung an den Fuß der Brisi-N-Flanke, zuerst entlang der Loipe, die man in der ersten großen Mulde, wo sie sich nach rechts krümmt, verläßt, um in hügeligem, bewaldetem Gelände an der Langlittenhütte vorbei schräg anzusteigen. Man kann auch immer der Loipe folgen und durch die Mulde Brisizimmer direkt zum Einstieg in die N-Flanke aufsteigen. Dieser erfolgt etwas westlich des tiefsten Punktes (P. 1792), über einen kurzen, sehr steilen Hang (und oberhalb der markierten Sommerroute). Nun geht es mehr oder weniger in der Fallinie des Gipfels aufwärts auf den Brisi (2279 m).

Abfahrt: Zuerst wie Aufstieg; im westlichen Teil der Nordflanke hat es eine Mulde, worin meistens Schnee zu finden ist; allerdings muß bei der Abfahrt aufgepaßt werden, damit man die Mulde noch oberhalb der Abbrüche nach rechts verläßt. Nach der Steilabfahrt nordwärts durchs Brisizimmer auf die Sellamatt-Hochfläche. Westlich an den Thurtalerstofel-Hütten vorbei zur Engihütte (1469 m). Ungefähr auf dem Sommerweg durch den Wald auf die Lichtung Vordere Rossweid. Durch diese gradlinig hinab zum Bauerngut Hummersboden und leicht linkshaltend weiter direkt nach Horb (886 m); Postauto-Haltestelle.

Variante: Von Hummersboden Schrägfahrt nach Alt St. Johann (890 m).

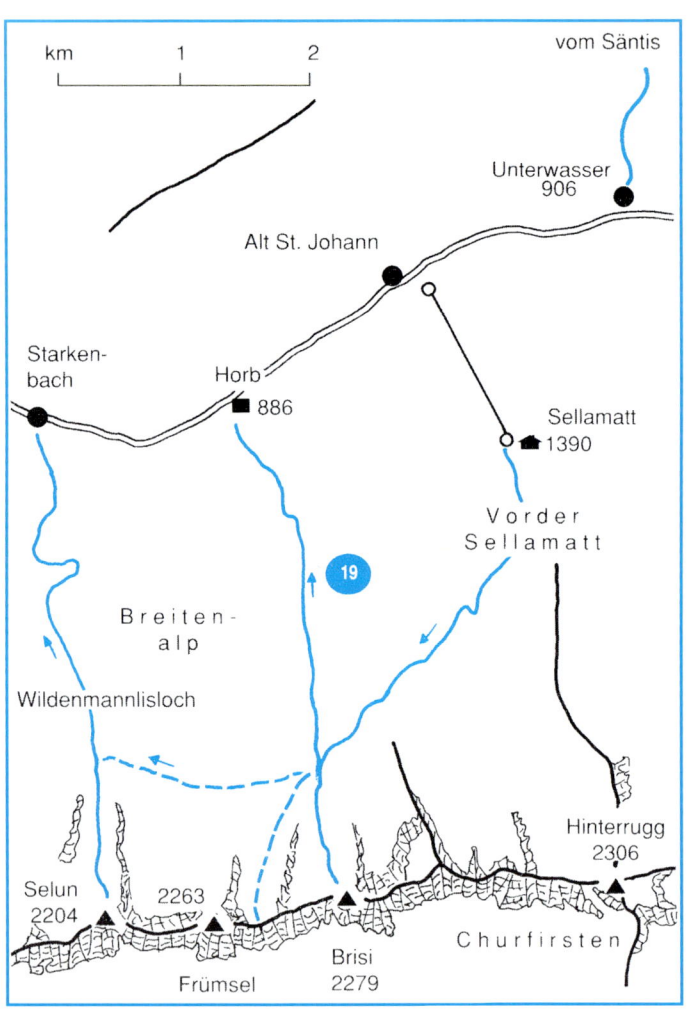

Säntis (2503 m) – Rotsteinpaß (2120 m)

Abfahrt über Meglisalp und Thurwis nach Unterwasser

Touren-Steckbrief

Schwierigkeit: GS. Der sogenannte Gasthaushang zwischen dem Gasthaus »Alter Säntis« und dem Großen Schnee ist 37° steil (oft gefrorene Sulzschneepiste). Je nach gewählter Route weitere steilere Hänge bis Meglisalp. Abfahrt vom Rotsteinpaß rassig, aber nicht zu steil. Schneebrettgefahr im Aufstieg zum Rotsteinpaß, wie auch bei der Abfahrt vom Paß auf der linken Talseite; auf der rechten dafür Gefahr von Naßschneerutschen vom Lisengrat her. Früh starten.

Höhenunterschied: Abfahrt 990 + 1030 m (= 2020 m), dazu noch 180 m Abfahrt bzw. Abstieg von Alpli nach Unterwasser; Aufstieg 600 m.

Zeit: Säntisgipfel – Meglisalp 1¹/₂ Std.; Meglisalp – Rotsteinpaß 1¹/₂ Std., Rotsteinpaß – Thurwis 1 Std.; Thurwis – Unterwasser 1–1¹/₂ Std. Gesamt 5–5¹/₂ Std.

Lage: O, W, S.

Besonderes: Von der Meglisalp gibt es keine direkte Abfahrt ins Tal!

Vieles spricht für den Säntis – und dauernd wird von ihm gesprochen. Im schweizerischen Wetterbericht (Telefonnummer 162) erfahren wir dreimal täglich sein Wetter – und recht häufig ist es anders als auf der übrigen Alpennordseite. Denn der Säntis, Kulminationspunkt des vom Appenzellerland, Rheintal und Toggenburg begrenzten Alpsteingebirges, ist der nördlichste Vorposten der Schweizer Alpen, und die anbrandenden feuchten Winde aus Nordwesten bringen Regen und Schnee in rauhen Mengen. Seit 1882 besteht auf dem Säntis eine Wetterbeobachtungsstation; wie einsam und gefährlich die Arbeit früher als Wetterwart war, zeigt der 1990 entstandene Film »Der

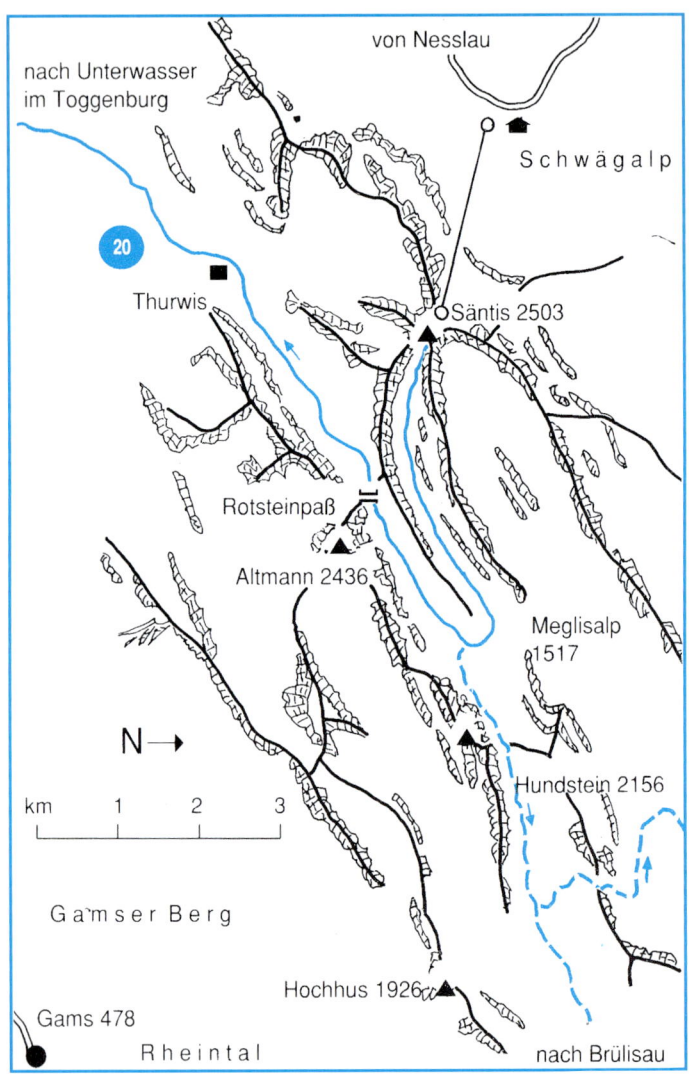

von Nesslau

nach Unterwasser
im Toggenburg

Schwägalp

20

Thurwis

Säntis 2503

Rotsteinpaß

Altmann 2436

Meglisalp
1517

N→

Hundstein 2156

km   1   2   3

Gamser Berg

Hochhus 1926

Gams 478

Rheintal

nach Brülisau

Berg« des Schweizer Regisseurs Markus Imhoof, der auf einer wahren Begebenheit, der Ermordung des Wetterwart-Ehepaares Haas im Jahre 1922, beruht. Noch ein paar Jahreszahlen: 1935 nahm die Seilbahn von der Schwägalp auf den Säntis den Betrieb auf, und in den 70er und 90er Jahren wurde der Gipfel durch millionen- und betonschwere Fernmeldeanlagen total überbaut. In ihren Gängen kann man leicht den Überblick verlieren. Nicht jedoch beim alten pyramidenförmigen Wettergebäude, dem höchsten Punkt des Säntis (abgesehen vom Sendeturm). Bei guter Sicht reicht der Blick von Deutschlands höchster Spitze über die österreichische Weisskugel und den italienischen Monte Disgrazia bis zur Schweizer Jungfrau. Wenn man am Abend dort oben steht, dann kommt fast so ein Gefühl von Weite und Einsamkeit auf wie vor mehr als 100 Jahren, als in der Gipfelnähe nur eine Schutzhütte stand (1846 erbaut). Am nächsten Morgen beginnt dort oben die Skitour durch »das schönste Faltengebirge der Welt«, wie der Geologe und Säntispanorama-Zeichner Albert Heim den Alpstein nannte. Die Abfahrt ins Toggenburg besteht aus zweimal 1000 Höhenmeter, zuerst durch ein nach Osten gerichtetes und nach einem kurzen Aufstieg auf den Rotsteinpaß durch ein nach Westen geneigtes Tal.

Atempause auf der Südabfahrt ins Toggenburg von Stütze 2 der Säntis-Seilbahn. Am Horizont zeigen sich die Churfirsten, mit dem Brisi in der Mitte.

Abfahrt vom Säntis zur Meglisalp: Vom höchsten Punkt des Säntis über Treppen absteigen zum Gasthaus »Alter Säntis« (am Wochenende im Winter und Frühling manchmal geöffnet). Rechts davon in den steilen Gasthaushang ein- und über ihn auf den Großen Schnee hinabfahren. Dieser kann auch erreicht werden, wenn man, ausgehend von einem Zwischenstock im mehrstöckigen Säntisgebäude, den Sattel zwischen Säntis und Chalbersäntis gewinnt und dann hinabkurvt (eine Spur leichter). Richtung Südosten in kupiertem Gelände in die Roseggmulde und durch das tiefeingeschnittene Tal auf die Meglisalp (1517 m).

Aufstieg zum Rotsteinpaß: Vom Nordrand dieser Hochebene links ausholend zum Spitzigstein hinauf. Auf einem Geländerücken südwestwärts ins Tal hineinziehen, das zuletzt durch eine recht steile Mulde in den Rotsteinpaß (2120 m) hinaufführt. Das Gasthaus ist im Winter, mit überraschenden Ausnahmen an ganz schönen Sonntagen, jedoch geschlossen.

Abfahrt nach Unterwasser: Vom Paß gibt es je nach Schnee- und Lawinenverhältnissen zwei Möglichkeiten: **a)** Von der Einsattelung linkshaltend das Tal gegen den Schafboden hinab, wobei man auf etwa 1950 m einem Felsband deutlich nach links ausweichen muß. **b)** Vom Gasthaus westwärts auf dem Grat noch gegen P. 2150,1 ansteigen und unterhalb davon in eine Rinne queren; durch diese (31° auf 120 Hm) hinab gegen P. 1945, wieder etwas nach rechts queren und hinunter nach Schafboden. Weiter talauswärts zur untersten von drei Alphütten-Gruppen (Langenbüel). Hier entweder nach links in eine Rinne hinüberhalten oder auf einem Rücken abfahren, den man bei Geristein auf dem Wanderweg durch Wald verläßt. Entlang einem Bachlauf nach Thurwis (1207 m). In südlicher Richtung zu einer Talmulde und durch diese nach Alpli (1086 m), wo der Langlauf oder Fußmarsch Richtung Toggenburg beginnt. Dem Sträßchen entlang nach Chüeboden, wo sich das Gasthaus »Älpli« befindet. Bei der folgenden Straßenkreuzung geradeaus, und kurz darauf auf dem Wanderweg (oder über weiße Hänge) nach Unterwasser (906 m).

Variante Appenzell: Ist die Toggenburger Seite des Säntis zu grün (vom Brisi gut auszumachen), so fährt man ins Appenzell ab. Von der Meglisalp über Spitzigstein – Bötzel – Widderalpsattel (1856 m, ohne Namen in der LK), Abfahrt über Widderalp,

Sämtiseralp, Sämtisersee, durch das Brüeltobel nach Brülisau (922 m). Bei sicheren Verhältnissen kann vom hinteren Teil der Sämtiseralp (P. 1343,1) steil zur Bogartenlücke (1730 m, ohne Namen auf der LK) aufgestiegen werden, von dort Abfahrt teils ebenso steil über Seealpsee nach Wasserauen (868 m).

Wochenende in der Alviergruppe

Appenzeller Alpen

Anreise: Von Zürich mit dem Schnellzug [900] nach Sargans, mit dem Regionalzug [880.1] oder mit dem Postauto [880.95] nach Trübbach. Hierher auch mit der Linie St. Gallen – Chur [880], wobei man in Buchs in den Regionalzug wechseln muß. Von Trübbach mit dem Postauto [880.99] nach Oberschan. Nach Buchs fährt auch ein Postautokurs [880.90] von Feldkirch/Vorarlberg.
Rückreise: Von Grabs mit dem Postauto [880.78] nach Buchs: Weiter in Richtung St. Gallen [880], oder nach Zürich mit Umsteigen in Sargans [880 und 900].
Ausgangspunkt: Oberschan (668 m) bzw. Gast- und Kurhaus Aufstieg (815 m) oder Kurhaus Alvier (975 m).
Unterkunft: Gast- und Kurhaus »Aufstieg« bei der Mittelstation der privaten Seilbahn Oberschan – Kurhaus Alvier, ganzjährig geöffnet, Tel. 0 81/7 83 11 36. Oder im 3-Stern-Kurhaus Alvier, geöffnet ab Februar, Tel. 0 81/7 83 28 27. Zugang von Oberschan zu Fuß oder mit der fernbetriebenen Seilbahn bei der Endstation der Postautolinie: Ihre Benützung ist etwas abenteuerlich, aber wenn man den Postautochauffeur freundlich bittet, wird er einem schon helfen; auf alle Fälle muß der Bahnleitung im Kurhaus Alvier mitgeteilt werden, daß man bei der Mittelstütze aussteigen will, um zum »Aufstieg« zu gelangen. Berghaus Malbun (1369 m), 46 Plätze und Betten, ganzjährig geöffnet, Tel. 0 81/7 56 15 82. Im Alviergebiet gibt es weitere Skihäuser, die am Wochenende bewirtschaftet sind (Liste auf der Skiroutenkarte Walenstadt).

Material: Für den Gipfelanstieg zum Alvier von der Ost- oder Südseite können sich Steigeisen nützlich erweisen.

Karten: 237 S Walenstadt; 1135 Buchs; 1155 Sargans nur für Zugang zum Gasthaus Aufstieg.

Jahreszeit: Januar, Februar. Am besten, wenn die steilen Gipfelhänge sicher zu befahren sind, und es trotzdem noch Schnee bis in die Niederungen gibt! Daran denken, daß die Alviergruppe ein ausgesprochenes Föhngebiet ist.

Besonderes: Der Alvier läßt sich selbstverständlich auch vom Berghaus Malbun aus in 4 Std. besteigen; nur ist dieser Ort mit öffentlichen Verkehrsmitteln schwierig zu erreichen; Auskunft beim Busdienst, Tel. 0 81/7 56 31 31.

Wer von Norden nach Graubünden fährt, kommt an den Alvier-Bergen vorbei. Bei der Fahrt vom Bodensee her durchs Rheintal werden rechts oben mächtige Gipfel sichtbar, an denen weiße Flächen unwiderstehlich locken. Wenn der Zug von Sargans weiter nach Chur rollt, dann schneidet im Rückblick ein 2000-m-Hang den Talausschnitt quer von unten rechts nach links oben, auf den Gipfel der Gauschla: ein Versprechen auch dieser Anblick! Nördlich der Gauschla erhebt sich der etwas höhere Alvier (2343 m), der der ganzen Gebirgsgruppe den Namen gegeben hat. In deutschen Alpenlexika wird diese Gruppe zu den Appenzeller Alpen gezählt, zu denen auch die bekannteren Alpstein (mit dem Säntis) und Churfirsten gehören. Letztere bilden die Fortsetzung der Alviergruppe gegen Westen.

Woher der Name Alvier kommt, ist nicht ganz geklärt. Eine Ableitung vom lateinischen albus (= weiß) scheint am meisten zu überzeugen, vor allem die Skifahrer, weist der Berg doch zwei ganz heiße Abfahrten auf. Unter einheimischen Skibergsteigern kursiert allerdings auch die Version, Alvier komme von »all vier« Bergkneipen, die zwischen Gipfel und Buchs im Rheintal am Wege liegen und besucht werden müssen... Keine schlechte Idee, und deshalb soll auch das Wochenende mit einem Berggasthaus beginnen, das einen einsichtigen Namen hat: »Aufstieg«. Weniger idyllisch ist die nächste Unterkunftsstätte, wenigstens von außen: An schönen Wintersonntagen beginnt ab fünf Uhr in der Früh der Lärm der mit dem Auto anreisenden Tourenfahrer. Deshalb wird sich auf der Rosswies, die wegen ihrer offenen

Hänge der beliebteste Gipfel der Alviergruppe ist, selten unverspurter Schnee finden. Das gilt auch für den Gamperneirücken, der sich vom Chapf 1500 Höhenmeter ins grüne Rheintal hinabsenkt. Ob man diese verheißungsvolle Abfahrt, früher übrigens eine internationale Rennstrecke, einmal von oben bis unten weiß vorfand oder nicht: Wenn am Fuß des Gamperneirückens die Bahn vorüberfährt, kann dieser sich der Aufmerksamkeit der Skiläufer sicher sein.

Alvier (2343 m)

Von Oberschan zum Berghaus Malbun

Touren-Steckbrief

Schwierigkeit: GS(SGS). Der NO-Rücken ist steil und ziemlich ausgesetzt; je durchschnittlich 35° sind 80 Hm auf dem ersten Stück vom Barbieler Grat bis P. 2107 und 160 Hm auf dem letzten Stück zum Gipfel. Die zwei Ausgänge der NW-Mulde im Gipfelbereich sind je 42° auf 40 Hm. Nur bei sicheren Verhältnissen: Schneebrettgefahr im ganzen Gipfelbereich sowie an diversen Stellen bei der Abfahrt nach Malbun; auch beim Aufstieg zur Alp Stofel und weiter zum Barbieler Grat muß auf eine geschickte Spuranlage geachtet werden: bei Nebel ein heikles Unterfangen.

Höhenunterschied: Aufstieg 1530 m vom Gasthaus »Aufstieg« (160 m weniger vom Kurhaus Alvier, 140 m mehr von Oberschan); Abfahrt 970 m.

Zeit: Aufstieg 5 Std.; Abfahrt 1^1/$_2$ Std.

Lage: Aufstieg O; Abfahrt N.

Zum Glück ist die Hütte auf dem Gipfelplateau im Winter geschlossen. Denn nach dem strengen Aufstieg vom Gasthaus »Aufstieg«, der mit dem Schlußspurt über den steilen, lawinengefährdeten NO-Rücken für zusätzliche Angstperlen sorgt, wäre man nur zu geneigt, auf den Alvier anzustoßen. So muß das

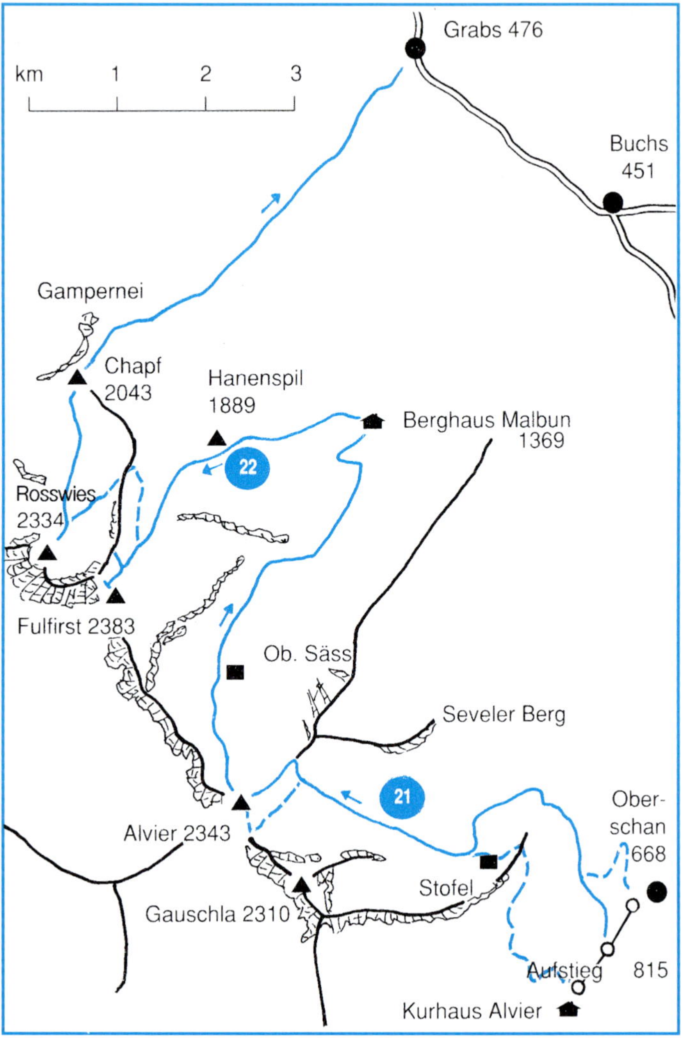

Grabs 476

Buchs
451

km   1   2   3

Gampernei

Chapf
2043

Hanenspil
1889

Berghaus Malbun
1369

22

Rosswies
2334

Fulfirst 2383

Ob. Säss

Seveler Berg

Alvier 2343

21

Ober-
schan
668

Stofel

Gauschla 2310

Aufstieg   815

Kurhaus Alvier

Panorama mit der anregenden Fern-, Nah- und Tiefsicht (der Walensee!) für prickelnde Gefühle herhalten, es sei denn, man hat eine Flasche Wartauer (so heißt das Gebiet um Oberschan) mitgeschleppt. Doch zuviel sollte man sich nicht zumuten, verlangt die Abfahrt über die schattigen Steilhänge zum Berghaus Malbun doch Mut und Vorsicht. Dort unten aber, in dieser in den 30er Jahren vom Skiklub Buchs erbauten Gaststätte, kann und darf man bei Speis und Trank schon richtig zulangen.

Aufstieg: Vom Gasthaus »Aufstieg« (815 m) auf einem Wanderweg horizontal nordwärts bis zu einem Sträßchen und ihm entlang leicht abwärts zu einer Abzweigung jenseits eines Bachlaufs (P. 812); hierhin auch von Oberschan (668 m) auf der Zufahrtsstraße zum Kurhaus Alvier. Nun auf einem andern Sträßchen nordwärts folgen bis jenseits von P. 988, wo sich links eine große Waldlichtung öffnet. In Ihr westwärts hoch, dann im Wald, teilweise wieder kurz dem Sträßchen folgend, weiter westwärts (etwas ruppig) ansteigen, bis man auf die offenen Hänge von Alpläui stößt. Südwestwärts in schattigem Gelände zur sonnigen Alp Stofel (1472 m). Von hier erfolgt ein langer Schrägaufstieg zum Barbieler Grat, möglich auf zwei Rampen, welche die ganze Schaner Alp durchreißen (die obere entlang dem Sommerweg ist etwas weniger sicher, bei der unteren wird man kaum den Umweg zum schönen Rastplatz Stofel machen). Von beiden Routen zuletzt ziemlich steil (31° auf 60 Hm) in den Sattel Barbieler Grat (1977 m) hinauf. Nun sehr steil entlang dem Sommerweg über den NO-Rücken auf den Gipfel des Alvier (2343 m); die Ski am besten tragen.

Abfahrt: Von der Hütte in die NW-Mulde hinab, wobei man zuerst links oder rechts ausholt. Aus dieser Mulde gibt es zwei schmale, steile Ausgänge: Der eine liegt in der eigentlichen Verlängerung der Mulde, der andere zuäußerst an ihrer westlichen Begrenzung, beim W-Grat des Alvier. Über den folgenden Steilhang eine weitere Geländemulde (Hängendwasen auf der LK). Von ihrem oberen Rand deutlich linkshaltend in ein Tälchen westlich des Zwinglers (2014 m), nordwärts zur Obersässhütte und in einem Tälchen zur Brücke (1506 m) bei Gamshalden. Nun lange Schußfahrt auf der Alpstraße zum Berghaus Malbun (1369 m), das zuletzt durch eine Querung erreicht wird.

Varianten: Man kann auch über den kurzen, ausgesetzten und sehr steilen S-Grat aufsteigen, was je nach Schneeverhältnissen vorzuziehen ist. Wer vom Kurhaus Alvier startet, steigt südwärts ausholend zur Purlifenzlichtung auf und quert auf Waldwegen zu den Alpweiden östlich unterhalb der Alp Stofel.

22 Groß Fulfirst (2384 m) – Rosswies (2334 m) – Chapf (2043 m) Vom Berghaus Malbun

mit Abfahrt über Gampernei nach Grabs

Touren-Steckbrief

Schwierigkeit: G(A)S. Das NO-Tälchen zwischen Chli und Groß Fulfirst ist auf den obersten 100 Hm 29° steil, der Hang oberhalb der Lücke gegen den Gipfel des Groß Fulfirst ist deutlich steiler, aber für SGS gut fahrbar; zuletzt kurzer Aufstieg zu Fuß über den ausgesetzten Grat. Die Einfahrt zum W-Hang ins Loch am Fuß der Rosswies ist 34°. Gleich steil ist ein Teil des Südaufstieges auf den Chapf. Lawinengefahr in den erwähnen Steilhängen (beim Chapf nur bei sehr viel Neuschnee).

Höhenunterschied: Aufstieg 1010 + 290 + 180 (= 1480 m); Abfahrt 340 + 470 + 1550 (= 2360 m) im besten Fall, wenn bis an den Ortsrand von Grabs (497 m) hinabgefahren werden kann. Aber auch wenn die Schneegrenze auf 900 m liegt, lohnt sich die Abfahrt.

Zeit: Berghaus Malbun – Groß Fulfirst 3 Std.; Groß Fulfirst – Rosswies 1^1/$_2$ Std.; Rosswies – Chapf 1^1/$_2$ Std.; Chapf – Grabs 1–2 Std.; insgesamt 7–8 Std.

Lage: NO.

»Ein Skiparadies! Nicht im allgemein verstandenen Sinn, unter dem die große Masse von Skifahrern, bequem durch Stand- oder Schwebeseilbahnen erreichbare, große vielseitige Tourengebiete oder eine in Mode gewordene lange Abfahrt versteht, geziert durch große, komfortable Klubhäuser oder Hotels, in deren Bereich man stets das Neueste in Ski-›Ausrüstung‹ finden kann, seien es papageibunte Kostüme oder mechanische Errungenschaften aller Metall-, Leder- und Gummiarten«. So leitet R. Bächtold einen mit »Buchserberg« überschriebenen Artikel aus dem Jahrbuch des Schweizerischen Ski-Verbandes von 1933 ein, in dem er eine Skitour vom Berghaus Malbun über Groß Fulfirst, Rosswies und Chapf nach Buchs beschreibt. Am Schluß lesen wir: »Da sieht uns schon das grünende Rheintal entgegen mit seinen hingesäten Dörfern an den Berghängen. Wir aber schwelgen im letzten führigen Schnee über Buckel, durch Mulden und Haglücken, über Gräben und Wege, Schwung auf Schwung, und der Letzte stellt uns mitten ins nasse, gilbe Gras zwischen Krokus, weiß und lila. Mit liebevollem Blick werden die Bretter, die uns heute wieder so köstliche Stunden geschenkt, zusammengeschnallt, und per Sohle und Absatz geht's dem Tale zu.« Und so hört der Tourenbericht auf: »Das Letzte, was uns bleibt, ist ein Blick zum Wagenfenster hinaus auf die im letzten Lichte verblassenden Gipfel und die goldene Erinnerung.« Der Autor meint Eisenbahnwagen.

Aufstieg Groß Fulfirst: Vom Berghaus Malbun (1369 m) südlich des Skiliftes zu einer Hütte (1503 m). Durch eine Waldschneise in ein Tälchen und darin hoch auf einen Sattel südlich des Hanenspil-Kopfes. Südwestwärts in gewelltem Gelände in die große Mulde von Glanna. Sie setzt sich im Süden im schattigen Tälchen fort, das in die Lücke zwischen Chli und Groß Fulfirst hinaufzieht. Von dieser Lücke etwas unterhalb des NW-Grates zum Groß Fulfirst hinauf, wobei die Ski bis wenige Meter unter den Gipfel mitgenommen werden können. Zuletzt sehr steil und ausgesetzt über Schrofen zum höchsten Punkt (2384 m) und Gipfelbuch.

Traversierung Groß Fulfirst – Rosswies: Zuerst wie Aufstieg. Wo das Tälchen flacher wird, links an den Fuß des N-Grates des

Die beiden Fulfirste sind beliebte Tourenziele, wie die Spuren beweisen. Der Skibetrieb scheint den Glannachopf (2232 m) nicht zu stören.

Chli Fulfirst queren. Durch eine steile, in einen Hang übergehende Rinne hinab ins Loch (2042 m); hierhin auch über etwas weiter gegen den Glannachopf liegende Hänge. Vom Loch rechts ausholend zum NO-Rücken der Rosswies und auf ihm zum Gipfelgrat (P. 2334, ohne Namen auf der LK), der nach Südwesten mit einer senkrechten Wand abbricht. Ist die Lochroute nicht sicher, so fährt man östlich am Glannachopf vorbei zum Übergang Sisitzgrat (2016 m) und von dort auf die Alp Sisitz (1924 m) ab.

Traversierung Rosswies – Chapf: Phantastische Abfahrt von der Rosswies über ihre ideal geneigte NO-Abdachung; nach dem obersten Hang verschiedene Routen möglich (östlich oder westlich von P. 2148), wobei man auf einige, teils felsige Steilstufen aufpassen muß. Man gelangt in die Senke von Riet und talauswärts zur Sisitzsässhütte (1864 m). Südwärts steil hoch auf den Chapf (2043 m), wobei man nach einer anfänglichen Rechtsschlaufe deutlich nach links quert, um dann gerade hochzuziehen.

Abfahrt Gampernei: Gampernei heißt der obere Teil des riesigen, sich in einer ununterbrochenen Folge von Hängen nach Grabs absenkenden NO-Rücken des Chapf. Wer hier erste Spuren hineinzaubern kann, hat Glück gehabt. Aber auch wenn pistenähnliche Verhältnisse anzutreffen sind, gibt's nur eines: volles Tempo, im Zweifelsfalle immer leicht linkshalten, hinab ins grüne Rheintal; im besten Fall bis an den Ortsrand von Grabs (497 m). Wenn unten der Schnee fehlt, Abstieg zu Fuß oder mit einem Auto der Skiklübler, die in der Skihütte Gampernei etwa auf halber Rennstrecke das Ende der Woche feiern.

Wochenende in Bernina Suot

Livigno Alpen

Anreise: Von Chur mit der Rhätischen Bahn [940] nach Samedan und weiter [950] nach Bernina Suot (2046 m).
Rückreise: Von Pontresina nach Samedan [943] und nach Chur [940].
Unterkunft: Hotel Berninahaus, unmittelbar in Bernina Suot, idealer Ausgangspunkt für beide Skitouren, Tel. 0 81/8 42 64 05. Weitere Unterkünfte: Verkehrsverein in CH-7504 Pontresina, Tel. 0 81/8 42 65 73, Fax 8 42 65 25.
Material: Evtl. Steigeisen für S-Aufstieg auf Piz Minor.
Karten: 268 S Julierpaß, 269 Berninapaß; 1257 St. Moritz, 1258 La Stretta.
Jahreszeit: Bernina Suot eignet sich als Ausgangspunkt von Dezember bis Mai.

Bernina Suot – da stellen sich Assoziationen ein wie »Talstation der Diavolezza-Seilbahn«, »Piz Palü«, »Modegipfel«, »überlaufen«. Nichts von alledem trifft für unser Wochenende zu. Die Val Bernina trennt die berühmten Bernina Alpen von den weit weniger bekannten Livigno Alpen. Genau in Bernina Suot (2046 m) zweigt Richtung Norden die Val da Fain ab. Sie führt in die Livigno Alpen, und zwar in einen ebenso tourenreichen wie einsamen Teil dieser Gebirgsgruppe.

Touren-Steckbrief

Schwierigkeit: MS. Bei vernünftiger Wahl der Aufstiegs- und Abfahrtsspur kaum lawinengefährdet. Bei schlechter Sicht ist der Gipfel schwierig zu finden. Steilabfahrt in die Val Minor SGS: Die SW-Flanke ist auf 200 Hm 34°, mit Stellen bis knapp 40°; die Schlüsselstelle in der Val Verda ist auf 80 Hm 39° und etwas ausgesetzt.

Höhenunterschied: Aufstieg und Abfahrt 1000 m.

Zeit: Aufstieg 3^1/$_2$ Std.; Abfahrt 1 Std., bei Normalabfahrt ab Talboden geringes Gefälle berücksichtigen.

Lage: Aufstieg und Abfahrt SO, NO.

Beliebteste Skitour in der Val da Fain – dennoch garantiert nicht überlaufen! Großartige Aussichtskanzel gegenüber den berühmten Berninagipfeln – Piz Cambrena, Piz Palü, Bellavista, Piz Bernina. Hübsche schattenseitige Abfahrt über einen Gletscherrest, dann sonnenseitig gemütlich durch das Tal zum Ausgangspunkt zurück. Oder: Steilabfahrt über die SW-Flanke zur Paßstraße.

Aufstieg: Von Bernina Suot (2046 m) kurz Richtung Südosten, über eine Brücke und einen Hang, dann auf der (im Anstiegssinne) linken Talseite mit geringem Höhengewinn talein zur Alp la Stretta (2427 m). Gleich unterhalb der Alp überquert man den Bach auf einer kleinen Brücke und steigt nun – ziemlich genau in Richtung Süd – zu P. 2581 auf. Über die Reste des flachen Vadret Minor erreicht man eine Einsattelung (P. 2933 m) zwischen Piz Minor und dem nur geringfügig niedrigeren Piz dals Lejs. Von hier ohne Schwierigkeiten in 20 Minuten zum höchsten Punkt. Gipfelsammler werden es nicht versäumen, in derselben Zeit auch den Piz dals Lejs (3041 m) zu ersteigen.

Abfahrt: Wie Aufstieg.

Steilabfahrt in die Val Minor: Vom Hauptgipfel des Piz Minor zum NW-Gipfel (3042 m). Abfahrt über den mächtigen SW-Hang, entweder auf der linken oder rechten Begrenzung; am steilsten ist er in der Mitte. Bei P. 2698 vorbei nach Plaun Verd; nicht durch das erste, sondern erst durch das zweite Tälchen, die Val Verda, hinab. Die schluchtartige Engstelle links sehr steil umfahren (etwas heikle Querung zu Beginn). Hinab in die Val Minor und zur Talstation der Luftseilbahn Lagalb. Spät im Jahr ist diese Route auch als besonders kurzer Anstieg – mit aufgeschnallten Ski und eventuell mit Steigeisen – empfehlenswert.

Piz Albris (3165 m)

Aus der Val da Fain durch die Val Tschüffer, Abfahrt nach Pontresina

Touren-Steckbrief

Schwierigkeit: GAS. Wintergipfel GS. Von den steilen Flanken her mitunter lawinengefährdet, insbesondere nach stärkeren Schneefällen oder Warmwettereinbrüchen. Die Val Tschüffer ist auf 400 Hm fast anhaltend steil (bis 30°).
Höhenunterschied: Aufstieg 1120 m, Abfahrt 1360 m.
Zeit: Aufstieg $4^1/_2$ Std.; Abfahrt $1^1/_2$ Std., teilweise geringes Gefälle.
Lage: Aufstieg SO, S, N; Abfahrt N, W, SW.

Der »Berg der Steinböcke« – mit einigem Glück kann man ein Rudel beobachten – wird von dieser Seite selten erstiegen. Häufiger von Pontresina aus, weil hier Liftanlagen den Aufstieg etwas verkürzen. Der Hauptgipfel erfordert Kletterfertigkeit im (winterlichen!) I. Schwierigkeitsgrad. Wer sich diesen Schwierigkeiten nicht gewachsen fühlt, ist auch mit dem Wintergipfel, einer Gratschulter (P. 3137) des Piz Albris, gut bedient.

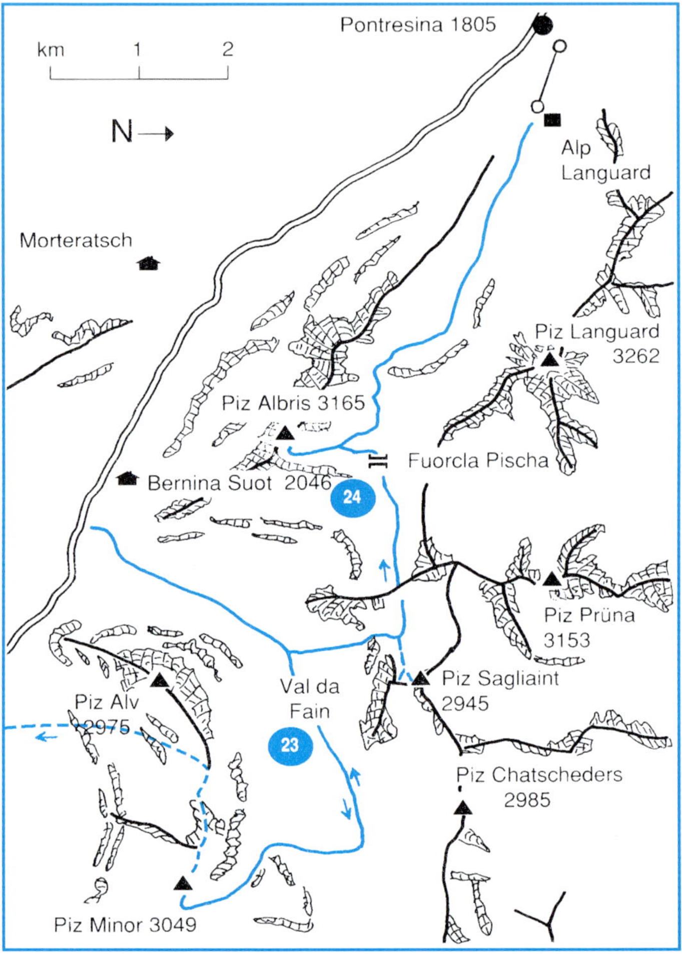

Map labels:
- Pontresina 1805
- km 1 2
- N→
- Alp Languard
- Morteratsch
- Piz Languard 3262
- Piz Albris 3165
- Fuorcla Pischa
- Bernina Suot 2046
- 24
- Piz Prüna 3153
- Piz Alv 2975
- Val da Fain
- Piz Sagliaint 2945
- 23
- Piz Chatscheders 2985
- Piz Minor 3049

Aufstieg: Von Bernina Suot über den Berninabach und in die Val da Fain. Man muß diesmal nicht bis zur Alp la Stretta hineinwandern, sondern kann schon erheblich früher, in einer Höhe von 2220 m, mit dem Aufstieg durch die steile Val Tschüffer (Südhänge!) beginnen. Beim »Ausstieg« (2771 m) sieht man die Hochfläche, in die der Lej Tschüffer eingelagert ist. Hält man sich rechts, erreicht man durch eine Mulde nach der einen Seite in einer guten Viertelstunde den Piz Tschüffer (1916 m), nach der anderen Seite den Piz Sagliaint (2945 m). In sanftem Anstieg zur Fuorcla Tschüffer, und leicht abwärts zum verhältnismäßig großen und auch im Winter erkennbaren Lej da la Pischa (2770 m). Wieder aufwärts zur Fuorcla Pischa (2848 m). Nach dieser Bergauf-bergab-Wanderung geht es endlich wieder zügig in die Höhe, über den Gletscher zum »Wintergipfel«, einer Schulter südöstlich des Hauptgipfels, die mit 3137 m kotiert ist. Skidepot. Bei günstigen Verhältnissen in Blockkletterei über den ziemlich langen Grat zum Gipfel ($^1/_2$ Std.).

Abfahrt: Vom Skidepot über den schönen Gletscherhang (häufig prachtvoller Pulverschnee!) und linkshaltend in die Mulde, in die der Lej d'Albris eingelagert ist. Über einen schwach ausgeprägten Sattel in die nächste Mulde und zum Lej Languard (2594 m). Ziemlich flach durch die Val Languard, erst im letzten Teil auf der linken Talseite zügig zur Alp Languard. Man darf sich hier nicht verleiten lassen, weiter abzufahren. Der Weiterweg endet im dichten Steilwald! Man muß vielmehr um den kleinen Hügel queren, auf den ein Sessellift führt. Die letzten 200 Höhenmeter auf der Piste nach Pontresina.

Auf dem Gipfel des Piz Albris, des „Berges der Steinböcke".

Verlängertes Wochenende im Unterengadin

Silvretta

Anreise: Von Chur mit der RhB nach Samedan [940] und weiter [960] nach Scuol-Tarasp (1286 m) im Unterengadin.

Rückreise: Von Ardez nach Samedan [960] und zurück nach Chur [940].

Unterkunft: Heidelberger Hütte (2264 m) der Sektion Heidelberg des Deutschen Alpenvereins, 156 Plätze, zur Skitourenzeit bewartet, Winterraum 8 Plätze, Tel. 05444/5418. Die Hütte liegt im Fimbertal nordöstlich der markanten Fluchthörner, auf Schweizer Boden, etwa 2 km südlich der Grenze zu Österreich. Sie erschließt ein schönes und vielseitiges Tourengebiet und ist deshalb gut besucht. Es wird dringend geraten, die Nächtigung anzumelden: Kurverein, CH-7550 Scuol, Tel. 0 81/8 64 94 94, Fax 8 64 99 39; Internet: http://www.scuol.ch.

Material: Normale Tourenausrüstung. Zusätzlich Pickel und Steigeisen, evtl. Seil zur Sicherung weniger erfahrener Tourengefährten – nur für Piz Tasna erforderlich. Personalausweis.

Karten: 249 Tarasp; 1179 Samnaun, 1198 Silvretta, 1199 Scuol.

Jahreszeit: Von Dezember bis Sonntag nach Ostern (danach sind die Aufstiegshilfen von Scuol nicht mehr in Betrieb). Schnee- und Pistenbericht Scuol, Tel. 0 81/8 64 18 18.

Ausweichtour: Von Scuol aus zahlreiche Anstiege nach dem Motto »viel Abfahrtsfreude für geringe Anstiegsmühe«, von der Heidelberger Hütte zahlreiche Skitouren in verschiedener Länge und Schwierigkeit.

Die Silvretta gilt als eines der schönsten Skitourengebiete der Ostalpen – und das mit Recht. Eigentlich paßt alles: die Gipfel sind schön anzusehen, aber (mit wenigen Ausnahmen) nicht so wild, daß man sie nicht mit Ski besteigen könnte; Stützpunkte sind in ausreichender Zahl vorhanden, aber doch nicht so zahlreich, daß die Silvretta von Tourengehern überschwemmt würde; die Hütten haben schließlich die »richtige Höhe«, d.h. die Anstiege liegen zumeist bei rund 1000 Höhenmetern. Gletscher gibt es auch, aber die meisten sind nicht so spaltenreich, daß man sie nur angeseilt befahren könnte, was bekanntlich das Skivergnügen ganz erheblich vermindert und soziale Konflikte mit den Kameraden steigert (»Abfahren am Seil verdirbt die besten Freundschaften« – alter Bergsteigerspruch). Diese Beschreibung der Silvretta trifft am meisten auf den östlichen Teil zu, dem unser verlängertes Wochenende gilt. Der Stützpunkt für dieses Wochenende, die Heidelberger Hütte, verbindet gewissermaßen den deutschsprachigen Raum: sie gehört einer deutschen Alpenvereinssektion, wird von Österreich aus bewirtschaftet und steht auf Schweizer Boden – Völkerverbindung in der Praxis!

Piz Tasna (3179 m)
Aufstieg von Scuol mit Abfahrt zur Heidelberger Hütte

Touren-Steckbrief

Schwierigkeit: GAS. Bei vernünftiger Wahl von Aufstiegs- und Abfahrtsspur ist die Lawinengefährdung gering.
Höhenunterschied: Aufstieg 760 m; Abfahrt 370 + 920 = 1290 (+ einige Pistenabfahrten)!
Zeit: 2^1/$_2$ Std.; das »Hinaufdienen« mit zahlreichen Liften ist allerdings zeitraubend und sollte bei der Zeitplanung entsprechend berücksichtigt werden. Abfahrt 1^1/$_2$ Std.; im Talboden zur Heidelberger Hütte teilweise geringes Gefälle.
Lage: Aufstieg SO, N; Abfahrt N.

Großartiger Gipfel mit einer prachtvollen Abfahrt über einen spaltenarmen Gletscher und aufgrund der Aufstiegshilfen von Scuol in kurzem Anstieg erreichbar. Bei Verzicht auf den Gipfel (nicht empfehlenswert!) könnte man die Heidelberger Hütte auch bei einem Start in Scuol am frühen Nachmittag noch vor Einbruch der Dunkelheit erreichen. Hat man dagegen genügend Zeit, sollte man es nicht versäumen, Scuol, dem Hauptort des Unterengadins, einen Besuch abzustatten. Insbesondere im »Unterdorf« kann man malerische Gassen mit wunderschönen typischen Unterengadiner Häusern bewundern. Besonders hübsch ist das Kloster Chá Grande mit seinen Lauben, das heute als Heimatmuseum dient.

Aufstieg: Vom Bahnhof Scuol (1286 m) in wenigen Minuten zur Gondelbahn. Da es nur für die Gondelbahn, nicht aber für die Schlepplifte Einzelkarten gibt, entscheidet man sich am besten für eine Halbtageskarte. Mit Gondelbahn und Lift nach Schlivera (2400 m). Abfahrt auf der Piste auf 2100 m. Auffahrt zum Mot da Ri (2600 m). Abfahrt in die weite Mulde von Champatsch. Auffahrt mit dem Lift zum Champatschgrat (2800 m). Jetzt geht es tourenmäßig weiter: Abfahrt in einer schönen Mulde bis zu P. 2511 m. Man könnte schon 100 Höhenmeter früher querend mit dem Aufstieg beginnen; zumeist ist die Abfahrt in das schattige und windgeschützte Becken so schön, daß man sie nicht früher als unbedingt nötig abbrechen möchte. Anfellen. Zwischen Felsen und einer auffälligen Kuppe (Mot, 2705 m) steigt man zu P. 2619 m auf. Jetzt erst ist es möglich, nach links zum Tasnagletscher einzubiegen. Unter einem Gletscherbruch steigt man bis zu den Felsen des Piz-Laver-Südgrates auf. Über den spaltenarmen Gletscher geht es nun zur Schulter, an der der Ostgrat des Piz Tasna ansetzt. Skidepot. Der Weg über den steilen Grat zum Gipfel (3179 m) ist bei Weichschnee ein vergnügliches Stapfen, bei Vereisung aber heikel.

Abfahrt: Zunächst auf dem Anstiegsweg über den Gletscher zu P. 2920m am Beginn des Südgrates zum Piz Laver. Richtung Nordwesten, bald aber Richtung Norden abfahrend, erreicht man den Talboden, der teilweise zwar geringes, bei »gutem« Schnee aber genügend Gefälle aufweist, daß man flott zur Hütte abfahren kann.

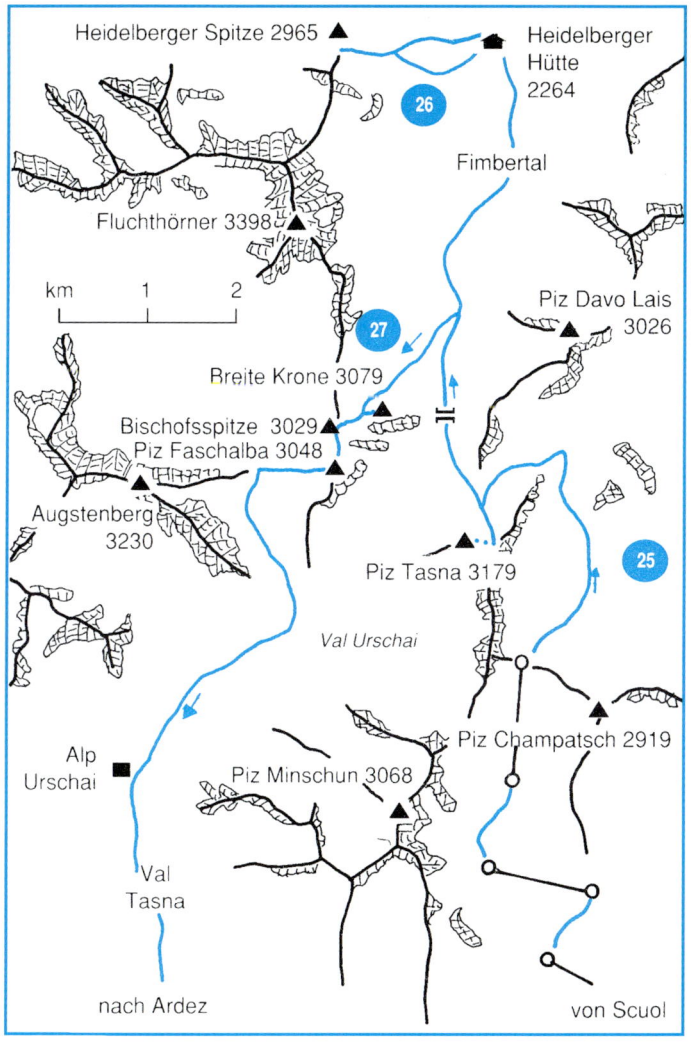

Heidelberger Spitze 2965 ▲

Heidelberger Hütte 2264

26

Fimbertal

Fluchthörner 3398 ▲

km   1   2

Piz Davo Lais 3026

27

Breite Krone 3079 ▲

Bischofsspitze 3029 ▲
Piz Faschalba 3048 ▲

Augstenberg 3230 ▲

25

Piz Tasna 3179 ▲

Val Urschai

Alp Urschai ■

Piz Minschun 3068 ▲

Piz Champatsch 2919 ▲

Val Tasna

nach Ardez

von Scuol

Touren-Steckbrief

Schwierigkeit: GAS. Die Steilstufen können nach Schneefällen mit Windverfrachtung bedrohlich werden (schweres Lawinenunglück 1991).
Höhenunterschied: Aufstieg und Abfahrt 700 m.
Zeit: Aufstieg $2^1/_4$ Std., Abfahrt $^1/_2$ Std.
Lage: O.

Die Heidelberger Spitze ist keiner der hohen oder bedeutenden Gipfel im Tourenbereich der Hütte. Sie bietet aber eine wunderschöne, rassige Abfahrt. Die letzten Meter zum Gipfel erfordern alpine Erfahrung und ein wenig Kletterfertigkeit.

Aufstieg: Von der Heidelberger Hütte (2264 m) Richtung Südwesten ziemlich flach bis in die Nähe von P. 2479,3. Nun Richtung Westen im Wechsel zwischen ziemlich steilen Hangstufen und flachen Mulden zur großen Mulde unterhalb der Heidelberger Scharte (2820 m). Nach rechts ausholend in einem Bogen zur unteren Schulter der Ost-Abdachung und weiter zur oberen Schulter. Jetzt steigt man nach links zu einer kleinen Scharte unterhalb des Gipfels. Skidepot. Über den Südgrat in leichter Kletterei zum höchsten Punkt.

Abfahrt: Wie Aufstieg oder geradewegs Richtung Ost durch das Tobel zur Hütte.

Heidelberger Spitze – großartiger Skigipfel über der gleichnamigen Hütte des Deutschen Alpenvereins.

27 Breite Krone (3079 m) – Bischofsspitze (3029 m) – Piz Faschalba (3048 m)

Aufstieg von der Heidelberger Hütte mit Abfahrt nach Ardez

Touren-Steckbrief

Schwierigkeit: MAS. Die alpinen Anforderungen sind jedoch gering: praktisch keine Gletscherspalten, blockiges Gelände (nicht ausgesetzt). Höhenunterschied: Aufstieg mit Gegenanstiegen 1100 m, Abfahrt rund 1700 m.

Zeit: Heidelberger Hütte – Breite Krone 3 Std. – über Bischofsspitze zum Piz Faschalba 1 Std. Sehr lange Abfahrt nach Ardez – Zeit nach Schneeverhältnissen und skitechnischem Können, kaum unter 2 Std. Insgesamt mindestens 6 Std.

Lage: Fast jede.

Der Übergang von der Heidelberger Hütte nach Ardez bietet ohne besonderen Zeitaufwand oder Schwierigkeiten die Möglichkeit, drei Dreitausender zu besteigen – die berühmte Breite Krone (3079 m) und die weniger bekannten Nachbarn Bischofsspitze (3029 m) und Piz Faschalba (3048 m, auch Grenzeckkopf). Eine endlos lange Abfahrt führt durch die Val Tasna nach Ardez im Inntal.

Aufstieg: Von der Heidelberger Hütte in sanftem Anstieg Richtung Süden durch das Fimbertal bis zum Talschluß. Nun Richtung Südwesten über mittelsteile Hänge zum kleinen Kronenferner, einem nahezu spaltenlosen Gletscherfleck. Über den Gletscher in sanftem Anstieg zu einer Einsattelung und über den W-Rücken (häufig abgeblasen – dann zu Fuß über unschwieriges Blockwerk) kurz und steil zum Gipfel.

Übergang zum Piz Faschalba: Über den Rücken zurück in die Einsattelung. Mit geringem Höhenverlust Richtung Westen zum Kronenjoch (2981 m). Teilweise zu Fuß in der Grundrichtung Süden über die Bischofsspitze (3029 m) auf den Piz Faschalba (3048 m, österreichische Bezeichnung »Grenzeckkopf«).

Abfahrt: Man verfolgt den meist verblasenen W-Rücken bis zu P. 2932 und fährt dann sehr steil (durchschnittlich 28° auf 200 Hm) zu P. 2586 und in das Urschaital ab. Weiter durch das landschaftlich sehr schöne Tasnatal, bei gutem Schnee ohne Schieben, bis zur Straßenbrücke bei P. 1571. Kurz auf der Straße bis P. 1563, dann $^1/_2$ Std. zu Chanoua (1632,7 m) aufsteigen. In einer hübschen Abfahrt über Wiesen zum Bahnhof von Ardez (1432 m). Hat man noch Zeit bis zur Abfahrt des Zuges, kann man sich im Ort umsehen – zahlreiche sgraffitoverzierte und bemalte alte Häuser. Die auffallende mächtige Ruine auf einem Hügel östlich des Dorfes ist die Burg Steinsberg.

Die lange Abfahrt vom Piz Faschalba durch die Val Tasna endet beim Dorfbrunnen von Ardez.

Skitouren im März

Der März ist vielleicht der beste Monat für Skitouren. Ein Grund ist sicher, daß alle Arten von Skitouren möglich sind, von den Viertausendern bis hinunter zu den bescheidenen Voralpengipfeln. Normalerweise sind nun die Gletscher einigermaßen eingeschneit, so daß auch Hochtouren unternommen werden können (noch nicht alle; so weisen steile, dem Wind ausgesetzte Gipfelflanken auch im März noch meistens Blankeis auf). Es kann aber ebenso gut bis in die Niederungen hinabschneien, so daß sich auch Skitouren in niederen Lagen (Ziel unter 1000 m) lohnen. März, das ist der Monat der langen Abfahrten.

Die Stabilität der Schneedecke ist im allgemeinen günstig. Schattenseitig hat sich der Schnee gesetzt, Pulverschnee ist aber immer noch vorhanden (oder kommt neu hinzu), südseitig findet sich schon guter Firn. In Mulden und Tälern kann es vorkommen, daß beide Schneearten gleichzeitig befahren werden können – bei solchen Verhältnissen möchte man, daß das schöne Märzwetter tagelang andauert. Und schließlich werden die Tage länger und große, stundenreiche Touren möglich. Klar, man muß früh aufstehen, doch wer die Abfahrten geschickt auswählt, schwingt noch am Nachmittag durch Pulverschnee. Mit dem Wechsel auf die Sommerzeit gewinnen die Tourenfahrer zudem eine Stunde.

Im März gibt es jedoch auch einen Aspekt des Tourenskilaufs besonders zu beachten. Zur Standardausrüstung für Skitouren gehören Harscheisen, denn auch im Winter, auf dem windverblasenen Hartschnee im steilen Gipfelhang zum Beispiel, leisten sie wichtige Dienste. Bei Aufstiegen über den in der Nacht gefrorenen Firn, der ab März immer häufiger anzutreffen ist, sind Harscheisen aber geradezu lebenswichtig. Sie mindern die Abrutschgefahr. Diese kann spätestens ab März auch bei der Abfahrt auftreten. Ein Rutscher auch nur auf einem mäßig steilen, harten Firnschneehang kann unkontrollierbar werden, und wenn der Hang unten in Felsen abbricht...

Im März sind Skitouren-Wochenenden mit öffentlichen Verkehrsmitteln auch gut ohne vorzeitige Anreise möglich, wenn nicht gerade ein langer Osthang als Samstagstour ausgewählt wird. Wer auf jeden Fall genügend Zeit für den Aufstieg haben möchte, reist schon am Vorabend ins Tourengebiet an: Man sieht dann, wo's am nächsten Morgen lang geht. Und die Übernachtung in einem urigen Gasthof trägt das ihrige zu einem gelungenen Skitouren-Wochenende bei. Auch im März.

Verlängertes Wochenende im Rätikon

Anreise: Zürich – Chur [900] bis Landquart, mit Schnell- oder Lokalzug [910] bis Küblis und mit Postauto [910.55] nach St. Antönien Platz; die Kurse fahren weiter bis Rüti.

Rückreise: Von Latschau/Golmerbahn mit dem Bus in 15 Minuten nach Schruns. Mit der Montafoner Bahn nach Bludenz, wo man Anschluß an die internationalen Schnellzüge Innsbruck – Zürich [4305] hat.

Ausgangspunkt: St. Antönien Platz (1420 m).

Unterkunft: In St. Antönien vgl. entsprechendes Wochenende. In Partnun das Berghaus Alpenrösli (ca. 1780 m), Tel. 0 81/3 32 12 18. Lindauer Hütte (1744 m), DAV Sektion Lindau, über Weihnachten und Neujahr und zu Ostern bewirtschaftet, sonst geschlossen; Winterraum immer offen, 20 Plätze (mit Decken), Kochgelegenheit.

Material: Steigeisen (für Notfall), Personalausweis, Schilling (Übernachtung in der Lindauer Hütte).

Karten: 238 S Montafon, 248 S Prättigau; 1157 Sulzfluh, 1177 Serneus.

Jahreszeit: Januar bis April; für die steinigen Sulzfluh- und Drusenturm-Abfahrten muß es genügend Schnee haben!

Ausweichtour: Von Partnun: Schafberg (2456 m), leicht und ziemlich lawinensicher; Schijenflue (2624 m), mit Steilstufen im Mittelteil und zuoberst.

Besonderes: Ohne Riedchopf auch als Wochenendtour möglich, mit Anreise am Vorabend nach St. Antönien. Und: Von der Sulzfluh Abfahrt durchs Gemschtobel statt durch den Rachen, Übernachtung im Alpenrösli oder in der Carschina Hütte SAC (2221 m), am nächsten Tag Großer Drusenturm über Drusator.

Der Rätikon ist das westlichste Gebirgsmassiv, das zwischen Österreich und der Schweiz liegt. Es wird begrenzt im Süden vom Prättigau, im Westen vom Rheintal, im Norden vom Montafon und im Osten von der Silvretta. Diese hat unter Skialpinisten einen ausgezeichneten und weitverbreiteten Ruf. Der Rätikon teilt sein Ansehen unter Bergwanderern, Kletterern und Tourenskiläufern. Auf seine drei Hauptgipfel, die Schesaplana (2964 m), den Großen Drusenturm (2830 m) und die Sulzfluh (2817 m), führen anforderungsreiche Pfade. Durch die 300 bis 500 m hohen sonnenseitigen Wände zwischen Kirchlispitzen und Schijenflue im mittleren Rätikon ziehen alpine Sportkletterrouten hoch, die zu den schwersten der Alpen zählen. Und obwohl sich diese Kalkburgen mit ihren Wänden und Türmen im Winter und Frühling so unnahbar geben, sind viele von ihnen mit Ski erreichbar – bis zum höchsten Punkt. Das ist nicht der einzige Superlativ, wenn man vom Skilauf im Rätikon spricht. Fast ebenso gut sind die Zufahrtsmöglichkeiten. Nur im Osten des Rätikon fahren keine Bahnen seinen Ausläufern entlang. Die Linien Zürich – Sargans – Feldkirch – Bludenz (mit der Abzweigung nach Schruns) – Innsbruck – Wien und Bodensee – Sargans – Landquart (Abzweigung nach Küblis – Davos) – Chur ermöglichen rasche An- und Rückreisen. Deshalb ist das verlängerte Wochenende im Rätikon auch eine ungewöhnliche (Bahn-) Fahrt von der Schweiz nach Österreich.

28 Riedchopf (2552 m) – Rotspitz (2516 m)

Von St. Antönien nach Partnun

Touren-Steckbrief

Schwierigkeit: G(A)S. Der Schlußaufstieg zu Fuß über den kurzen, aber ausgesetzten Südgrat zum Gipfel des Riedchopf kann je nach Schneebedeckung der Felsen heikel sein.

Die obersten 80 Hm in der Riedchopf-Nordrinne sind 33° steil. Lawinengefahr bei viel Schnee oder warmer Witterung im Aufstieg zum Alpeltitälli sowie beim Pöschenwang, Schneebrettgefahr in der Riedchopf-Nordrinne.

Höhenunterschied: Aufstieg 1130 m; Abfahrt 770 m; mit Rotspitz je 200 m mehr.

Zeit: Aufstieg 4 Std.; Abfahrt 1 Std. Abstecher zum Rotspitz: 1 Std.

Lage: Aufstieg W (zuoberst S); Abfahrt N.

Der Riedchopf gehört zum östlichen Rätikon, der im Madrisahorn (2826 m) seinen höchsten Gipfel aufweist. Auch ihn kann man aus dem Tal von Gafia durch das steile Nordkar mit Ski (und zuletzt kurz zu Fuß) besteigen. Weit häufiger wird jedoch die Madrisa-Rundtour gemacht, die auf geschickte und verschiedene Weisen die beiden im östlichen Rätikon liegenden Skigebiete von Madrisa ob Klosters (Schweiz) und Schafberg ob Gargellen (Österreich) verbindet. Dabei werden teilweise die Routen zum Riedchopf (auch Ronggspitz genannt) berührt. Er selbst kann als felsiger Grenzgipfel nicht bis zuoberst mit Ski befahren werden. Häufig beschränkt man sich deshalb auf die zwischen ihm und dem Schollberg liegende Kuppe von P. 2540. Das wird man vor allem dann tun, wenn man am Anreisetag noch den Riedchopf überqueren will. Dies ist gut möglich, da der Aufstieg über West- und die Abfahrt über Nordhänge erfolgt. Kann man schon am frühen Morgen in der Walsersiedlung St. Antönien aufbrechen, so steigt man nach der Abfahrt vom Riedchopf durch die steile Nordrinne noch zum Rotspitz auf.

Aufstieg: Von St. Antönien Platz (1420 m) auf der Straße taleinwärts nach Litzirüti am Eingang des Tales von Gafia. Darin auf der linken Talseite, bis man südlich der Siedlung Engi den Gafier Bach (P. 1622) überschreitet. Ostwärts die Talseite hoch zur Alpelthütte (1815 m). Oberhalb davon in einen Kessel hineinziehen und nördlich des Bachlaufs über einen steiler werdenden Hang, aus dem man rechtshaltend ins Alpeltitälli aussteigt. Ostwärts auf eine Rampe hinauf, auf ihr nordwärts zum Kammverlauf (auch Landesgrenze), dem man in eine Lücke zwischen zwei Schneekuppen (die westliche ist P. 2540) folgt. Auf die östliche mit Ski und zu Fuß über die Gratschneide auf den Riedchopf (2552 m).

Abfahrt: Von der oben erwähnten Lücke durch die steile Nordrinne ins Tälli hinab. Weiter nordwärts durch Mulden östlich von P. 2183 und 2115 vorbei an den Rand der abschüssigen Pöschenwang. Rechtshaltend ziemlich steil in die untere Talsohle hinab. Rechts des Tällibaches nach Partnunstafel (1769 m). Bei sicheren Verhältnissen kann auch direkt über die Pöschenwang oder über die Boller-Hänge weiter westlich davon abgefahren werden. In Partnunstafel Höhe haltend zum Berghaus Alpenrösli (ca. 1780 m) hinüber, das erst zuletzt sichtbar wird.

Abstecher zum Rotspitz: Vom Tälli (ca. 2300 m) in nordöstlicher Richtung auf ein Flachstück und links ausholend ziemlich steil zum Gipfel des Rotspitz (2516 m); man kann zuletzt auch dem S-Grat folgen. Abfahrt wie Aufstieg.

Variante: Der Riedchopf kann ebenfalls von der Vorarlberger Seite erreicht werden. Wie Rückreise über Bludenz nach Schruns, mit dem Bus nach Gargellen, mit den Schafbergbahnen und dem Gargellenkopflift zur Bergstation (ca. 2280 m). Rechts ausholend auf der Piste hinab in einen breiten Kessel und Schräganstieg ins St. Antönierjoch (2379 m). Abfallende Querung zur Aufstiegsroute von St. Antönien. 1^1/$_2$ Std. vom Lift zum Gipfel. Information über Bus und Skigebiet bei Verkehrsamt Gargellen, Tel. 0 55 57/63 03, Fax 66 90.

29 Sulzfluh (2817 m) Aufstieg durchs Gemschtobel, Abfahrt durch den Rachen zur Lindauer Hütte

Touren-Steckbrief

Schwierigkeit: SGS. Das Gemschtobel ist oberhalb der kurzen Steilstufe durchschnittlich etwa 25° steil, gut gegliedert mit Absätzen und steileren Rinnen. Die Rachenabfahrt ist auf

1000 Hm fast durchgehend steil; 32° auf 200 Hm im eigentlichen Rachen, 35° auf 200 Hm beim Ausgang (dort teilweise bis 40°, enges Skigelände mit Felsstufen und Föhren, recht ausgesetzt). Nur bei sicheren Schneeverhältnissen (vor allem in den schattigen Steilhängen des Rachens!).

Höhenunterschied: Aufstieg 1040 + 180 m (=1220 m); Abfahrt 1260 m.

Zeit: Aufstieg 3 Std.; Abfahrt 1^1/$_2$ Std.; Wiederaufstieg 30 Min.

Lage: Aufstieg O; Abfahrt N.

Wie sich die Zeiten ändern! Die Sulzfluh, so lesen wir im Jahrbuch des Schweizerischen Ski-Verbandes von 1935, »ist sowohl von der Schweizer als von der Vorarlberger Seite aus eine große, teilweise hochalpine Skibergfahrt, die wohl unter das erste oder zweite Dutzend besonders großzügiger Skigipfel der Alpen zu zählen ist«. Peter Keill und Hans Steinbichler meinen in ihrem 1988 erschienenen Bildbandführer »Die großen Skihütten der Ostalpen und ihre Gipfel« über den 2817 Meter hohen Kalkberg schlicht: »Eine der rassigsten Skitouren der Ostalpen!«. Die Autoren sprechen vom gleichen Berg, aber nicht von der gleichen Abfahrt. Die Route von 1935 führt über »das eingesattelte Dach des Sulzfluhrückens, welches im Sommer ein großes Karrenfeld trägt, im Winter aber eine Skiabfahrt, wie man sie großartiger sich kaum wünschen kann«. Die moderne Einschätzung gilt jedoch dem Rachen, einem Steilkar zwischen senkrechten Wänden der Kleinen Sulzfluh und den Ausläufern des Hauptgipfels, das eine geradlinige Abfahrt über 1100 nordseitige Höhenmeter erlaubt. Während der Karrenfeldrücken der Sulzfluh eine landschaftlich schöne Route vermittelt, als Abfahrt jedoch kaum Superlative verdient (die Fortsetzung auf Schweizer Seite mit dem unübersichtlichen Karstgelände schon gar nicht), ist die Rachenabfahrt tatsächlich ein überaus starkes Stück.

Der Name sagt alles: steil, eng – und nur zwei Ausgänge. Wer oben in den Schlund einfährt, kommt erst nach einer fast ungemütlich schmalen und abschüssigen Stelle wieder heil her-

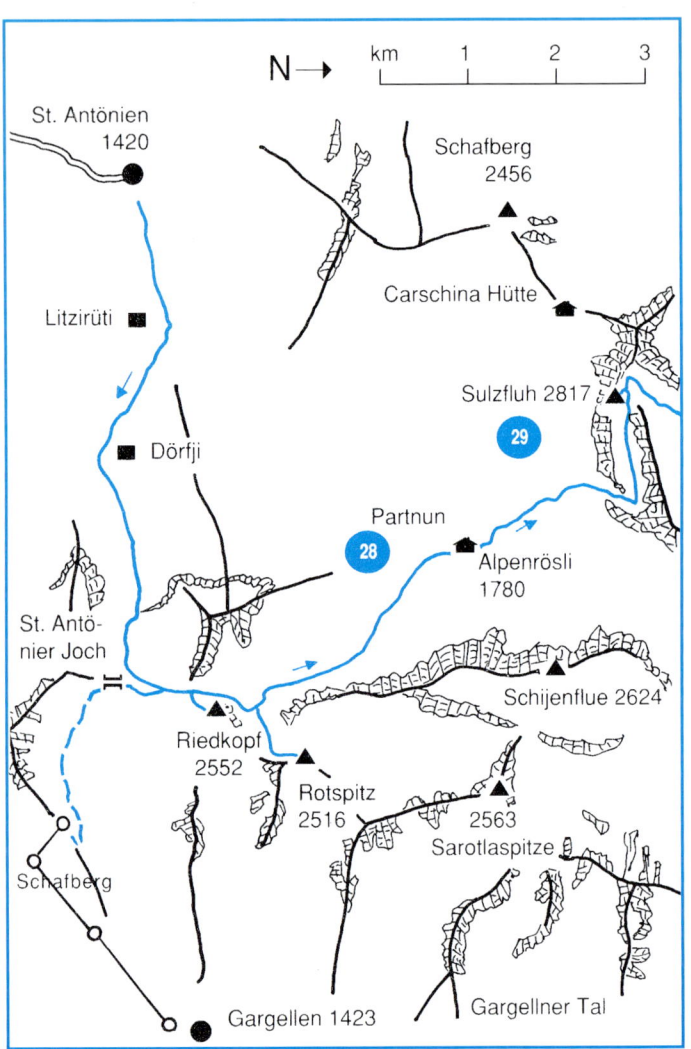

St. Antönien
1420

Schafberg
2456

Litzirüti

Carschina Hütte

Dörfji

Sulzfluh 2817

29

Partnun

28

Alpenrösli
1780

St. Antö-
nier Joch

Schijenflue 2624

Riedkopf
2552

Rotspitz
2516

2563

Sarotlaspitze

Schafberg

Gargellen 1423

Gargellner Tal

N→   km   1   2   3

aus. Für einige Skifahrer wohl eine Grenzerfahrung. Damit das Sicherheitslimit in einer Hinsicht nicht überschritten wird, darf die Sulzfluh ihrem Namen keine Ehre machen. Sulz leitet sich nämlich von sumpfigem Boden ab, und wenn der Schnee diese Qualität aufweist, sollte man den Rachen nicht kitzeln. Andere Grenzen werden jedoch überschritten. Zum einen die staatliche, und zum andern ist die Aussicht von der Sulzfluh fast grenzenlos: ringsum ein Meer von Gipfeln der Ost- und Westalpen, und ganz in der Ferne der höchste Berg ganz in der Schweiz, der Dom (4545 m).

Aufstieg: Hinter dem Berghaus Alpenrösli (ca. 1780 m) in Partnun taleinwärts auf einem Weg bis zu einer Brücke. Jenseits von ihr über die Mederhänge immer leicht rechtshaltend ansteigen und westlich der Senke von P. 2099 in einen Felskessel hineinziehen. An seinem Ostrand in einer Rinne über eine kurze Steilstufe klettern. Rechtshaltend über einige Buckel zu dem von Felswänden begrenzten Gemschtobel. Darin aufwärts, wobei man im oberen Teil auf die Hänge links ausweicht. Den Gipfelkopf der Sulzfluh nordwärts umgehen und zuletzt über den Westgrat zum großen Gipfelkreuz (2817 m).

Abfahrt: Nordwärts über wunderschöne Hänge zum eigentlichen Rachen hinab, in den man besser von links unterhalb der Kleinen Sulzfluh hineinfährt. Durch den Schlund hinab und durch eine Folge von flacheren Mulden weiter nordwärts an den Rand der Steilstufe (ungefähr auch Waldgrenze). Man kann entlang dem Sommerweg den sicheren Talboden erreichen. Einfacher von oben zu finden ist folgende Route: Östlich des Sommerweges durch eine tiefeingeschnittene Rinne hinab (sie beginnt auf ca. 1900 m), die man unterhalb von Felswänden rechtshaltend auf einen breiteren, aber immer noch steilen Hang verläßt. Auf ihm hinab und durch eine sehr steile, von bewaldeten Felsen begrenzte Rinne auf die untersten Hänge der Steilstufe. Diese untere Rinne kann man auch links umfahren, wobei ein Durchschlupf zwischen Föhren zu suchen ist. Am Fuß der Steilstufe westwärts zum Porzalengawald. Man kann sich auf dem Sommerweg durch diesen sehr hügeligen Forst durchschlagen. Angenehmer ist, wenn man nordwärts über flache Hänge bis zur ersten Kurve der Güterstraße (nördlich P. 1550) abfährt und gemütlich zur Lindauer Hütte (1744 m) trottet.

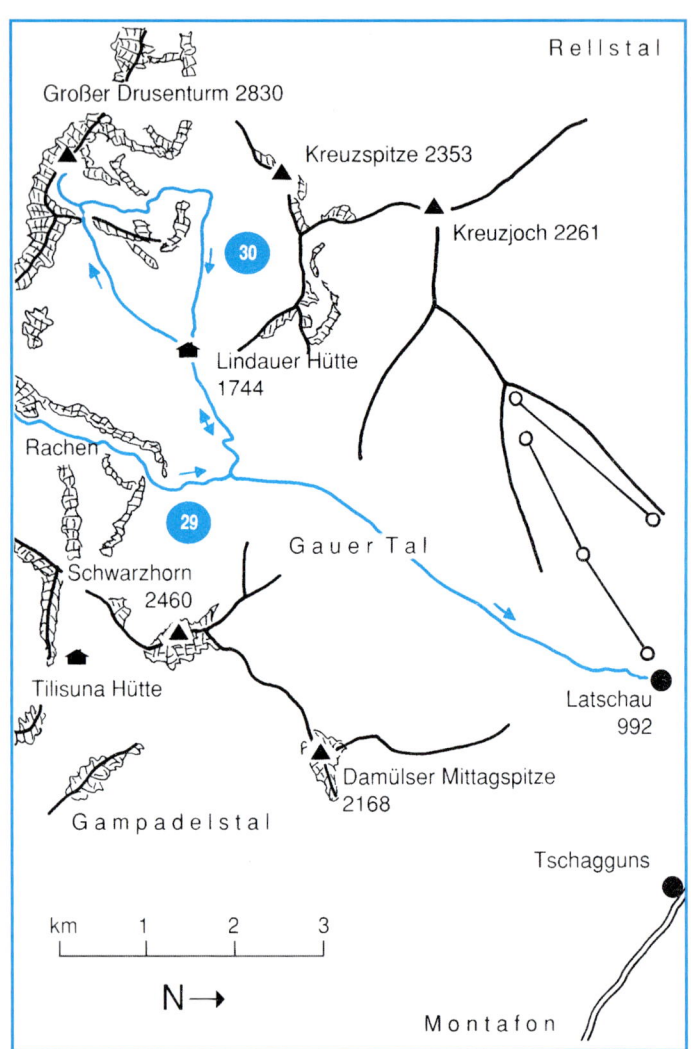

R e l l s t a l

Großer Drusenturm 2830

Kreuzspitze 2353

Kreuzjoch 2261

30

Lindauer Hütte
1744

Rachen

29

G a u e r T a l

Schwarzhorn
2460

Tilisuna Hütte

Latschau
992

Damülser Mittagspitze
2168

G a m p a d e l s t a l

Tschagguns

km   1   2   3

N →

M o n t a f o n

**Durchs Sporertobel und Abfahrt durch das Gauer Tal
nach Latschau ob Tschagguns**

Touren-Steckbrief

Schwierigkeit: GS(SGS). Fast anhaltend steil. Das Sporer-
tobel ist auf 500 Hm durchschnittlich 27°, im oberen Teil aber
teils deutlich über 30°. Auch die Hänge zur Lücke südlich beim
Sporerturm sind steil, der Übergang zur Lücke selbst sehr
abschüssig und sehr ausgesetzt. Nur bei stabilen Schneever-
hältnissen in den großen nordseitigen Hängen.
Höhenunterschied: Rund 1100 m von der Lindauer Hütte.
Von dort nach Latschau 750 m Abfahrt/Abstieg.
Zeit: Aufstieg 3 Std., Abfahrt zur Hütte 1 Std.
Lage: N.

An einem sonnigen Märznachmittag saßen wir vor der Lindauer Hütte, blinzelten durch die Tannen hindurch gegen den
Rachen hinauf, durch den wir eben heruntergeglitten waren.
Die Sonne schien heiß, das Frühlingsskitour-Gefühl machte sich,
zum ersten Mal in der Saison, wohlig breit. Der Hüttenwirt hatte
vor ein paar Tagen zwei Kisten Bier in den Winterraum gestellt,
davon tranken wir jetzt an der sonnigen Stirnseite der Hütte.
Doch lange vor dem Abend ging die Sonne unter, rutschte hinter die Drusentürme, die mehr als 1000 m oberhalb der Hütte
in die Höhe schießen. Da wollten wir morgen hinauf, in diese
wilde Szenerie, über diese Steilhänge, durch eines dieser Tobel?
Nervös nahmen wir noch einen Schluck. Es gibt längere, höhere, auch schwierigere Skitouren als den Großen Drusenturm von
der Lindauer Hütte. Aber ob es viele schönere gibt?
Aufstieg: Von der Lindauer Hütte (1744 m) westwärts auf eine
Ebene. Über den Rücken im östlichen Teil des riesigen NNO-
Hangs ansteigen, in der Nähe von P. 2170 nach rechts abdre-

hen und gegen die Lücke südlich des Sporerturm zuhalten. Entlang des Sommerwegs auf einem Schneeband ausgesetzte Querung nach rechts, dann linkshaltend aufwärts in die Lücke. Durch den oberen Teil des Sporertobel gerade hinauf in eine Verflachung zwischen Klein (2754 m) und Mittlerem Drusenturm (2782 m; mit Kreuz). Westwärts über einen Aufschwung und von Süden zum Gipfelsteinmann des Groß Drusenturm (2830 m).

Abfahrt: Wie Aufstieg. Eine Spur eindrucksvoller als die Abfahrt über die Aufstiegsroute ist die Abfahrt durchs ganze Sporertobel. Von seiner Verflachung (Tiergarten) deutlich nach links bis ganz ins Öfental hineinfahren und durch dieses hinab auf die Ebene westlich der Lindauer Hütte.

Abfahrt nach Latschau: Von der Lindauer Hütte auf der Güterstraße durch den Porzalengawald und weiter auf ihr auf der rechten Seite des Gauer Tales talauswärts (einzelne Serpentinen lassen sich abkürzen). Zuletzt auf der linken Talseite zur Siedlung Latschau und zur Talstation der Golmerbahn (auch Busstation) am Stausee (992 m).

Wochenende auf dem Schamserberg

Adula Alpen

An- und Rückreise: Von Chur mit der RhB [940] nach Thusis, mit dem Postauto Richtung Andeer [940.30] bis Zillis und dann [940.32] nach Mathon und Wergenstein. Bei der Abfahrt vom Bruschghorn zum Glaspaß: Von Tschappina mit dem Postauto [940.23] nach Thusis oder von Safien Platz mit dem Postauto [920.10] zur RhB-Station Versam – Safien und mit dem Zug [920] nach Chur.

Ausgangspunkt: Mathon (1527 m) oder Wergenstein (1489 m) auf dem Schamserberg.

Unterkunft: Berggasthaus Albiert Flurin in Mathon, Tel. 0 81/6 61 21 80. Hotel Piz Vizan in Wergenstein, Tel. 0 81/6 61 15 25.

Material: Steigeisen für den Piz Beverin; evtl. ein Seil zum Sichern alpinistisch unerfahrener Tourenskiläufer.

Karten: 257 S Safiental; 1235 Andeer sowie 1215 Thusis für Abfahrt vom Bruschghorn zum Glaspaß.

Jahreszeit: Dezember bis März. Der Piz Beverin wird viel begangen. Bei ganz günstigen Schneeverhältnissen kann von Mathon oder Wergenstein über die offenen Wiesen nach Donath (1044 m) unten im Talboden abgefahren werden.

Ausweichtouren:

1) »Gipfel« P. 2602 statt Piz Beverin: Bis Alphütten Mursenas auf der Beverin-Route, dann über einen sich immer deutlicher herausbildenden Rücken nordwestwärts über P. 2208 zu P. 2525 und nach links zum Gipfel (2602 m) – es ist einer, obwohl er keinen Namen hat (dieser wird laut einer Gipfelbuch-Notiz von 1991 noch gesucht). Schwierigkeit MS, knapp 1100 m und gut 3 Std. von Mathon; lawinensicher sowie empfehlenswerter als das benachbarte Einshorn (2457 m).

2) Runal (2705 m) oder Piz Tarantschun (2768 m) statt Bruschghorn: Von P. 2334 auf den Weiden der Alp Tumpriv mehr oder weniger einem Bachlauf entlang in den Sattel (2605 m) zwischen Piz Tarantschun und Runal (2705 m) und nach rechts zum Gipfel. Vom Sattel kann auch der Piz Tarantschun (2768 m) erklommen werden. Besser ist allerdings die Route von der Schulter P. 2503 über die westliche Begrenzung der SO-Flanke (zwei Aufschwünge).

Der grüne Talkessel der Val Schons (Schamser Tal) breitet sich zwischen den Hinterrhein-Schluchten der Via Mala und der Rofla an den uralten Alpenpaßrouten des Splügens und des San Bernardinos aus. Hauptort des Durchgangstals ist Andeer, bekannter ist Zillis mit seiner Kirche und ihrer romanischen Bilderdecke aus dem Jahre 1160. Westlich von Zillis reichen lediglich von Wäldern unterbrochene Wiesen himmelwärts; 600 Meter über dem Talgrund liegen auf dem Schamserberg die drei schmucken Bauerndörfer Lohn, Mathon und Wergenstein. Darüber setzen sich riesige, ziemlich hindernisfreie, mehrheitlich nach Südosten gerichtete Hänge fort, die im Piz Beverin und seinen südlichen Nachbarsbergen gipfeln. Wer dort hinauf die Ski mitnimmt, wird eine via buna, einen guten Weg, erleben. Allerdings ist das Skitourenparadies bedroht: die Hänge sollen mit Bahnen und Liften erschlossen werden. Via mala halt doch …

31 Piz Beverin (2997 m)

Von Mathon über den SO-Grat oder seine Flanken

Touren-Steckbrief

Schwierigkeit: GS(SGS) bei Abfahrt über SO-Grat und O-Flanke. GAS für die Route über den ganzen SO-Grat oder bei Skidepot in der Beverinlücke. Der SO-Grat ist nicht übermäßig steil, aber unterhalb von P. 2769 (Metalleiter) recht schmal und abschüssig. Vom Fuß dieser Leiter geht es über die O-Flanke (34° auf 200 Hm) oder über den unteren Teil der S-Flanke (noch ein Spur steiler und auch ausgesetzter) in die Tiefe. Lawinengefahr an verschiedenen Stellen im Gipfelbereich; in Zweifelsfällen ist die Route über den Beverin Pintg und den ganzen SO-Grat am sichersten.

Höhenunterschied: Aufstieg und Abfahrt 1470 m von Mathon; von Wergenstein 40 Hm mehr.

Zeit: Aufstieg 4^1/$_2$–5 Std.; Abfahrt 1^1/$_2$–2 Std.

Lage: Hauptsächlich SO (die W-Seite des SO-Grates bleibt aber zum Glück recht lange im Schatten).

Bei der Anreise durch das Domleschg sollten wir rechts in der Fahrtrichtung sitzen, um durchs Waggonfenster die verschneite Pyramide des Piz Beverin auf uns einwirken zu lassen. Auf diese unnahbare Spitze mit Ski, bis zum höchsten Punkt? Das ist möglich, einigermaßen beständiger Schnee vorausgesetzt. Wenn wir dann am nächsten Tag nach dem kräftezehrenden Aufstieg beim großen Steinmann des Piz Beverin sitzen und die Namen ins Gipfelbuch schreiben, fühlen wir uns erhaben, aus naheliegendem Grund. Eckpfeilermächtig beherrscht der Piz Beverin die nähere Umgebung, mit zerfurchten Riesenwänden bricht er gegen Norden und Westen ab, und vom nach SO geneigten Gipfeldach gibt es nur zwei Abgänge. Welchen wir wählen, hängt von den Verhältnissen, auch von den eigenen, ab. Im folgenden sei die Überquerung des Berges mit Aufstieg von der Beverinlücke und mit Abfahrt über den SO-Grat und die O-Flanke näher beschrieben. Übrigens: Die Aussicht vom Piz Beverin ist unbeschreiblich!

Aufstieg: Vom Postgebäude Mathon (ca. 1540 m) nordwestwärts durch ein Tälchen in direkter Linie hinauf zur oberen Alp Tgoms (1931 m). Den Graben der Val Mirer am einfachsten auf der Erschließungsstraße südwestwärts queren. Man kann ihn auch weiter oben, westlich der Alphütten von Mursenas, überwinden. Über die großen Hänge von Blasatscha westwärts zur Kuppe P. 2442, wo eine offene Unterstandshütte liegt. Etwas abfahrend ins Tal der Alp Nursin und durch dieses zusehends steiler werdende Tal in die Beverinlücke (2826 m; ohne Namen auf der LK). Gipfelanstieg zu Fuß entlang dem SW-Grat, wobei die untersten Felsstufen rechts ausholend in sehr steilen Schneerinnen (bis knapp 40°) umgangen werden. Man gelangt auf eine Schulter und, nochmals rechts ausholend, schließlich zum flachen Gipfeldach, über das der Steinmann des Piz Beverin (2997 m) erreicht wird.

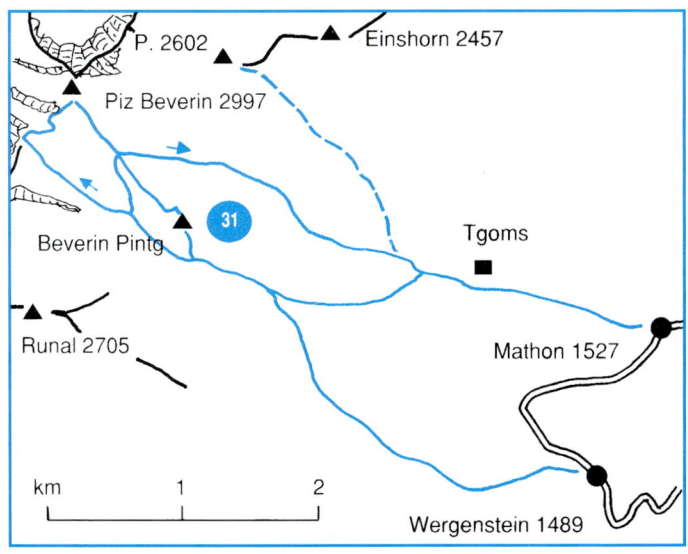

Abfahrt: Über den enger und steiler werdenden SO-Grat bis zur schmalen Lücke mit der 12 m hohen Metalleiter (sie führt über eine Felsstufe auf P. 2769). Nun links steil über die Ostflanke kurven (Felsbänder!). Sowie das Gelände flacher wird, dreht man rechts ab und erreicht rechts des Baches der Val Mirer die Aufstiegsroute. Von der Lücke kann auch linkshaltend den Felsen entlang über die S-Flanke ins Tal der Alp Nursin abgefahren werden.

Varianten:

1) Aufstieg über den ganzen SO-Grat: Von der Kuppe P. 2442 nordwärts zum Beverin Pintg, der rechts ausholend gewonnen wird. Über den recht schmalen Grat zu P. 2769, Abstieg über die Metalleiter und Aufstieg zum Gipfel. Es lohnt sich, wenn der Grat nicht ganz abgeblasen ist, die Ski mitzunehmen.

2) Aufstieg von Wergenstein: Auf der Route zum Bruschghorn bis zu den nördlichen Hütten der Alpsiedlung Dumangs. Nordwestwärts zur Bücke (1783 m) über den Larischbach und in der gleichen Richtung weiter zur Kuppe P. 2442. Das Val da Larisch kann auch weiter oben, unterhalb der Alp Tumpriv, überquert werden, worauf man dann direkt zur Alp Nursin aufsteigt.

Bruschghorn (3056 m) 32
Von Wergenstein/Mathon mit Abfahrt zum Glaspaß und ins Safiental oder nach Tschappina

Touren-Steckbrief

Schwierigkeit: GS. Steilstes Stück ist der Hang in den Sattel westlich des Piz Tuf (knapp 30° auf 150 Hm). Lawinengefahr vor allem im großen Hang von Turniez zwischen Dumangs und Alp Tumpriv. Die Abfahrt ins Tal der Carnusa und zum Glaspaß verlangt einwandfreie Schnee- und Wetterverhältnisse. Früh starten.

Dank der Metalleiter an einem Felsabsatz des Südostgrates bleibt der Piz Beverin auch bei nicht perfekten Schneeverhältnissen zugänglich. Aber festhalten muß man sich auf alle Fälle.

Höhenunterschied: Aufstieg 1570 m; Abfahrt ins Tal der Carnusa 1470 m; dazu gut 200 m Wiederaufstieg zum Glaspaß und 540 m Abfahrt/Abstieg nach Safien Platz oder 270 m Abfahrt nach Tschappina.

Zeit: Aufstieg 5–5^1/$_2$ Std.; von Mathon 30 Min. mehr rechnen. Abfahrt nach Wergenstein rund 1^1/$_2$–2 Std., ins Safiental 2^1/$_2$–3^1/$_2$ Std.

Lage: Hauptsächlich O und recht viel S; Abfahrt ins Tal der Carnusa NO.

Das Bruschghorn ist der höchste Gipfel der Splügener Kalkberge und Beverinkette, die wiederum der nordöstlichste Ausläufer der Adula Alpen sind. Begrenzt wird er im Westen vom Safiental, in das seine auf der Ostseite mäßig geneigten Gipfel mit durchfurchten, über 1000 m hohen Wänden abbrechen. Trotzdem kann vom Bruschghorn ins Safiental abgefahren und zuletzt abgestiegen werden, nämlich durch das nach Norden gerichtete Tal der Carnusa. Es ist dies eine rauhe Route. Freundlicher ist die Abfahrt zurück nach Wergenstein, genußvoll vor allem bei Firn, während bei Pulverschnee schon etwas Stockarbeit zu leisten ist. Wer in Mathon Unterkunft gefunden hat, muß am Morgen noch etwas früher aufstehen. Ist unterwegs absehbar, daß die Verhältnisse bei der Abfahrt nur noch mäßig sein werden, so gibt der Piz Tarantschun (2768 m) ein sinnvolles Ersatzziel ab.

Aufstieg: Von Wergenstein (1489 m) auf einem Rücken westwärts hoch und durch eine Mulde zu den nördlichen Gebäuden von Dumengs. Schräganstieg durch den großen Nordosthang von Turniez bis zu einem Bachlauf (westlich P. 1990) und durch das Tälchen hinauf zu den Gebäuden der Alp Tumpriv (2190 m). Über flache Hänge ostwärts zu einer Schulter (P. 2503). Auf einer Geländeterrasse am S-Fuß von Piz Tarantschun und Piz Tuf entlang zu P. 2556 und recht steil in einen Sattel bei P. 2819 westlich des Piz Tuf. Auf dem Grat ansteigen, P. 2962 nordseitig umgehen (Schneebrettgefahr) und über den O-Grat auf den höchsten Punkt des Bruschghorns (3056 m).

Abfahrt zum Glaspaß: Vom Gipfel über den NO-Hang bis in eine Mulde westlich P. 2789. Links durch ein Tälchen über Schönbode auf die Verflachung bei P. 2407. Höhe haltende Hangquerung zur Trifthütte (2381 m). Links in eine Steilmulde einfahren, diese nach links in einen noch steileren Hang (bei P. 2262) verlassen und hinunter auf eine Terrasse. Nun gibt's zwei Möglichkeiten:

a) Bei ganz sicheren Verhältnissen direkt nordostwärts hinab zu P. 1776, wobei die beste Durchfahrt durch die felsdurchsetzte Steilstufe östlich der auf der LK markierten Erdböschung erfolgt.
b) Sicherer ist die Fahrt Richtung Mittler Hütte, bis in den großen Hangeinschnitt südlich davon; nun hinab zum kleinen See bei Alt Stafel und rechtshaltend zu P. 1776. Durch lichten Wald zur Under Hütte, unterhalb über bewaldete Steilstufe zum Carnusa

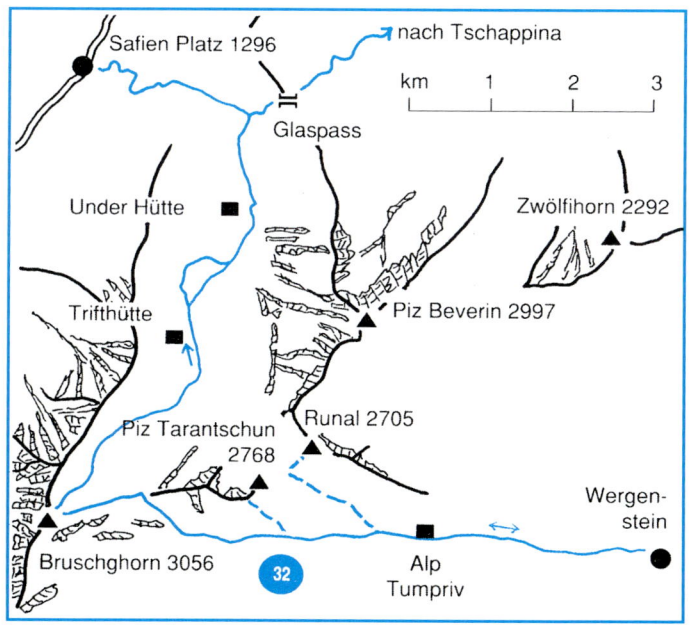

Safien Platz 1296

nach Tschappina

km   1   2   3

Glaspass

Under Hütte

Zwölfihorn 2292

Trifthütte

Piz Beverin 2997

Runal 2705

Piz Tarantschun 2768

Wergenstein

Bruschghorn 3056

32

Alp Tumpriv

bach und dem Ufer entlang zur Brücke (1583 m). Auf dem Wanderweg zum Glaspaß. Zwei Weiterwege:

a) Ins Safiental: Nicht bis zum Paß aufsteigen, sondern nur zu den ersten Gebäuden (1817 m) und von dort Schräganstieg über Matten auf die Erschließungsstraße (ca. 1850 m) nach Inner-Glas. In diese Siedlung, dann dem alten Saumweg entlang zum Ausgleichsbecken (1296 m) von Safien Platz; bis zur Waldlichtung Uf der Stägen (in ca. 1520 m) können im besten Fall die Ski benützt werden, danach ist es besser, wenn der eine Steilschlucht querende Weg fast schneefrei ist.

b) Nach Tschappina: Ganz hinauf in den Glaspaß (1846 m) und auf der Straße nach Ober-Tschappina (1577 m).

Varianten:

1) Aufstieg von Mathon: Entweder auf der Straße bis Lavanos (ca. 1500 m) nördlich von Wergenstein und durch eine Waldlichtung zur Hauptroute ansteigen. Oder auf der Beverin-Route bis Alp Tgoms und auf der Erschließungsstraße flach auf die Alp Tumpriv. Wer zurück nach Mathon will, fährt in jedem Fall besser nach Wergenstein ab.

2) Von P. 2407 der Carnusaroute des Bruschghorns kann man bei guten Verhältnissen, wobei gerade zu Beginn eine heikle Stufe zu überwinden ist, in den Sattel zwischen Piz Tarantschun und Runal gelangen.

Wochenende im Safiental

Adula Alpen

Anreise: Mit der RhB [940] von Chur nach Thusis und mit dem Postauto [940.30] über Splügen nach Nufenen.

Rückreise: Mit dem Postauto [920.10] von Thalkirch zuhinterst im Safiental zur Bahnstation Versam-Safien und mit der RhB [920] nach Chur.

Ausgangspunkt: Nufenen (1569 m) im Rheinwald.

Unterkunft: In CH-7435 Splügen verschiedene Hotels, Verkehrsverein Tel. 0 81/6 50 90 30, Fax 6 50 90 31, Internet: http://www.splugen.ch. Gasthaus Rheinwald in Nufenen, Tel. 081/

6 64 13 90. Berggasthaus Turrahus im Safiental, Betten und Lager, ganzjährig geöffnet, Telefon 0 81/6 47 12 03 (frühzeitig buchen!); Jugendherberge Safien Thalkirch, 28 Plätze, Tel. 0 81/ 6 47 11 07. Gasthaus Rathaus in Safien Platz, Tel. 0 81/6 47 11 06.

Material: normale Skitourenausrüstung.

Karten: 257 S Safiental, 267 S San Bernardino; 1234 Vals, 1235 Andeer, 1254 Hinterrhein.

Jahreszeit: Mitte Februar bis Mitte April. Wettertel. von Splügen 081/6509032; Schnee- und Pistenbericht 081/6509019.

Besonderes: Wer das Bruschghorn, diesen das Safiental mit seiner zerrissenen Westwand dominierenden Gipfel, besteigen will, fährt nur bis Safien Platz und steigt durch das Tal der Carnusa zum höchsten Punkt der beiden Bergketten, die das Tal umranden (Tour 32). Man kann natürlich auch ein paar Tage im Safiental verbringen und noch von weiteren Gipfeln eigene Spuren über breite, nur mäßig steile Osthänge ziehen.

Vor mehr als 600 Jahren machte eine Gruppe von Walsern den Weg vom Rheinwald nordwärts über die Berge, auf der Suche nach einer neuen Heimat. Sie fand diese im Safiental, einem 30 km langen Seitental des Vorderrheintals. Tourenskiläufer entdeckten erst in der Zwischenkriegszeit dieses stille Tal, sprachen – insbesondere von seinem hinteren Teil – von »einem der idealsten Skigebiete des Bündner Oberlandes«, vom einem »Paradies für Skifahrer«.

Abfahrt in dieses gelobte Land, nicht vom Safierberg, über den die Walser gezogen waren und der später regen Saumverkehr sah, sondern vom Bärenhorn. Durch nordseitige Hänge zum Turrahus schwingen und sich heimisch fühlen in diesem alten Walserhaus, dessen Name nicht etwa von »Touren« oder vom Bündnerischen »Tura« stammt, sondern von »Turm«. Oder talauswärts weiter nach Thalkirch mit seiner museumswürdigen Jugendherberge gehen. Am andern Morgen die sonnigen Hänge des Piz Tomül befahren und später ins Postauto steigen, das auf einer atemberaubenden Strecke hinausfährt, um dann in die Rheinschlucht zur Bahnstation hinabzutauchen.

Rheinwald – Safiental: eine Fahrt vom Hinter- zum Vorderrhein. Ein Wochenende mit Geschichte und Genuß.

33 Bärenhorn (2929 m)

Von Nufenen im Rheinwald nach Turrahus im Safiental

Touren-Steckbrief

Schwierigkeit: GS. Der Hang oberhalb Sandböden beim Aufstieg auf den NO-Grat ist 33° steil; dort auch Gefahr von Trieb- und Naßschnee. Lawinengefahr im Gipfelhang sowie in der Steilstufe beim Ruobstein. Nur bei sicheren Verhältnissen.
Höhenunterschied: Aufstieg 1360 m; Abfahrt 1240 m.
Zeit: Aufstieg 4 Std.; Abfahrt 1¹/₂–2 Std.
Lage: Aufstieg S, O; Abfahrt NO, N.

Das Bärenhorn, das Wortspiel sei erlaubt, ist bärenstark. Als Knotenpunkt der drei Täler von Rheinwald, Safien und Vals bietet es eine einmalige Aussicht in alle Himmelsrichtungen; nach Süden ist besonders der Blick auf die Tambo-Surettahorn-Gruppe aufschlußreich, und mit seinen bündnerschiefrigen Flanken ermöglicht es nicht weniger als vier verschiedene Skirouten. Die direkteste und sonnigste ist diejenige von Nufenen.

Aufstieg: Vom östlichen Dorfteil von Nufenen über den Rücken hoch zur Straßenverzweigung P. 1676. Auf dem Alpsträßchen über den Prascher Bach nach Börtli. Über den sehr schönen Rücken von Höheggen bis auf die Verflachung bei P. 2479.1. Waagrechte Querung ins Butzner Tälli. In seiner Achse auf die Sandböden, wobei man die Kuppe von P. 2675 von Westen erreicht. Schräganstieg über den steiler werdenden Sonnenhang auf den NO-Grat des Bärenhorns. Entlang von diesem auf den Gipfel (2929 m).

Abfahrt: Durch den schönen Gipfelhang nordostwärts auf eine Schulter (P. 2689) am Nordgrat des Klein Bärenhorn (2811; ohne Namen auf der LK). Weiter über die große Schrägrampe von Längeggen bis in ein ausgeprägtes Tälchen. Darin hinab bis etwa 2150 m (Felsabbrüche weiter unten!), dann nach rechts auf einen Absatz zuhalten (Ruobstein auf der LK) und über einen

Rücken in den Talgrund hinunter. Am rechten Ufer der Rabiusa talauswärts, bei der Talbiegung an das linke Ufer wechseln, bei der ersten Brücke wieder zurück und auf dem Sträßchen weiterhin flach, vorbei an einem Staubecken zum Turrahus (1694 m). Wer in die Jugendherberge in Thalkirch will, wandert noch 20 Min. weiter nach Norden.

Variante Strätscherhorn: Bei ganz sicheren Verhältnissen ist es lohnend, vom Bärenhorn rechts des Nordgrates Richtung Bärenlücke abzufahren (im unteren Teil ein paar Felsstufen), bis hinunter auf einen Absatz (P. 2402) unterhalb der Lücke. Nun steiler Schrägaufstieg über den Bärensunnigi-Hang (Gefahr von Naßschneerutschen) in flaches Gelände. Zuerst nord- und zuletzt ostwärts auf das Strätscherhorn (2558 m). Herrliche Abfahrt in östlicher, dann nordöstlicher Richtung in den Talgrund, der südlich des Staubeckens erreicht wird. Zeitlicher Mehraufwand gegenüber der Direktabfahrt vom Bärenhorn 30 Min.

Ein Skibergsteiger-Paar stemmt sich im eisigen Höhenwind auf den Gipfel des Bärenhorns hoch. Der Schnee ist pickelhart, das Rheinwaldtal unten schon grün.

34 Piz Tomül/Wissensteinhorn
(2945 m)

Vom Turrahus über die O-Seite

Touren-Steckbrief

Schwierigkeit: GS. Der SO-Grat ist teilweise ziemlich schmal, aber gut befahrbar. Ziemlich lawinensicher.
Höhenunterschied: Aufstieg und Abfahrt je 1250 m.
Zeit: Aufstieg $3^1/_2$ – 4 Std.; Abfahrt 1–$1^1/_2$ Std.
Lage: O.

Der höchste Gipfel der 30 km langen Kette, die das Safiental vom Valsertal und Lugnez trennt, hat zwei Namen: Piz Tomül oder auch Wissensteinhorn. Jedoch nur eine Bezeichnung verdienen seine Abfahrten ins Safiental, sowohl die sichere über den SO-Grat als auch die steile in der O-Flanke: grandios!

Aufstieg: Vom Turrahus (1694 m) südwestwärts ansteigen, mehr oder weniger einem Alpweg entlang. Auf etwa 1900 m dreht man leicht rechts ab und steigt über P. 2106,9 gegen die Rotflue hoch. Nördlich vorbei auf den SO-Grat des Piz Tomül und gegen den Gipfel. Der Grathöcker von P. 2822 wird links umgangen; kurz darauf kommt man in eine Mulde, aus der rechtshaltend der Gipfelfirst gewonnen wird. Der höchste Punkt (2945 m) ist ausgesetzt.

Abfahrt: Wie Aufstieg.

Variante Direktabfahrt: Vom Gipfel kurz auf dem Anstiegsweg zurück in die Mulde, dann direkt über die O-Flanke hinunter (32° auf 250 Hm), wobei es zweimal eine sehr steile Durchfahrt zwischen Felsen zu erwischen gilt. Nur bei besten Verhältnissen! Schwierigkeit: SGS.

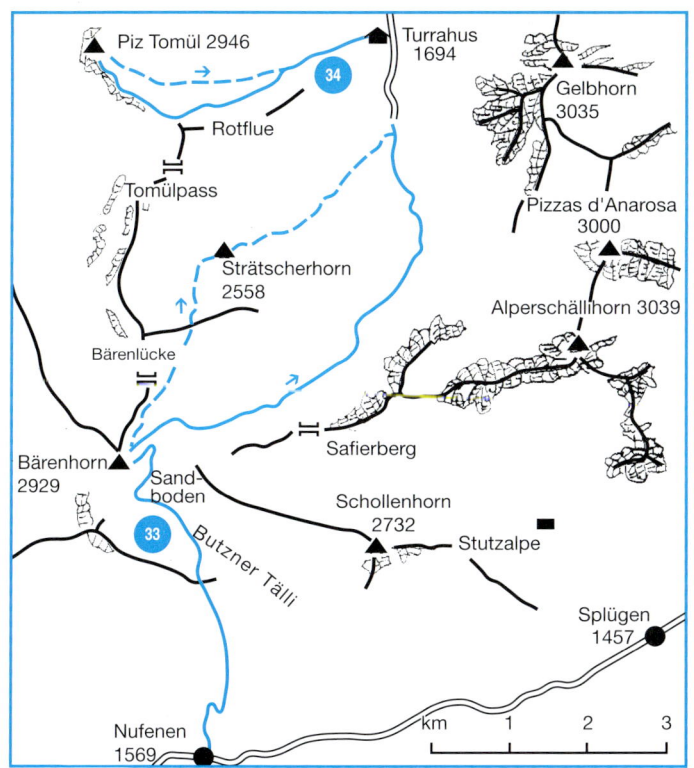

Piz Tomül 2946

Turrahus 1694

34

Gelbhorn 3035

Rotflue

Pizzas d'Anarosa 3000

Tomülpass

Strätscherhorn 2558

Alperschällihorn 3039

Bärenlücke

Safierberg

Bärenhorn 2929

Sandboden

Schollenhorn 2732

Stutzalpe

33

Butzner Tälli

Splügen 1457

Nufenen 1569

km 1 2 3

Wochenende im Piz d'Err-Gebiet

Albula Alpen

Anreise: Von Chur mit der Rhätischen Bahn [940] zur Haltestelle Preda (1789 m), der letzten vor dem Albulatunnel, einem wahren Meisterstück der Eisenbahntechnik, bei dem die Züge über Kehrtunnels (zwischen Bergün und Preda) an Höhe gewinnen.

Rückreise: Von Tinizong mit dem Postauto [900.85] nach Tiefencastel und mit der Rhätischen Bahn [940] nach Chur.

Unterkunft: Jenatschhütte (Chamanna Jenatsch) des SAC (2652 m), um Ostern und Pfingsten bewartet. In Preda: Hotel Kulm, Tel. 0 81/4 97 11 46. Auskünfte: Verkehrsverein Bever, Tel. 0 81/8 52 49 45, Fax 8 52 49 17.

Material: Normale Skitourenausrüstung.

Karten: 258 Bergün, 268 S Julierpaß; 1236 Savognin, 1237 Albulapaß, 1256 Bivio.

Jahreszeit: Von Februar bis April möglich, im April im letzten Teil zu Fuß nach Tinizong.

Die Albula Alpen sind ein vielfältiges Tourengebiet. An schönen Wochenenden überlaufen sind sie nur dort, wohin man mit dem Auto am leichtesten zu den Ausgangspunkten kommt: in der Umgebung des Julier- und in der Umgebung des Flüelapasses. Gut besucht ist aber auch unser Stützpunkt, die Jenatschhütte des SAC (2652 m). Die meisten Tourengeher steigen vom Julierpaß zur Fuorcla d'Agnel auf und fahren zur Hütte ab. Zurück geht es dann auf dem gleichen Weg zum geparkten Auto. Benützer öffentlicher Verkehrsmittel haben es besser. Sie können ungebunden die schönsten Routen quer durch diesen herrlichen Teil der Albula Alpen wählen.

Piz Laviner (3137 m)

Von Preda durch die Val Mulix zur Chamanna Jenatsch

35

Touren-Steckbrief

Schwierigkeit: GAS. Lawinengefährdung vor allem oberhalb der Alp Mulix!

Höhenunterschied: Aufstieg 1300 m; Abfahrt 490 m.

Zeit: Aufstieg 4$^{1}/_{2}$ Std.; Abfahrt 1 Std., längere Flachstücke.

Lage: Aufstieg NO; Abfahrt SO.

Unser Aufstieg führt über eine Route, die man sich für einen späteren Aufenthalt als Abfahrt vormerken sollte: großartige, einsame Kare mit jener Steilheit, die die Herzen (guter) Skiläufer höher schlagen lassen. Unsere Abfahrt zur Jenatschhütte dagegen besteht weitgehend aus Querungen. Da tröstet die Vorfreude auf den nächsten Tag!

Aufstieg: Von der Bahnstation Preda (1789 m) leicht abwärts durch den flachen Talboden zum Weiler Naz (1747 m). Am linken Ufer des Mulix-Baches durch Waldschneisen und lichten Wald über die Alp Mulix (2001 m) Richtung Talschluß. Der Talschluß ist durch einen Felsabbruch gesperrt. Man umgeht ihn links und steigt auf, bis man oberhalb des Abbruchs wieder einqueren kann (heikelste Stelle des Anstiegs!). Man steigt Richtung Westen querend auf und biegt dann nach Süden in eine steile Mulde ein, die anschließend durch ein sanfteres Gegenstück und zur Fuorcla Biever (2949 m) führt. Die Beschreibung klingt komplizierter als der Anstieg ist: Man wird gewissermaßen durch die begrenzenden Felsflanken »geführt«. Von der Scharte quert man unterhalb des Gipfelaufbaues nach rechts, bis man eine deutlich ausgeprägte Rinne sieht, die vom Gipfel herabzieht. Zu dieser Rinne steigt man auf. Skidepot. Je nach den Verhältnissen über steilen Firn und/oder unschwierige Felsen zum höchsten Punkt des Piz Laviner (3137 m).

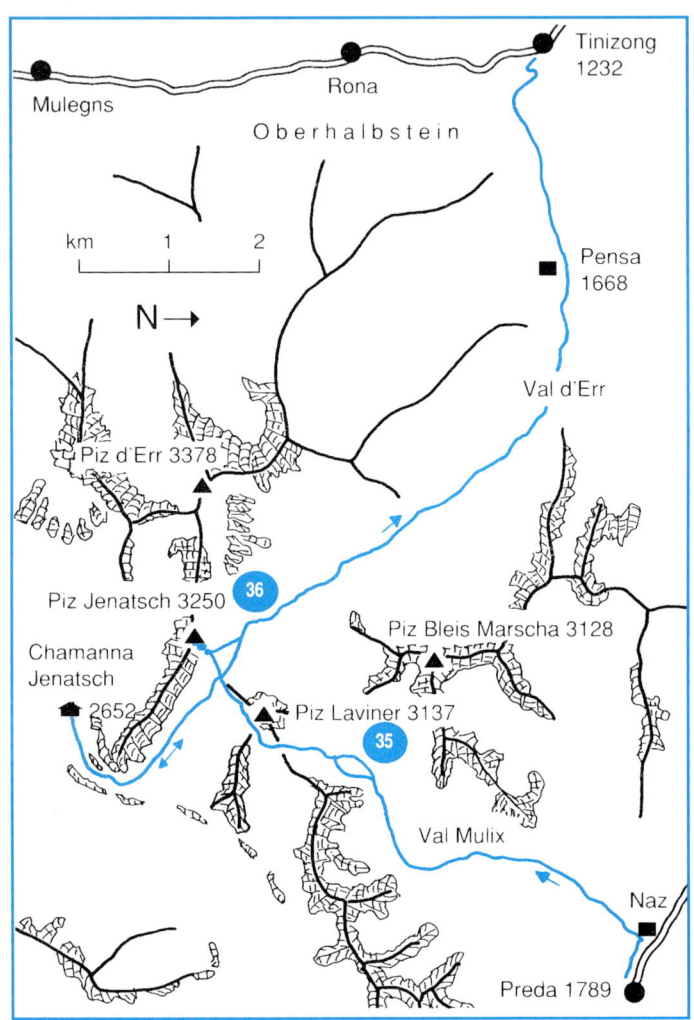

Mulegns

Rona

Tinizong
1232

Oberhalbstein

km   1   2

N→

Pensa
1668

Val d'Err

Piz d'Err 3378

Piz Jenatsch 3250   36

Piz Bleis Marscha 3128

Chamanna
Jenatsch

2652

Piz Laviner 3137   35

Val Mulix

Naz

Preda 1789

Abfahrt: Vom Skidepot quert man in die Mulde ein, die von der Einsattelung zwischen Piz Jenatsch und Piz Laviner herabzieht. Frühzeitig, jedenfalls aber vor einem deutlichen Flachstück in einer Höhe von etwa 2700 m, hält man sich nahe der rechten Flanke. In einem Rechtsbogen um P. 2663 herum und in einer langen Querung (felsdurchsetzt, steil, aufgrund der Sonnenlage am Nachmittag Naßschneerutschen möglich) zur Jenatschhütte (2652 m).

Piz Jenatsch (3250 m)

Von der Chamanna Jenatsch über den NO-Grat, Abfahrt nach Tinizong

Touren-Steckbrief

Schwierigkeit: GAS. Mäßige Lawinengefährdung, vor allem bei der Querung steiler Flanken.

Höhenunterschied: Aufstieg 600 m; Abfahrt je nach Schneelage bis zu 2000 m.

Zeit: Jenatschhütte – Piz Jenatsch 2$^{1}/_{2}$ Std. Die Riesenabfahrt nach Tinizong kann viel Zeit kosten – abhängig vom skiläuferischen Können, der Zahl der Teilnehmer, vor allem aber von der Qualität und Quantität der Schneeverhältnisse, die es vielfach nur erlauben, bis zum Weiler Pensa (1668 m) abzufahren; man sollte mit mindestens 2$^{1}/_{2}$ Std. rechnen.

Lage: Aufstieg SO, NO; Abfahrt NW.

Aussichtsreiche Gipfel gibt es viele, kaum einen aber, der mit einer Riesenabfahrt wie der Piz Jenatsch aufwarten kann: Sie führt bei guter Schneelage bis nach Tinizong (1232 m) – 2000 Höhenmeter! Hütte und Gipfel haben ihren Namen nach dem wehrhaften Bündner Politiker Jürg Jenatsch (1596-1639), dem Conrad Ferdinand Meyer ein lesenswertes literarisches Denkmal gesetzt hat.

Aufstieg: Wie bei der gestrigen Abfahrt von der Hütte in einem weiten Bogen um die südöstlichen Ausläufer des Piz Jenatsch (»Crasta Jenatsch«, P. 2963) herum und weiter zum kleinen Laviner-Gletscher. Über den Gletscher zur Laviner-Scharte (3002 m). Skidepot. Ausgezeichnete Skiläufer können bei sicheren Schneeverhältnissen die Ski noch weit hinauf mitnehmen (bis 40° steil). Über den Nordostgrat (meist gute Stapfen, gelegentlich Blöcke) ohne besondere Schwierigkeiten zum Gipfel.

Abfahrt: Wer die Ski höher oben am Grat deponiert hat, fährt in die ungemein steile Nordostflanke ein. Skiläuferische Normalverbraucher beginnen die Abfahrt oberhalb der Laviner-Scharte – immer noch ansehnlich steil (die obersten 300 Hm durchschnittlich 28°). Erst im Talschluß, bei 2213 m, endet der Abfahrtsrausch vorerst: Ziemlich sanft geht es zur Alp d'Err (2177 m) hinaus und – je nach den Verhältnissen im Talboden oder auf einem Fahrweg auf der rechten Talseite – weiter zur Alp Viglia (1974 m). Spannend wird es noch einmal bei einer Bachschlucht, die man am besten auf einem Weg, diesmal auf der linken Talseite, überwindet. Wenig später ist das Alpdorf Pensa (1668 m) erreicht. Am Ende des Talbodens (1659 m) beginnt eine Fahrstraße, die nach Tinizong (1232 m) hinabführt. Sie läßt sich nur selten abkürzen, weil sie in einer langen Querung um einen Bergrücken führt.

Dieser schmale Gratrücken bringt uns ohne besondere Schwierigkeiten auf den Piz Jenatsch.

Skitouren im April

Im April beginnt die Saison der Skihochtouren so richtig anzu-laufen, mit ganz hohen Bergen, mit Gletschern meistens und allem, was dazu gehört, mit Gipfelanstiegen zu Fuß teilweise, mit gut bis zu gut besetzten Hütten. Und doch locken weniger hohe und unvergletscherte Berge noch, auch wenn die Ski manchmal schon eine halbe Stunde lang bis zur Schneegrenze getragen werden müssen. Ideale Firnverhältnisse finden sich unterhalb von 3000 m häufig im April, in sonn- wie schattseiti-gen Hängen. Das unstabile Aprilwetter bringt Schneefälle mit sich, was im Hochgebirge zu tagelangem Andauern von gefähr-lichen Lawinenverhältnissen führt, während das Vorgebirge schneller wieder zugänglich ist. Und noch etwas muß, wie schon seit März, aber nun in verstärktem Maß beachtet werden: die tageszeitliche Erhöhung der Lawinengefahr. Ein in den frühen Morgenstunden sicherer Hang kann schon am Mittag gefähr-lich sein. Deshalb muß die Lage der Hänge – besonders der-jenigen, die sich oberhalb der befahrenen Route befinden – bei der Routenplanung berücksichtigt werden. Ein weiterer Rat-schlag: früh aufstehen. Auf Frühlingsskitouren ist man nie zu früh, aber häufig zu spät dran. Letzteres gilt für große, mehr-tägige Touren im ewigen Schnee und Eis wie auch für Tages-touren auf dem letzten Firn in den Voralpen. Man kann ja am Nachmittag nach- und vorschlafen, vor einer Hütte – oder vor einem Heustadel, wo die Krokusse für neues Weiß sorgen.

Wochenende am Splügenpaß

Westalpen und Ostalpen

An- und Rückreise: Mit der RhB [940] von Chur nach Thusis und mit dem Postauto [940.30] nach Splügen; die Station davor ist Sufers.
Ausgangspunkt: Splügen (1457 m).
Unterkunft: In CH-7435 Splügen verschiedene Hotels, Ver-kehrsverein Tel. 0 81/6 50 90 30, Fax 6 50 90 31; Internet: http://www.splugen.ch. Posthotel Bodenhaus, Tel. 0 81/ 6 50 90 90.

Material: Steigeisen, Pickel und Seilerei für den Pizzo Tambo. Für das Surettahorn genügen Steigeisen.

Karten: 257 S Safiental, 267 S San Bernardino; 1235 Andeer, 1254 Hinterrhein, 1255 Splügenpaß.

Jahreszeit: März/April. Bei günstigen Verhältnissen natürlich auch schon früher. Die Bergbahnen sind von Dezember bis etwa Mitte April in Betrieb. Pisten- und Schneebericht, Tel. 0 81/6 50 90 19; Wettertel. 0 81/6 50 90 32.

Ausweichtouren:

1) Guggernüll (2886 m) statt Pizzo Tambo: Von der Tanatzhöhi/Bergstation der Gondelbahn (2145 m) Pistenabfahrt zur Tamboalp (2032 m). Über den Tambobach, nordwestwärts in eine breite, ziemlich steile Rinne hinauf und darin südwestwärts auf eine Anhöhe (P. 2455,1). Westwärts durch eine langgezogene Mulde weiter gegen den Übergang Gemschschlucht und auf dem SO-Grat, zuletzt einige Felsen knapp rechts umgehend, mit Ski bis zwei Meter unter den Gipfel des Guggernüll. Abfahrt wie Aufstieg, oder ab 2440 m auf einer Rampe südwärts ausholend zum hinteren Kessel der Tamboalp. Von dort mit dem Sessellift auf die Tanatzhöhi. Schwierigkeit: MS(GS); nicht ganz lawinensicher. Höhenunterschied: 850 m. Zeit: 2¹/₂ Std.

2) Mittaghorn (2561 m) statt Surettahorn: Auf der Surettahorn-Route bis zur Waldgrenze und ostwärts zum Unteren und Oberen Surettasee. Von der Seehütte nordostwärts flach in ein Tälchen hinein, darin linker Hand hoch, bis es nach links verlassen werden kann. Über ein Flachstück und zuletzt auf dem SW-Grat zum Mittaghorn; großer Steinmann auf dem Gipfelblock. Abfahrt wie Aufstieg. Schwierigkeit: im Wald GS, oben MS; bei richtiger Routenwahl fast lawinensicher (Gefahr im Tälchen). Höhenunterschied: 1100 m. Zeit: 3–3¹/₂ Std.

3) Skitouren von San Bernardino; vgl. Skitouren Zentralschweiz – Tessin, Steiger Verlag.

Besonderes: Splügen liegt an einer Wetterscheide (oft Alpensüdseite-Wetter). Wenn Anreise nicht am Vorabend erfolgen kann, empfiehlt sich als erste Tour das Surettahorn (allerdings mit Abfahrt über die NW-Hänge zurück nach Splügen). Und: Der Verkehrsverein organisiert jedes Jahr zusammen mit einem Bergführer Skitouren auf Pizzo Tambo und Surettahorn. Abends anreisen, mit der »Postkutsche« von Thusis durch die Via

Mala und weiter bis Splügen, dem Paßdorf im Rheinwald mit den sonnenverbrannten Bauernhäuser und den südländisch anmutenden Palazzi im gut erhaltenen Dorfkern. Ein charaktervolles Dorf mit einer lebendigen Vergangenheit, verkehrsmäßig günstig seit alters her an wichtigen Alpenpässen (Splügen und San Bernardino) gelegen und umgeben von großen Skibergen. Kein Wunder, daß nicht wenige Skitourenfahrer nach Splügen fahren. An einem schönen Frühlingswochenende kann es schon vorkommen, daß alle Betten der Hotels und Ferienwohnungen ausgebucht sind; dazu die Tagesausflügler aus Mailand, Stuttgart und Zürich. Am Nachmittag treffen sie sich mit roten Köpfen und glänzenden Augen vor den Hotels Suretta, Bodenhaus oder Tambo, bestellen Bier und Bündner Nußtorte, schwärmen von der Tour und planen die nächste.

37 Pizzo Tambo (3279 m)
Von Splügen

Touren-Steckbrief

Schwierigkeit: GAS. Obwohl der Pizzo Tambo viel besucht wird, ist die Tour kein Morgenspaziergang. Am O-Grat ist eine Rinne auf 160 Hm 35° steil. Der Gipfelaufstieg zu Fuß ist sehr steil und ziemlich ausgesetzt; der Einstiegskamin in die Gipfelfelsen ist mindestens eine IIer-Stelle, ohne Eis (bei vielen Seilschaften kommt es zu Staus). Lawinengefahr beim Nordausstieg am Lattenhorn und in der Steilrinne am O-Grat. Nur bei sicheren Verhältnissen.
Höhenunterschied: Aufstieg 1060 m; Abfahrt vom Skidepot 1650 m (bis zur Rheinbücke in Splügen; die letzten 40 m meistens zu Fuß).
Zeit: Aufstieg 3^1/$_2$–4 Std. bis Gipfel; Abstieg mindestens 30 Minuten, Abfahrt 1^1/$_2$–2 Std.
Lage: NO, O.

Besonderes: Unbedingt bei Betriebsbeginn der Lifte (8 Uhr) losziehen (wenn in Betrieb!). 1 Std. von der Talstation bis zur Bergstation des Bodenstafel-Skilifts (P. 2215) einplanen. Tourenkarte für den Tambo lösen. Wer von Splügen auf der Abfahrtsroute aufsteigt, muß mit $5^1/_2$–6 Stunden rechnen (1820 Hm).

Der Pizzo Tambo ist der erste Gipfel der Westalpen. Über den Splügenpaß verläuft die allgemein anerkannte Grenze zwischen Ost- und Westalpen (Bodensee – Rheintal – Chur – Hinterrhein – Splügen – Chiavenna – Lago di Como – Lecco). Der Pizzo Tambo ist gleichzeitig der höchste Punkt der 60 km langen Gebirgskette, die sich vom Rheinwald in Nord-Süd-Richtung bis hinunter zum Monte Boglia bei Lugano erstreckt und die Grenze zwischen Italien und der Schweiz bildet. Der Pizzo Tambo ist aber vor allem als vierkantige, steilflankige Pyramide einer der formschönsten und auffälligsten Gipfel der Bündner Berge. Und schließlich ist der Pizzo Tambo auch ein großartiger Skiberg, der trotz seines bequemen Zugangs mit Gondelbahn und Skilift erfahrene Skialpinisten verlangt und diese mit einer langen, abwechslungsreichen Abfahrt verwöhnt.

Aufstieg: Mit der Gondelbahn auf die Tanatzhöhi (2145 m), Schrägfahrt auf der Piste taleinwärts nach Bodmenstafel (1790 m) und mit dem Bodmenstafellift hinauf auf eine Schulter (P. 2215) nördlich des Alpetlistocks. Anfellen. (Man kann auch von der Tanatzhöhi entlang der Piste hinauf.) Den Alpetlistock in seiner O-Flanke flach ansteigend umgehen. Über den großen Hang zwischen Pizzo Tamborello und Lattenhorn hinauf und Aufstieg über einen steilen und zuletzt schmalen Hang auf eine Schulter (ca. 2770 m) auf dem O-Grat des Lattenhorns. Bei sehr sicheren Verhältnissen kann seine steile S-Flanke zum O-Grat des Pizzo Tambo gequert werden. Meistens ist es jedoch besser, gegen einen See schräg abzufahren. Auf der S-Seite des O-Grates zu einer steilen Rinne. Durch diese hinauf auf eine Kuppe und weiter auf der S-Seite des O-Grates an den Beginn des sehr steilen Gipfelaufbaus; Skidepot westlich P. 3096. Zu Fuß über einen zusehends steiler und schmäler werdenden Firnhang zu den Gip-

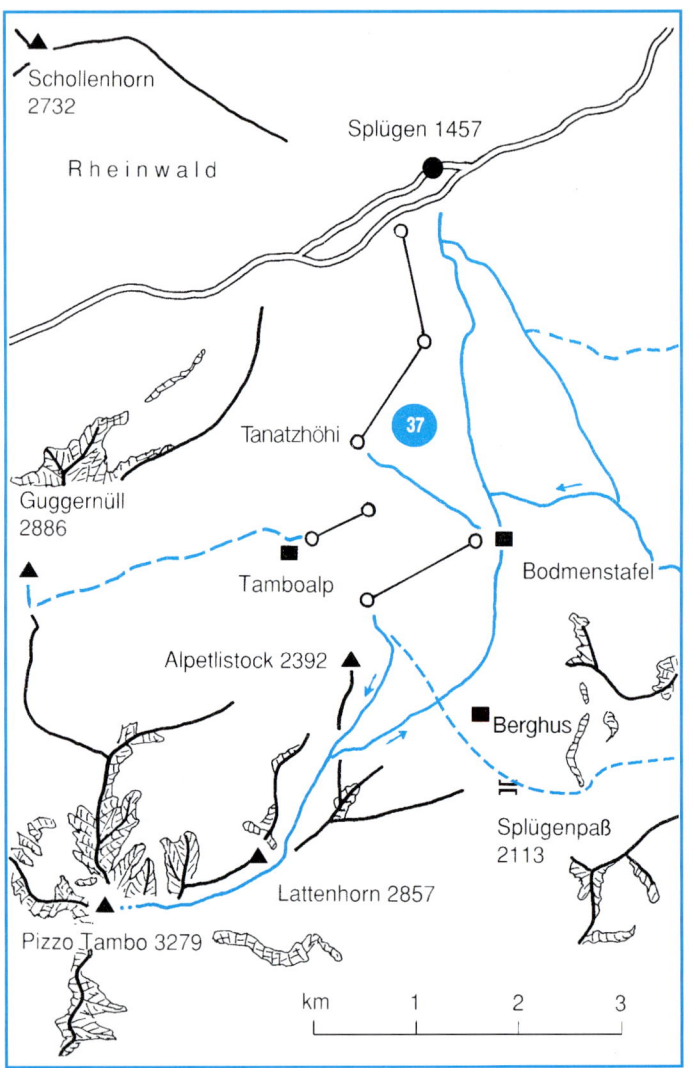

Schollenhorn
2732

R h e i n w a l d

Splügen 1457

Tanatzhöhi

37

Guggernüll
2886

Tamboalp

Bodmenstafel

Alpetlistock 2392

Berghus

Splügenpaß
2113

Lattenhorn 2857

Pizzo Tambo 3279

km 1 2 3

felfelsen. Über eine Steilstufe hochklettern und über den Fels-
und Schneegrat weiter sehr abschüssig zum Gipfelkreuz des
Pizzo Tambo (3279 m).

Abfahrt: Wie Aufstieg bis vor die Querung um den Alpetlistock.
Nun ostwärts hinunter, auf einem Rücken nördlich am Berghaus
Splügen vorbei, in den Talboden. Auf der Paßstraße talaus, bis
eine Piste rechts abzweigt und direkt durch den Taleinschnitt
abwärts führt. Man kommt zu einem großen Parkplatz (ca. 1500
m). Auf der Straße zur Rheinbrücke (1457 m) von Splügen.

Variante Splügenpaß: Von der Schulter auf dem O-Grat des
Lattenhorns ostwärts weiter auf italienischem Staatsgebiet zum
Splügenpaß (2113 m) und nordwärts in die Schweiz zurück.

Surettahorn (3027 m)
Von Splügen mit Abfahrt durchs Tal von Suretta
nach Sufner Schmelzi

Touren-Steckbrief

Schwierigkeit: GAS. Der Gipfelanstieg ist bei günstigen Verhältnissen eine Schneestapferei, erst ganz oben einige Felsen;
sehr gute Skifahrer können die Ski bis etwa 2950 m auf eine
Schulter im N-Grat mitnehmen (39° steil). Bei überlegter
Routenwahl wenig lawinengefährdet (außer im Gipfel-
bereich). Die Abfahrt ins Tal von Suretta nur bei ganz sicheren
Verhältnissen; die Strecke durch den Schwarzwald ist ruppig.
Der Schwarzhorngletscher ist nur mehr ein Firnfeld; der Suretta-
gletscher weist hingegen eine Eisbruchzone auf, die aber
umfahren wird.
Höhenunterschied: Aufstieg 1570 m; Abfahrt 1690 m.
Zeit: Aufstieg 5 Std.; Abfahrt 2–3 Std.
Lage: Aufstieg NW; Abfahrt NO, N.

Das Surettahorn ist der erste Gipfel der Ostalpen – oder der letzte; es ist aber gewiß ihr westlichster Dreitausender. Das Suretta-

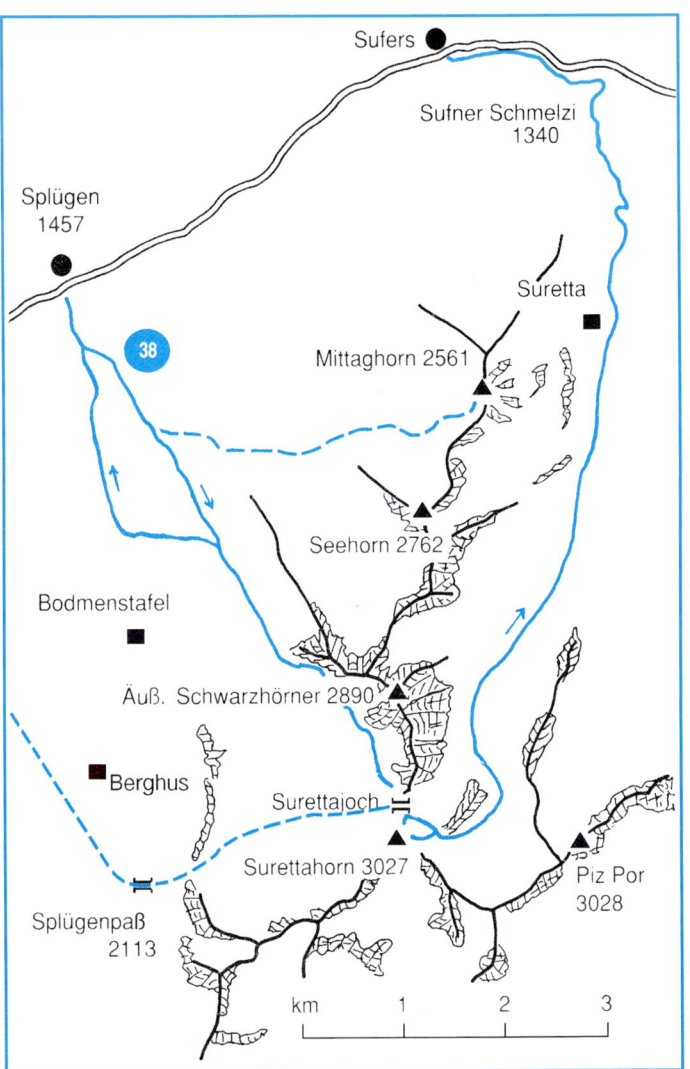

Sufers

Sufner Schmelzi
1340

Splügen
1457

38

Suretta

Mittaghorn 2561

Seehorn 2762

Bodmenstafel

Äuß. Schwarzhörner 2890

Berghus

Surettajoch

Surettahorn 3027

Piz Por
3028

Splügenpaß
2113

km   1   2   3

horn ist die Nummer zwei hinter dem Pizzo Tambo in Splügens Tourenangebot und ein vielseitiger Skiberg mit Routen auf allen Seiten. Bei der Abfahrt zurück nach Splügen sind einige Querungen nicht zu vermeiden. Großzügiger ist die Abfahrt nach Suretta, in ein ursprüngliches Tal; doch wie so oft liegen Schönheit und Häßlichkeit ganz nahe beieinander: Die Surettaabfahrt endet nach einer oft mühsamen Waldpartie an der Sufner Schmelzi, wo früher Eisen geschmolzen wurde und heute auf der A13 Metallkarossen ununterbrochen vorüberlärmen.

Aufstieg: Von der Rheinbrücke (1457 m) in Splügen südwärts die Paßstraße hoch bis in eine Kurve (P. 1492). Auf der teilweise bewaldeten, östlichen Begrenzung der Hüscherenbachschlucht an die Waldgrenze (P. 1815,7). Schräganstieg über den großen Westhang der Räzünscher Alpen bis in eine Mulde oberhalb des Chistentobels (ca. 2200 m). Nun weiter in der Grundrichtung Südost zum Schwarzhorngletscher, in einer Folge von Mulden, die im Osten von den Felstürmen der Äußeren Schwarzhörner eingefaßt sind. Den Schwarzhorngletscher südwärts durch ein Tälchen zu einem Sattel verlassen und dahinter linkshaltend ins Surettajoch (2858 m). Zu Fuß (die Ski evtl. tragen) knapp östlich des im unteren Teil felsigen Nordgrates über einen steilen Schneehang hoch, dann auf dem Grat selbst zum West- und Hauptgipfel des Surettahorns (3027 m).

Abfahrt: Vom Surettajoch oder von der Schulter im N-Grat Querung des steilen Nordhanges in eine Firnlücke (ca. 2860 m) im NO-Grat des Surettahorns (zwischen O-Gipfel und P. 2795). Unter Umständen ist es aber besser, die Ski auf den Hauptgipfel mitzunehmen und über den luftigen Verbindungsgrat zum O-Gipfel zu tragen. Zuerst kurz steil auf den Surettagletscher hinunterfahren. Nun herrliche Abfahrt durch eine breite Mulde hinab. Auf etwa 2500 m hält man in steilerem Gelände nach links hinüber, dann einfach in der Talachse bis auf die Talsohle hinunterschwingen. Zuerst links des Surettabaches, dann rechts, aber ab den Alpgebäuden definitiv links talauswärts und genau auf dem schmalen Alpweg durch den dichten Schwarzwald nach Sufner Schmelzi. Rechtshaltend unter der Autobahn hindurch zu Gebäuden (1340 m). Talaufwärts auf dem Wanderweg (und über eine gedeckte Holzbrücke) etwa 30 Min. nach Sufers (1426 m) und seiner Postauto-Haltestelle marschieren.

Varianten:

1) Wer vom Surettahorn nach Splügen zurückfährt, sticht mit Vorteil nördlich des Chistentobels in der Fallinie auf die Paßstraße hinab.

2) Aufstieg via Splügenpaß: Von der Bergstation des Bodmenstafel-Skiliftes (2215 m) südostwärts die Hänge, möglichst Höhe haltend, queren bis zur Straßengalerie (ca. 2060 m) oberhalb des Berghauses. Auf der Straße in den Splügenpaß und ostwärts über den häufig abgeblasenen Steilhang (36° auf 100 Hm), wobei man am besten dem Sommerweg folgt. Ausgesetzte Querung zum Bergseeli (2311 m); hier auch Schneebrettgefahr. In gewelltem Gelände aufs Flachstück bei P. 2634 und durch die steiler werdende Mulde hinauf ins Surettajoch. Weiter auf der oben beschriebenen Route. 3 Std. ab Skilift.

Erstes Wochenende im Avers

Oberhalbsteiner oder Averser Alpen

Anreise: Mit der RhB [940] von Chur nach Thusis und mit dem Postauto [940.40] ins Avers.

Rückreise: Von der Haltestelle am Marmorera-Staudamm mit dem Postauto [900.85] nach Tiefencastel (oder natürlich auch über den Julierpaß ins Engadin!) und mit der RhB [940] nach Chur.

Ausgangspunkt: Pürd (1921 m) im Avers.

Unterkunft: Hotel Pürterhof in Pürd, Tel. 0 81/6 67 11 13: ein uraltes Walserhaus mit viel Ambiente und allem nötigen Komfort. Evtl. im Hotel Alpina in Juppa oder in Juf übernachten; vgl. zweites Wochenende in Avers. Verkehrsverein, CH-7447 Cresta (Avers), Tel. 0 81/6 67 11 67 oder 6 67 11 66, Fax 6 67 12 02.

Material: Pickel und Steigeisen für den Piz Platta; evtl. Seil zum Sichern wenig erfahrener Skialpinisten.

Karten: 267 S San Bernardino, 268 S Julierpaß; 1255 Splügenpaß, 1256 Bivio, 1275 Campodolcino (nur für den alleröbersten Teil des Chlin Hüreli).

Jahreszeit: Großhorn/Chlin Hüreli von Dezember bis anfangs Mai. Piz Platta März/April, bei sicheren Verhältnissen.

Ausweichtour: Statt Piz Platta der Piz Piot (Tour 61) von Juf oder evtl. auch das Gletscherhorn (Tour 60) aus der Bergalga; weitere leichtere Touren aus diesem Averser Seitental sind der Bödengrat (2952 m) oder der Wissberg (2980 m). Vom hintersten Täli beim Aufstieg auf den Piz Platta kann leicht und sicher nordwestwärts die Tälifurgga und von dort über den O-Rücken der Nordgipfel (2981 m) des Mittleren Wissberg erreicht werden (Schwierigkeit GS, $3^1/_2$ Std. von Pürd). Und wenn die Verhältnisse gar garstig sind, kann in Juppa mit dem Skilift gefahren werden.

Besonderes: Wem dieses Averser Wochenende mit dem kleinen Großhorn und dem großen Piz Platta zuwenig ausgewogen ist, steigt am Samstag aufs Gletscherhorn (Tour 60). Eine größere Herausforderung ist der Piz Timun (3208 m) aus der Val Niemet mit Ausgangspunkt Innerferrera; Gasthaus Alpenrose, Tel. 0 81/6 67 12 13.

»Wandert in der Schweiz, solang es sie noch gibt«, das ist der Titel eines Wanderbuches, das 1987 erstmals erschien und seither nur wenig von seiner Aktualität verloren hat. Der Autor Jürg Frischknecht beschreibt darin vorder- und vor allem auch hintergründig »35 Wanderungen durch Gegenden, die noch in diesem Jahrhundert für Stauseen, Schießplätze, Autopisten und den Touristenzirkus geopfert werden sollen« (Klappentext). Auch unser erstes Wochenende im Hochtal Avers berührt solche Gegenden: Von den beiden Gipfeln am ersten Tag sehen wir in das stauseebedrohte Val Madris hinab (vgl. Tour 58); am Ostfuß des Piz Platta, den wir am folgenden Tag überschreiten, liegt die Val Bercla, die überflutet werden soll, womit eine der ganz großen Abfahrten in Graubündens Bergen direkt in einem Stausee enden würde. Für das Elektrizitätswerk der Stadt Zürich, das diesen Pumpspeicher bauen und betreiben will, ist dies kein Gegenargument für ihre geplante Atomstrom-Veredelungsanlage.

»Auch wenn wir uns auf alten Walserpfaden befinden, so scheint es mir notwendig, die aktuellen Probleme, die unsere Wanderungen immer wieder tangieren, nicht außer acht zu lassen«, schreibt Kurt Wanner in seinem 1989 erschienenen Wanderbuch »Unterwegs auf Walserpfaden«. Diese Bemerkung zur Wanderung aus dem Avers über die Fallerfurgga in die Val Bercla dürfen wir auch auf Skitouren ganz allgemein beziehen, wenn der Schnee die Gebirgslandschaft noch reiner und heiler macht. »Der Zauber der Alpenwelt, der uns stets von neuem beeindruckt, sollte nicht zu einem faulen Zauber werden«, heißt es weiter in diesem Wanderbuch: »Es geht einfach nicht an, daß wir in die Berge gehen und dort genau das zerstören, was wir angeblich suchen: die reine Luft, die Ruhe und Stille, die intakte Landschaft ... Wenn wir uns an den Naturschönheiten der Berge freuen, sollten wir uns auch verpflichtet fühlen, für deren Erhaltung einzustehen – sonst verlieren wir den letzten Rest an Glaubwürdigkeit.«

39 Großhorn (2780 m) – Chlin Hüreli (2789 m)

Von Pürd über die NO-Seite

Touren-Steckbrief

Schwierigkeit: MS. Nur die beiden Gipfelhänge sind etwas steiler und unter Umständen auch schneebrettgefährlich. Die Route über den NO-Rücken zum Chlin Hüreli ist lawinensicher.
Höhenunterschied: Aufstieg und Abfahrt je 890 + 240 m (= 1130 m). Dazu noch Abstieg und Wiederaufstieg zwischen Pürd und Averser Rhein.
Zeit: Aufstieg 3 Std. + 45 Min.; Abfahrt 15 Min. + 1 Std. Insgesamt 5 Std.
Lage: NO.

Das Großhorn sowie das benachbarte, neun Meter höhere Kleinhorn, auf den jüngeren Blättern der Landeskarte Chlin Hüreli genannt (aber nicht zu verwechseln mit dem 1 km weiter südwestlich gelegenen Chlin Horn!), gehören zu den beliebtesten Skitouren im Hochtal Avers. Dieses sonnige Tal, als walserisches Siedlungsgebiet eine deutschsprachige Insel in rätoromani-

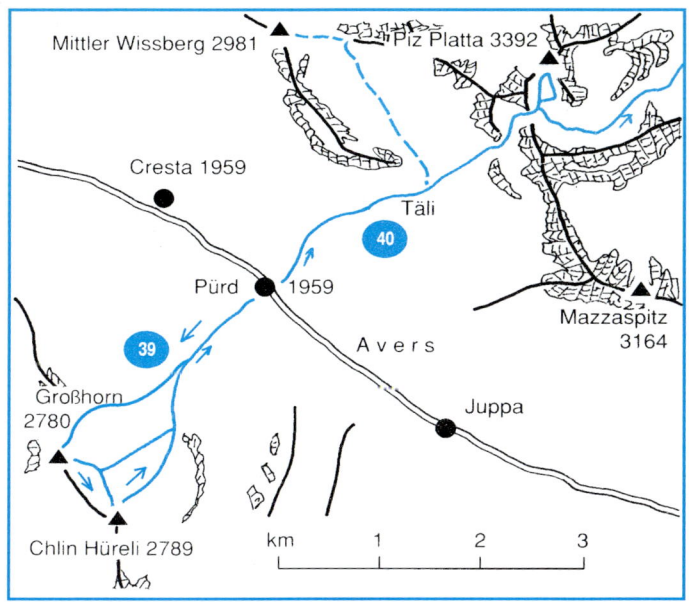

schem und italienischem Sprachgebiet, ermöglicht von seinen hochgelegenen (Juf ist das höchstgelegene, ganzjährig bewohnte Dorf in den Alpen) und schönen Bauernbergdörfern aus viele überaus reizvolle Skitouren. Großhorn und Chlin Hüreli, die gut miteinander kombiniert werden können, sind leicht und bei geschickter Spuranlage auch sicher erreichbar, mit ihrer breiten NO-Seite skiläuferisch zudem lohnend. Wenn die Witterung nicht zu warm ist, können Anreise, Aufstieg und Abfahrt auch an einem Tag erfolgen. Im weiteren hat man von den beiden Gipfeln einen guten Blick auf den Piz Platta mit seinem herausfordernden Westaufstieg.

Aufstieg Großhorn: Von Pürd (1921 m) auf dem Wanderweg zur Brücke (etwa 1890 m) über den Averser Rhein. An den Ausläufern des Capettawaldes vorbei auf die Pürder Alpa, wo der N- bzw. NO-Rücken des Chlin Hüreli ansetzt. Man zieht rechts

daran vorbei und erreicht über Stufen, die Schwachstellen des Geländes ausnützend, den N-Grat des Großhorns unterhalb des letzten Aufschwungs. Über den Grat zum Gipfel (2780 m).

Überquerung Großhorn – Chlin Hüreli: Bei günstigen Verhältnissen möglichst direkt über die O-Flanke abfahren und rechtshaltend auf den Fuß des steilen N-Hanges des Chlin Hüreli zusteuern (P. 2555). Durch diesen Hang linkshaltend hoch und zuletzt über den NO-Rücken auf den schmalen Gipfel (2789 m). Sicherer ist es allerdings, den NO-Rücken des Chlin Hüreli weiter unten bei P. 2469,5 zu gewinnen.

Abfahrt Chlin Hüreli nach Pürd: Über den ganzen Rücken zur Aufstiegsroute und zum Averser Rhein.

Piz Platta (3392 m)

Von Pürd zum Lai da Marmorera

40

Touren-Steckbrief

Schwierigkeit: GAS. Die Schwierigkeiten liegen eher im alpinistischen als skiläuferischen Bereich (es sei denn, man fährt nach Pürd zurück). Aufstieg: Der große Steilhang aus dem hintersten Täli ist bis 37° steil; die abschüssige Schneerinne, die in eine Lücke nördlich von P. 3137 m führt, ca. 45° auf 100 Hm. Nun bleiben noch die beiden Gipfelanstiege: Die Schrofenrinne in der W-Flanke des Gipfelkopfes ist kürzer (ca. 150 Hm), steiler (um 50°), ausgesetzter und schattiger als die Firnrinne in der S-Flanke. Einzelne steilere Hänge bei der Abfahrt in die Val Bercla (der harmlose Plattagletscher ist 33° auf 160 Hm). Lawinengefahr an mehreren Stellen; nur bei sicheren Verhältnissen.

Novemberabfahrt in der letzten Abendsonne vom Wengahorn (2848 m) oberhalb von Juf. Rechts oben leuchtet der Wissberg, in der Gaststube wartet das Essen.

Touren-Steckbrief (Fortsetzung)

Höhenunterschied: Aufstieg 1470 m + 180 m mit Wiederaufstieg zum Muttans Südsattel; Abfahrt 1170 + 720 m
(= 1890 m).
Zeit: Aufstieg 5 Std.; Abfahrt mit Wiederaufstieg 3–4Std.
Lage: Aufstieg W, SW; Abfahrt NO, O.

Es ist erstaunlich, daß es an diesem Berg, dem höchsten zwischen Piz Corvatsch und Rheinwaldhorn, gleich zwei Skirouten
gibt, die sich zu einer großartigen Überschreitung von West nach
Ost verbinden lassen. So gewaltig wie die Abfahrt in die Val Bercla ist die Aussicht: Von den weißen Verlockungen des Avers über
die Granitzacken des Bergell, die hochaufragenden Bernina-
spitzen, über den fernen Ortler und die nahen Gipfel der Piz-
d'Err-Gebietes mit ihren Steilabfahrten bis zum Tödi und Oberalpstock, zu den Berner Alpen mit dem Eiger und den Walliser Alpen
mit dem Matterhorn.

Aufstieg: Von Pürd (1921 m) nordwärts einen steilen Grashang
hoch, der links von Lawinenverbauungen begrenzt ist; auf dem
Rücken südlich des Mallegabaches ansteigen und auf etwa 2200
m links auf die Sonnenhänge hinüberqueren. Vom hintersten
Täli, unterhalb von Büel, nordostwärts einen steilen, von einer
Terrasse unterbrochenen Hang hoch, der in ein auffälliges
Becken führt. (Sein Zugang kann auch erreicht werden, indem
man vom Täli südwestwärts die Bandseen anpeilt und dann am
Fuß der felsigen Westseite des Tällihorns nordwärts ansteigt.) In
der Mulde steigt man auf der rechten Seite schräg einen zusehends steileren Hang an. Er setzt sich in einem sehr steilen,
felsdurchsetzten Couloir fort, das sich linkshaltend in eine Lücke
nördlich von P. 3137 im N-Grat des Tällihorn hinaufzieht (Ski
tragen). Nun sieht man den Gipfelkopf des Piz Platta, der sich
auf zwei Routen besteigen läßt: **a)** durch eine Mulde nordwärts
zum Beginn des Westgrates des Piz Platta, Skidepot auf etwa
3220 m. Über Schrofen leicht rechtshaltend in eine sehr steile
Firnrinne klettern, die direkt zum Gipfeldach führt. Nach links
ein paar Meter zum höchsten Punkt (3392 m). **b)** Von der Lücke
bei P. 3137 die Mulde queren und sich auf einem Band etablie-

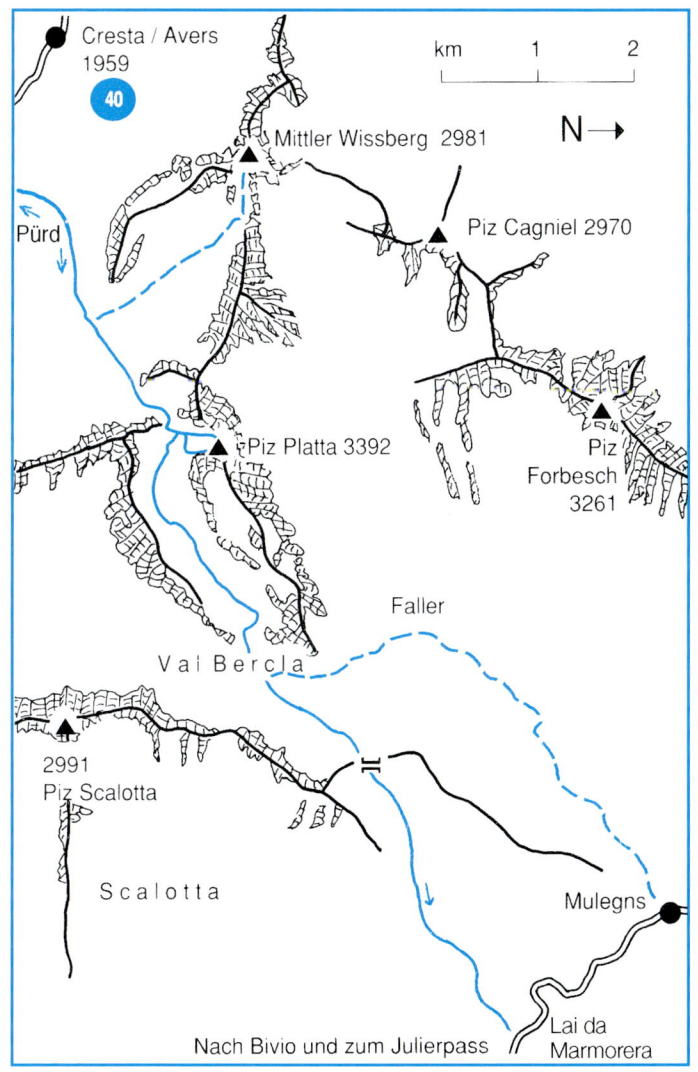

Cresta / Avers
1959

40

Mittler Wissberg 2981

Piz Cagniel 2970

Pürd

Piz Platta 3392

Piz
Forbesch
3261

Faller

Val Bercla

2991
Piz Scalotta

Scalotta

Mulegns

Nach Bivio und zum Julierpass

Lai da
Marmorera

km   1   2

N →

ren, die zur Rinne in der S-Seite des Piz Platta hinüberquert; Skidepot an ihrem Fuß auf ca. 3160 m. Durch die Rinne (etwa 45°; Befahrung scheint möglich) hoch aufs Gipfeldach.

Abfahrt: Von den jeweiligen Skidepots südwärts zum großen Hang des Plattagletschers (ohne Namen auf der LK). Auf seinem linken (nördlichen) Ufer abwärts und weiter nordostwärts, in einer Folge von Rücken und Mulden, bis auf eine Verflachung auf etwa 2420 m. Hier scharf nach rechts drehen und durch ein Tälchen steil in die Val Bercla hinab (der einzige Skiausgang aus der NO-Seite des Piz Platta). In der Val Bercla noch bis etwa 2220 m abfahren.

Wiederaufstieg und restliche Abfahrt: Nordostwärts, bei den Lajets vorbei, in den breiten Sattel (ca. 2400 m) südlich des Rückens Muttans (2440 m) aufsteigen. Nordostwärts durch eine Senke hinab an den Rand einer 100 m hohen Steilstufe. Diese am sichersten in ihrem mittleren Teil über einen Rücken überwinden und an ihrem Fuß rechtshaltend auf einen flachen Grat südlich von P. 2168 queren. Zuerst rechtshaltend, dann direkt die Hänge zu den Hütten von Pra Miez (1912 m) abfahren (eine weiter nördlich verlaufende Route apert schneller aus). Auf der rechten Seite des Baches im Wald abfahren, bis links eine Lichtung kommt. Entlang dem Sommerweg durch den Wald zum Staudamm des Lai da Marmorera und hinüber zur Postauto-Haltestelle (1684 m).

Variante Mulegns: Es ist auch möglich, durch die Val Bercla bis auf die Alp Faller zu kurven und auf dem Sträßchen durch die Val da Faller nach Mulegns (1486 m) zu fahren bzw. zu marschieren.

Verlängertes Wochenende im Ducan-Kesch-Gebiet

Albula Alpen

Anreise: Von Landquart mit der RhB [910] über Davos Platz nach Davos Glaris; hierher auch von Chur mit der RhB [910] über Filisur. Von Glaris mit dem Postauto [910.80] nach Monstein. Nach Glaris evtl. auch mit dem Postauto [900.86], das

Davos Platz mit Lenzerheide verbindet; fährt der Kurs nach Monstein nicht mehr, so bleibt man in diesem Postauto bis zur Haltestelle Ardüsch an der Abzweigung der Straße nach Monstein und geht von dort zu Fuß weiter. Eine letzte Möglichkeit: Mit der RhB bis Station Monstein fahren und zu Fuß (oder mit Ski, falls Schnee!) einen gemütlichen Abendaufstieg von 300 Hm ins Dorf hinauf machen.

Rückreise: Entweder von der Haltestelle Madulain oder der Haltestelle Cinuos-chel-Brail mit der RhB [960] nach Samedan und weiter nach Chur [940].

Ausgangspunkt: Monstein (1626 m).

Unterkunft: Hotel Ducan in Monstein, Tel. 0 81/4 01 11 13. Hotel Kurhaus in Sertig-Sand, Tel. 0 81/4 13 62 38. Chamanna digl Kesch SAC (2632 m), 85 Plätze (Winterraum mit 20 Plätzen), bewartet von Mitte März bis April sowie zuweilen an Pfingsten, Tel. 0 81/4 07 11 34.

Material: Für Gletscher Ducan und Chüealphorn genügen Steigeisen, für den Piz Kesch braucht man zusätzlich Pickel und Seil.

Karten: 258 S Bergün, 259 S Ofenpaß; 1217 Scalettapaß, 1237 Albulapaß, 1238 Piz Quattervals.

Jahreszeit: März bis Mai. Im Mai die Tour vom Engadin her machen, um insbesondere von den Nordhängen im Sertig zu profitieren (vom Gletscher Ducan zurück ins Sertig abfahren, was eine Tour mit leichtem Rucksack ermöglicht).

Ausweichtour: Vom Gletscher Ducan zurück nach Monstein und mit Bahn und Postauto ins Sertig. An den nächsten Tagen nur Pässe statt Gipfel. Rückzug von der Chamanna digl Kesch am schnellsten nach Bergün, der erste Teil der Abfahrt ist allerdings lawinengefährdet.

»Der Piz Kesch ist wohl der Sehnsuchtstraum der meisten Skifahrer, die in das ›Land der 150 Täler‹ kommen, soweit sie alpine Neigungen haben. Den Piz Kesch kennt jeder; er ist jedem genannt und gezeigt worden. Im Winter aber auf seinem Haupte zu stehen, bleibt für die meisten eben doch nur Wunsch und Traum. Denn der Piz Kesch ist hoch und steil und kalt.« Soweit ein Zitat aus Henry Hoeks 1931 in Hamburg erschienenem Buch »Schußfahrt und Schwung. Ein Brevier alpiner Abfahrten«. Wer sich etwas für die Geschichte des Skilaufs in den Alpen, insbesondere aber im Raum Davos interessiert, wird um Dr. Henry Hoek keinen Bogen machen können noch wollen.

Henry Hoek (1878-1951), in Davos als Sohn eines holländischen Rechtsanwalts geboren, Jugend in Holland, Auswanderung nach Deutschland, Studium (nun als deutscher Staatsangehöriger) der Geologie, als Offizier an der Ostfront, 1930 Auswanderung in die Schweiz und Niederlassung in Davos als Bergbuchautor, Sachbuchverfasser, Schriftsteller.

Andere Stichworte zu seinem Leben: Pionier des Skilaufs im Schwarzwald, Skierstbesteiger des Finsteraarhorns (1901), des Strahlhorns (1901), des Wetterhorns (1903), um nur ein paar große Gipfel zu nennen. Skierstbesteigungen im norwegischen Jöntunheimen. Eine Reihe Alleinerstbesteigungen in den bolivianischen Anden. Deutscher Langlaufmeister im Jahr 1901. Veröffentlichte 1903 einen der allerersten Ski(touren)führer: »Skifahrten im südlichen Schwarzwald.« Zahlreiche weitere folgen, wie »Parsenn« und »Skitouren in den Bergen um Davos«. Das Lehrbuch »Der Ski und seine sportliche Benützung« ist eines der meistgelesenen in der Zwischenkriegszeit. Damals auch beliebt: sein Werk mit dem Titel »Schnee, Sonne, Ski«.

Hoek verfaßte für den anfangs der 30er Jahre publizierten »Allgemeinen Ski-Tourenführer der Schweiz« das Kapitel zu Davos. Darin heißt es über das Kühalphorn, den zweiten Gipfel unseres verlängerten Wochenendes im Ducan-Kesch-Gebiet: »Das Kühalphorn bietet als höchster Gipfel der gleichnamigen Bergkette eine prachtvolle Aussicht und ist leicht zu besteigen. (...) Als Skitour ist es zweifellos erstklassig.«

Nun fehlt nur noch der Gletscher Ducan, der erste Gipfel auf der unten vorgeschlagenen kleinen Haute Route durch die östlichen Albula Alpen. Auch hier ein Zitat von Henry Hoek, aus dem Jubiläumsjahrbuch des Schweizerischen Ski-Verbandes, 1929: »Von allen Hochgipfeln um Davos ist der Gletscher Ducan mir der liebste Skiberg, dabei ein richtiger Gipfel, der auch den Bergsteiger erfreut.«

Touren-Steckbrief

Schwierigkeit: GS(SGS), wenn vom Gipfel abgefahren wird. GAS, wenn man ihn zu Fuß über den NO-Grat erreicht. Der Gipfelhang ist auf 80 Hm 39°, das Schlußstück zum höchsten Punkt ist etwas weniger steil, dafür ausgesetzt.

Der Steilhang bei Cheren ist auf 80 Hm ebenfalls 39°. Dort Lawinengefahr, sowie auch im Gipfelbereich des Gletschers Ducan. Gefahr von Naßschneerutschen bei der stark der Sonne ausgesetzten Querung von der Fanez- zur Ducanfurgga. Insgesamt braucht der Gletscher Ducan sichere Schneeverhältnisse.

Höhenunterschied: Aufstieg 1390 m; Abfahrt 1160 m.

Zeit: Aufstieg 4^1/$_2$ Std.; Abfahrt 1^1/$_2$ Std.

Lage: Insgesamt N.

Der Gletscher Ducan ist nicht der höchste, jedoch der geografisch wichtigste und – der Name sagt es schon – der einzige vergletscherte Gipfel im Gebiet, das durch Landwasser- und Abulatal sowie den Sertigpaß begrenzt ist. Er markiert den südlichsten Punkt der Gemeinde Davos, die mit 254 km^2 Fläche die zweitgrößte der Schweiz ist. Auch das Walserdorf Monstein, auf einer zur Sonne gerichteten Terrasse in einem Seitenast des Landwassertals, gehört dazu. Es wird meistens als Start und Ziel der Ducantour gewählt; die Abfahrt nach Monstein ist abwechslungsreich und bei Schnee bis zur Bahnstation hinunter überaus lang. Skiläuferisch ebenbürtig ist die Abfahrt durchs Ducantal; vor allem kann der große, 700 m hohe Nordhang in einem Zug, ohne anschließenden Wiederaufstieg zur Fanezfurgga, befahren werden. Allerdings ist eine Fahrt durch den schroffen und engen Ausgang des Ducantales ins Sertig hinab nur bei sicheren

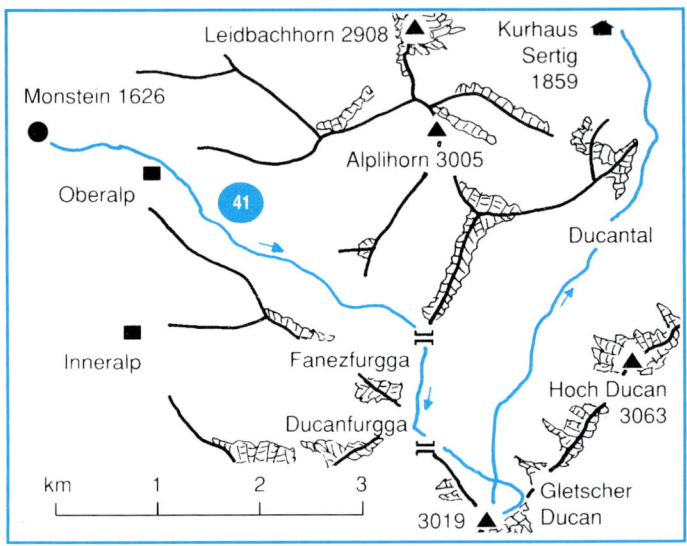

Schneeverhältnissen möglich; dasselbe gilt auch für den steilen Gipfelhang des Gletschers Ducan.

Aufstieg: Von Monstein (1626 m) auf oder entlang dem Sträßchen ostwärts durch das Tal hinauf zur Oberalp (1913 m). Taleinwärts weiter nördlich des Oberalpbaches bis hinauf auf die Verflachung von Fanezmeder (sie kann auch durch eine steile Mulde südlich des Baches erreicht werden). Südostwärts dem Talverlauf folgend über zwei Steilstufen hinauf zur Fanezfurgga (2580 m). Dort horizontale Querung von Steilhängen hinüber zur Ducanfurgga; unter Umständen ist es sicherer und bequemer, bis auf etwa 2540 m abzufahren und in einer links von Felsabbrüchen begrenzten Mulde aufzusteigen; sie wird auf 2600 m oder erst in der Nähe der Ducanfurgga (2666 m) nach links verlassen. Südostwärts zum Ducangletscher ansteigen, wobei man die Spur möglichst geschickt im gewellten Gelände anlegt.

Im Kessel auf ca. 2850 m bieten sich zwei Möglichkeiten an:

a) direkt über den steilen Gipfelhang in einen Schneesattel nördlich eines Felsturms, diesen rechts ausgesetzt umgehen und über einen kurzen Grat (Achtung vor Wächten) auf den Gipfel des Gletschers Ducan (3019 m).

b) Ostwärts, zuletzt auch ziemlich steil, in einen Sattel im NO-Grat des Gletschers Ducan (südwestlich P. 3020). Auf dem zusehends schmäler werdenen Grat auf einen Felskopf, von dem man abwärts in eine Lücke zwischen ihm und dem oben erwähnten Felsturm klettern muß. Nun rechts um diesen Turm zur Aufstiegsroute a).

Abfahrt: Über den Ducangletscher nordwärts hinab, westlich an den auffallenden Kuppen von P. 2780 und 2676 vorbei, bis auf einen Rücken südlich von P. 2575. Ostwärts durch eine Mulde auf eine Art Terrasse und hart an ihrem östlichen Rand, den riesigen Nordhang des Chlein Ducan nur streifend, hinunter zum Talboden. Talauswärts durchs Ducantal, spätestens ab etwa 2200 m auf der linken Talseite, bis zur Brücke über den Ducanbach. Auf der andern Seite steiler, kurzer Gegenanstieg auf die Terrasse von Cheren. Diese queren, bis man direkt ins Sertig hinabsieht. Nun genau entlang dem westlichen Sommerweg sehr steil durch das baum- und felsendurchsetzte Gelände hinunter in eine Lawinenrunse, der man abwärts zum Ducanbach folgt. Ihm entlang bis zum Kurhaus Sertig in Sand (1859 m); Postauto-Haltestelle.

Blick vom Gipfel des Ducangletschers zum Schneesattel nördlich eines Felsturms und ins Ducantal hinunter. All dies ist Skigelände vom feinsten.

42 Chüealphorn (3077 m)

**Von Sertig mit Überschreitung West – Ost
zur Chamanna digl Kesch**

Touren-Steckbrief

Schwierigkeit: GAS, wenn man die Ski am O-Grat deponiert. SGS, wenn man vom Gipfelfirst über die kurze, aber sehr steile (42° auf 100 Hm, Beginn noch steiler) N-Flanke hinunterfährt (nur bei optimalen Verhältnissen). Schneebrettgefahr in den Steilstufen (oberster Hang auf 120 Hm 33°) beim Aufstieg durchs Gletschtälli auf die Chüealpfurgga; mäßige Lawinengefahr an einigen Stellen bei der Abfahrt auf der Seite des Scalettapaß zur Alp Funtauna. Vorsicht vor Lawinen aus den steilen Talseiten beim Weiterweg zur Chamanna digl Kesch.
Höhenunterschied: Aufstieg 1220 + 440 m (= 1660 m); Abfahrt 890 m.
Zeit: Sertig – Chüealphorn 4–4^1/$_2$ Std.; Gipfel – Alp Funtauna 1–1^1/$_2$ Std.; Wiederaufstieg zur Chamanna digl Kesch 1^1/$_2$–2 Std. Gesamt 6^1/$_2$–8 Std.
Lage: Aufstieg N und W; Abfahrt O und S.
Besonderes: Gepäckdepot im Chüealptal südlich P. 2449, Abfahrt vom Chüealphorn dorthin zurück, Aufstieg auf den Sertigpaß (2739 m), Abfahrt in die Talgabelung Val Sartiv, Val Funtauna und Val dal Tschüvel bis ca. 2350 m und weiter zur Hütte.

Der früher Kühalphorn geschriebene Gipfel erhebt sich zwischen dem Sertig- und dem Scalettapaß als südlicher und höchster Punkt der Bergkette, die, im Davoser Hochtal mit dem Skigebiet Jakobshorn beginnend, die beiden Täler Sertig und Dischma trennt. Während der altbekannte Scalettapaß der kürzeste Übergang von Davos ins Engadin ist, dient der Sertigpaß heute vor allem dazu, von Norden her das Keschgebiet und die gleichnamige Hütte zu erreichen. Dieser Zugang zur Chamanna digl

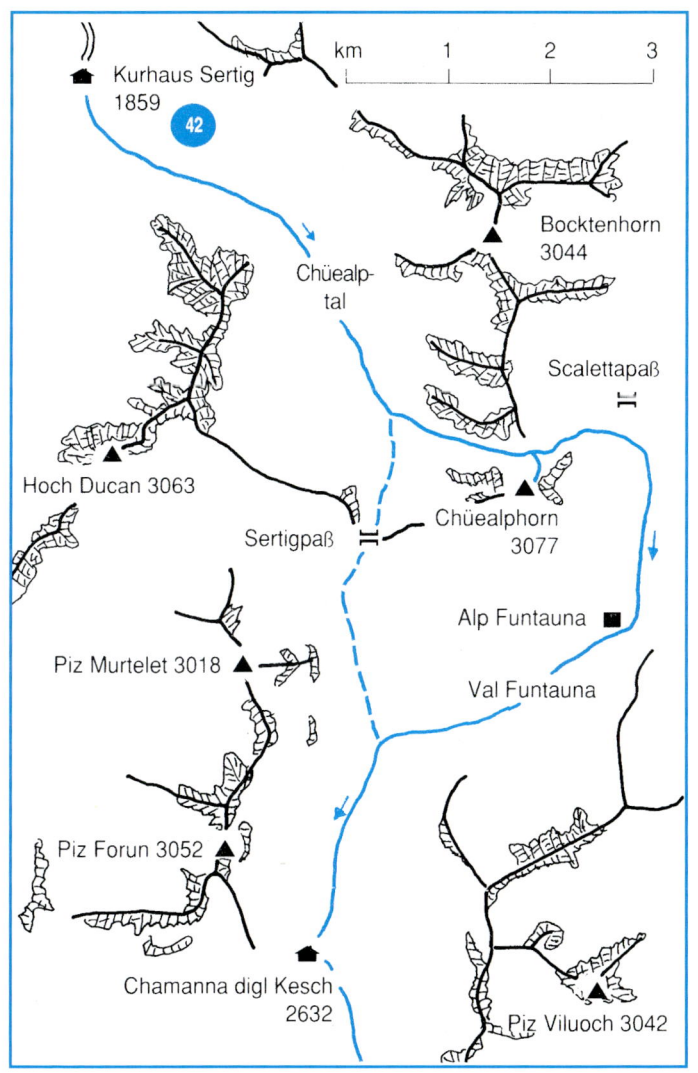

Kurhaus Sertig 1859

42

km   1   2   3

Bocktenhorn 3044

Chüealp-tal

Scalettapaß

Hoch Ducan 3063

Sertigpaß

Chüealphorn 3077

Alp Funtauna

Piz Murtelet 3018

Val Funtauna

Piz Forun 3052

Chamanna digl Kesch 2632

Piz Viluoch 3042

Kesch von Sertig her erweist sich jedoch als recht lang und für den Skigenuß wenig ergiebig. Deshalb drängt sich der Umweg über das zwischen der Kesch- und der Grialetschgruppe aussichtsreich gelegene und rassige Abfahrten bietende Chüealphorn geradezu auf.

Aufstieg: Vom Kurhaus Sertig in Sand (1859 m) auf der Straße taleinwärts und links abbiegen aufs Sträßchen, das ins Chüealptal hineinführt. In diesem Tal links des Baches bis zum Grüensee (2197 m). Etwas südlich davon beginnt die Talsohle steiler zu werden. Auf der nächsten Verflachung (etwa 2350 m) nicht weiter geradeaus gegen den Sertigpaß zu, sondern südostwärts das Gletschtälli ansteigen, dessen oberste und höchste von 3 Steilstufen direkt in die Chüealpfurgga (ca. 2880 m, ohne Kote und Namen in der LK) leitet. Auf dem harmlosen Chüealpgletscher um den Gipfelaufbau des Chüealphorns herum und auf eine Schulter im O-Grat (ca. 2960 m). Über den felsdurchsetzten Grat steil auf den flachen Gipfelfirst und westwärts zum höchsten Punkt (3077 m); Achtung vor Wächten. Vom Aufstieg über den gezackten Westgrat ist abzuraten. Nicht jedoch von Aufstieg und Abfahrt über den östlichen Teil der Nordflanke, wenn Verhältnisse und Können dies zulassen.

Abfahrt: Vom Ostgrat des Chüealphorns nordwärts bis etwa 2800 m, dann ostwärts direkt ins Tal hinunter, das vom Scalettapaß (2606 m) herabkommt. (Man kann auch weiter nördlich zum Paß selbst abfahren.) Nun südwärts durch das Tal, wobei kleinere, teils felsige Steilstufen mit Vorteil auf der linken Talseite umfahren werden. Zuletzt rechtshaltend zur Alp Funtauna (2192 m).

Wiederaufstieg: Durch die flache Val Funtauna und die anschließende Val dal Tschüvel zur Chamanna digl Kesch (2632 m), die zuletzt rechtshaltend über einen sanften Hang erreicht wird.

Piz Kesch (3417 m)

Von der Chamanna digl Kesch mit Abfahrt ins Engadin

43

Touren-Steckbrief

Schwierigkeit: GAS. Kurze Steilstufe bei der Porta d'Es-cha. Bei vernünftiger Spurwahl ist die Lawinengefährdung gering. Gefahr droht im Frühling, wenn es in der Nacht nicht ordentlich durchgefroren hat und/oder man zu spät aufgestanden ist, und der Auf- und vor allem Abstieg zu Fuß mehr Zeit als veranschlagt gekostet hat. Im Winter erhebliche Lawinengefährdung von den Talflanken her, insbesondere bei der Abfahrt durch die Val Susauna!

Höhenunterschied: Aufstieg 820 m; Abfahrt vom Skidepot nach Madulain 1600 m, nach Brail 1640 m.

Zeit: Aufstieg 3 Std.; Abfahrt nach Madulain $1^1/_2$–$2^1/_2$ Std., nach Brail $2^1/_2$–3 Std. (lange Flachstücke, im letzten Teil unter Umständen aper).

Lage: Aufstieg N; Abfahrt nach Madulain N, S und nach Brail N, NO, SO.

Der mächtige Felsstock dieses höchsten Gipfels der Albula Alpen ist weitum zu sehen. Bei günstigen Verhältnissen ist die Ersteigung nicht sonderlich schwer und mit Abfahrt nach Madulain oder gar durch die Val Susauna nach Brail, der Grenze zwischen Ober- und Unterengadin, auch ein skiläuferischer Genuß – bei entsprechenden Schneeverhältnissen, versteht sich. Die Abfahrt nach Madulain hat eine heikle Stelle (unmittelbar nach der Porta d'Es-cha), führt dann über herrliches Skigelände nach Madulain. Sie hat jedoch den Nachteil, daß sie – zumal an einem schönen Wochenende – sehr viel befahren wird. Die Abfahrt nach Brail ist dagegen (fast) immer einsam. Ihr Schönheitsfehler: Sie ist im letzten Teil (Val Susauna) ziemlich flach. Man wähle!

Aufstieg: Von der Chamanna digl Kesch (2632 m) fährt man kurz und sanft Richtung Südosten ab, fellt in der Nähe von P. 2594 an und steigt in derselben Grundrichtung zum Gletscher (Vadret da Porchabella) auf. Knapp unterhalb der Porta d'Es-cha (3008 m) wendet man sich scharf nach rechts und erreicht durch eine sanft geneigte Mulde, die sich allmählich aufsteilt, die Ostflanke unseres Gipfels – nun bereits gemeinsam mit den Kesch-aspiranten, die von der Chamanna d'Es-cha aus dem Inntal aufgestiegen sind. In zunehmender Steilheit bis zum Skidepot (etwa 3280 m). Von hier quert man nach links zum Nordostgrat – heikel, wenn die Felsen vereist sind. Den Gipfel erreicht man über den Grat, wobei man Steilstufen links umgehen kann. Wenn man nicht gerade nach einem Schneefall als erster unterwegs ist, bestehen keine Orientierungsschwierigkeiten – deutliche Spuren leiten vom Skidepot bis zum Gipfel. Die im Sommer an diesem Gipfel gefürchtete Steinschlaggefahr ist im Frühjahr wesentlich geringer.

Abfahrt nach Madulain: Durch die Mulde Richtung Nordosten zur Porta d'Es-cha. Die Ski werden kurz abgeschnallt, um eine steile Rinne (mit einer Kette versichert) zu überwinden. Dann aber gibt es kein Halten mehr: In anregendem Wechsel zwischen steileren und flacheren Passagen geht es Richtung Südosten durch die Val Müra und die Val d'Es-cha nach Madulain (1684 m). Die Haltestelle der Rhätischen Bahn liegt etwas oberhalb des Ortes (1697 m). Anmerkung: Die Chamanna d'Es-cha der Sektion Bernina des SAC steht auf einem Rücken oberhalb unserer Abfahrtsspur und wird nicht berührt.

Abfahrt nach Brail: Auf dem Anstiegsweg fährt man bis in eine Höhe von 2900 m über den Vadret da Porchabella ab. Nun bemüht man sich, keine Höhe zu verlieren, und quert nach einem Felssporn nach rechts (Richtung Osten) ansteigend zur Fuorcla Viluoch (2936 m). Über abwechslungsreiches Skigelände fährt man zunächst nordostwärts in ein flaches Becken ab. Nun hält man sich rechts, um eine Mulde zu erreichen, die erst Richtung Norden, dann wieder nach Osten in die Val Viluoch führt. Durch dieses einsame Tal bis zur Einmündung in die Val Susauna, die man bei der Alp Pignaint (1898 m) erreicht. Am rechten Ufer findet man (schattenseitig!) natürlich länger Schnee vor als am linken. Setzt jedoch der Schneemangel schon hier ein, überquert man kurz nach der Alm eine Brücke (P. 1873) und wandert auf dem Fahrweg zum Dorf Susauna (1682 m). Hierher auch, wenn man auf dem rechten Ufer abgefahren ist, über eine Brücke. Der Fahrweg verzweigt sich: linkshaltend erreicht man (im April mit aufgeschnallten Ski) die Hauptstraße. Bis zur Haltestelle Cinuos-chel-Brail (1628 m) hat man noch mit einem 30-Minuten-Marsch zu rechnen.

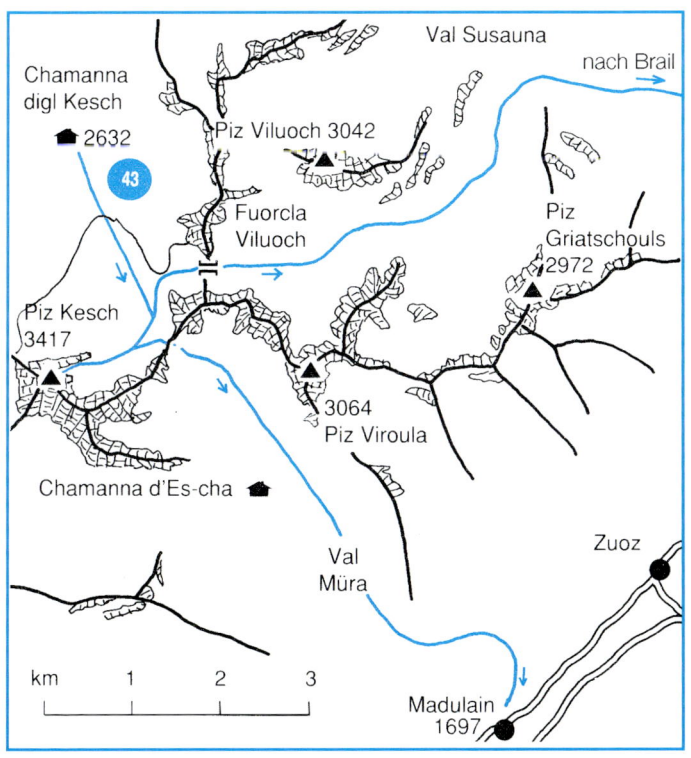

Verlängertes Wochenende in der Silvretta

Anreise: Mit dem Schnellzug [4305] nach Feldkirch in Vorarlberg und weiter nach Bludenz. Mit dem Postbus durch das Montafon nach Partenen (1052 m). Jetzt wird's ein wenig kompliziert, aber durchaus vergnüglich: mit der Seilbahn nach Tromenier (1732 m). Mit Kleinbussen in halsbrecherischer Fahrt (die Lenker wissen, daß sie keinen Gegenverkehr zu befürchten haben) durch lange Tunnels zum Vermuntstausee (1747 m) und auf der (im unteren Teil im Winter gesperrten) Paßstraße zur Bielerhöhe (2036 m). Auskunft beim Tourismusbüro in A-6794 Partenen, Tel. 0 55 58/83 15, Fax 88 81.

Rückreise: Mit dem Postauto [960.30] von Guarda zur gleichnamigen Haltestelle im Talboden (oder 4 km zu Fuß), dann mit der RhB [960] nach Samedan und weiter nach Chur [940].

Unterkunft: Wiesbadener Hütte der gleichnamigen Sektion des Deutschen Alpenvereins (2443 m); sehr gut besucht, daher Anmeldung dringend empfohlen: 0 55 58/82 46, aus der Schweiz: 00 43/55 58/82 46; bis Mitte Mai bewirtschaftet, dann Winterraum im Nebengebäude, 16 Lager, stets offen. Chamanna Tuoi (2250 m) der Sektion Unterengadin des SAC, 95 Plätze, bis Ende April bewartet, Tel. 0 81/8 62 23 22. Auskünfte (natürlich auch für die Nächtigung in Guarda): Verkehrsbüro CH-7545 Guarda, Tel. 0 81/8 62 23 42, Fax 8 62 21 66.

Material: Für Skihochtour; Personalausweis.

Karten: 249 Tarasp; 1178 Groß Litzner, 1198 Silvretta; im Maßstab 1:25 000 auch: Alpenvereinskarte Nr. 26 Silvretta (mit eingezeichneten Skirouten).

Jahreszeit: März bis Mai.

Im Osten der Silvretta – zum Beispiel im Bereich der Heidelberger Hütte – geht es gemütlich zu. Der Westen der Silvretta, etwa der Tourenbereich der Wiesbadener Hütte, stellt ungleich höhere Ansprüche an alpine Erfahrung und alpines Können. Dafür winken begehrte Gipfel wie der Piz Buin oder der Piz Fliana. Benützer öffentlicher Verkehrsmittel können zudem die Silvretta durchqueren: von der österreichischen Seite aufsteigen und nach der Schweizer Seite abfahren. Zum bergsteigerischen und skiläuferischen Hochgenuß fehlen eigentlich nur noch gutes Wetter und prächtiger Schnee!

Rauher Kopf (3101 m)
Von der Bielerhöhe zur Wiesbadener Hütte

Touren-Steckbrief

Schwirigkeit: MS. Um diese Jahreszeit nur nach stärkeren Schneefällen oder großer Erwärmung lawinengefährdet.
Höhenunterschied: Aufstieg 1060 m; Abfahrt vom Skidepot zur Hütte in 540 m.
Zeit: Aufstieg 4 Std.; Abstieg und Abfahrt 1 Std.
Lage: Aufstieg NW; Abfahrt N, W.

Der etwas langweilige Anstieg zur Wiesbadener Hütte (2443 m) – länger als eine halbe Stunde braucht man allein, um ohne einen Meter Höhengewinn vom Nordufer des Silvrettastausees zum Südufer zu kommen! – läßt sich vermeiden, wenn man den Rauhen Kopf besteigt und zur Hütte abfährt. Der zeitliche Mehraufwand beträgt kaum zwei Stunden. Man kann ihn auf eine einzige Stunde verringern, wenn man auf den Gipfel verzichtet.
Aufstieg: Von der Bielerhöhe (2036 m) über die Staumauer. An ihrem Ende mit ganz geringem Höhenverlust Richtung Osten, bis man – erst etwas steil, dann sanft – ins Bieltal einqueren kann. Ohne Orientierungsschwierigkeiten bis zum Talschluß (P. 2403). Richtung Südost zum Bieltalferner. Man hält sich rechts von der Haagspitze und quert bei P. 2804 zum Rauhkopfgletscher. Über diesen (wie der Totenkopfferner praktisch spaltenlos) und ziemlich steil zu einer Einsattelung am Beginn des Südgrates zum Rauhen Kopf (»Rauhkopfscharte«, 2980 m, in den Karten weder kotiert noch bezeichnet). Skidepot. In unschwieriger Blockkletterei in $^1/_2$ Std. zum Gipfel. An einer

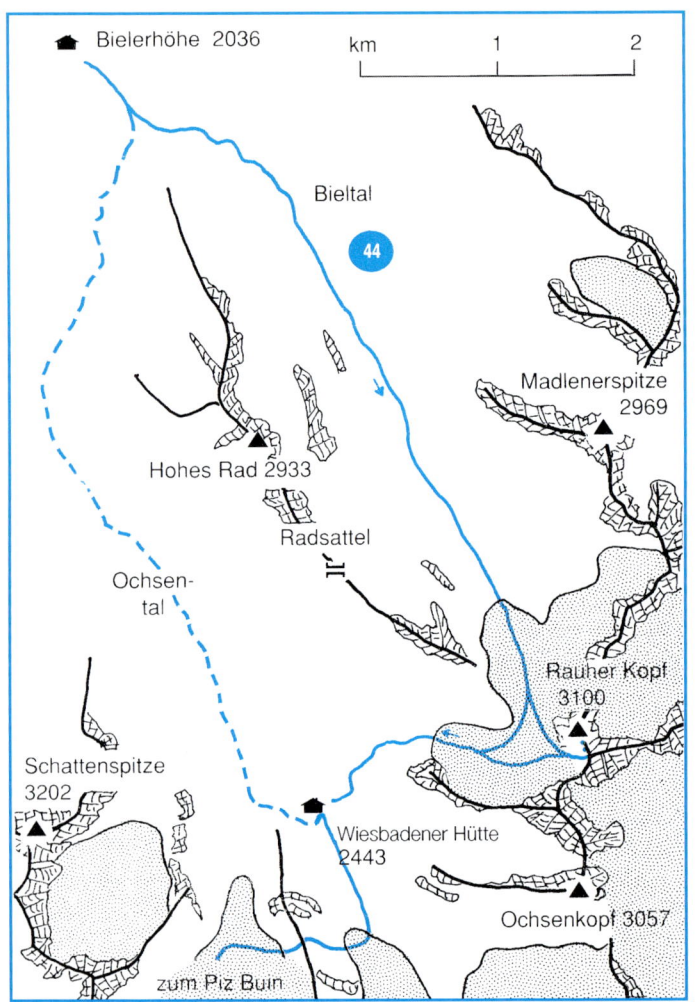

Bielerhöhe 2036

km   1   2

Bieltal

44

Madlenerspitze
2969

Hohes Rad 2933

Radsattel

Ochsen-
tal

Rauher Kopf
3100

Schattenspitze
3202

Wiesbadener Hütte
2443

Ochsenkopf 3057

zum Piz Buin

etwas steileren Stelle weicht man links in die Westflanke aus. Möchte man auf den Gipfel verzichten, weil sich das Wetter verschlechtert, die Kondition geringer oder der Rucksack schwerer ist als angenommen, kann man von P. 2804 querend zum Ende des felsigen Gratausläufers abfahren und wie nachstehend beschrieben die Hütte erreichen. Es bringt keinen Zeitgewinn, bereits das tiefer gelegene Bieltaljoch (ca. 2730 m) zu benützen, weil man dann zu einem kleinen See abfahren und anschließend leicht ansteigen muß.

Abfahrt zur Wiesbadener Hütte: Vom Skidepot Richtung Westen über den Rauhkopfgletscher, bis man den langen, vom Tiroler Kopf nach Westen ziehenden felsigen Rücken queren kann – in einer Höhe von etwa 2700 m. Aus dem folgenden, von der Tiroler Scharte herabziehenden Tälchen quert man neuerlich nach links auf und über einen Rücken und erreicht wenige Minuten später die Hütte.

Variante Direktzustieg Hütte: Bei Schlechtwetter oder Lawinengefahr kann es geraten sein, auf dem normalen Weg zur Hütte aufzusteigen (2 Std.). Dabei gibt es keine Orientierungsschwierigkeiten. Über die Staumauer und an der Ostseite des Stausees – ohne Höhengewinn – bis zu seinem Südende. Im Ochsental steigt man bis in eine Höhe von etwa 2200 m an. Bei sicheren Verhältnissen hält man sich nun in der (im Anstiegssinne) linken Talflanke und erreicht über ziemlich steile Hänge die Hütte. Oder: Man bleibt im Talboden und erreicht die Hütte über sanfteres Gelände nach einem weiten Bogen von Süden her. Einen Gepäcktransport kann man evtl. mit dem Hüttenwirt vereinbaren.

Touren-Steckbrief

Schwierigkeit: GAS. Bei Vereisung etwas heikel im sogenannten »Kamin« unterhalb des Gipfels. Seilsicherung für weniger Erfahrene zweckmäßig. Die 250 m hohe SO-Rinne der Fuorcla Buin nur für ausgezeichnete Skifahrer bei günstigen Verhältnissen (»Butterfirn«); die obersten 150 Hm sind 41° steil; weiter unten nochmals lange Steilhänge bis 30°. Schwierigkeit: SGAS.

Höhenunterschied: Aufstieg 870 m; Abfahrt vom Skidepot (etwa 3160 m) zur Chamanna Tuoi 910 m.

Zeit: Aufstieg 3^1/$_2$ Std. (bei günstigen Verhältnissen am Gipfelaufbau). Abfahrt 1–1^1/$_2$ Std.

Lage: Aufstieg N, W; Abfahrt SO, S, SO.

Der Große Piz Buin, romanisch Piz Buin Grond, ist nicht der höchste Gipfel der Silvretta – diese Ehre kommt dem Piz Linard (3410 m) zu. Wohl aber ist er der bekannteste Gipfel, was sich auch daran zeigt, daß eine bekannte Sonnenschutzcreme werbewirksam nach ihm benannt wurde. Tatsächlich ist unser Berg nicht nur formschön, er bietet auch eine großartige Rundsicht, und – zur Chamanna Tuoi – eine Steilabfahrt für Könner, die keine Wünsche offenläßt.

Aufstieg: Von der Wiesbadener Hütte (2443 m) zunächst Richtung Süden – zumeist in einer gut sichtbaren Spur. Nun nach rechts und in steiler Hangquerung zum Ochsentaler Ferner. Der Gletscher wird unterhalb der eindrucksvollen Brüche gequert.

Die Wiesbadener Hütte erreicht man nach der Abfahrt vom Rauhen Kopf.

Man steigt an seinem (im Aufstiegssinne rechten) westlichen Rand in eine große, flache Mulde auf, Richtung Südosten zur Fuorcla Buin (3054 m). Bei günstigen Bedingungen den Westhang ziemlich steil bis zum Beginn der Felsen hinauf. Skidepot (etwa 3160 m). Nun nach rechts zum Westgrat zu einer Steilstufe, die in einer Rinne (hochtrabend als »Kamin« bezeichnet) überwunden wird. Auf dem breiten Rücken ohne weitere Kletterei zum höchsten Punkt.

Abfahrt SO-Rinne: Vom Skidepot über die Westflanke zur Fuorcla Buin. Ausgezeichnete Skifahrer erwartet bei sicheren Schneeverhältnissen ein besonderes »Zuckerl«: Die unmittelbare Abfahrt in die Val Tuoi durch die sehr steile Südostrinne. Sie mündet in einer Mulde, aus der man Richtung Osten und dann Richtung Südosten einbiegend in die Val Tuoi einfahren kann. Die Chamanna Tuoi (2250 m) steht etwa 50 m über dem Talboden im Gegenhang.

Variante: Ist die Befahrung der Rinne nicht möglich, wandert man fast eben Richtung W zur Fuorcla dal Cunfin (3043 m), die tatsächlich eine »Grenzscharte« (Grenze Österreich/Schweiz) ist. Richtung Süden über die weite Gletscherfläche, bis man nach einem felsigen Rücken über einen breiten Sattel (2875 m) nach Osten einbiegen kann. In dieser Grundrichtung zuerst sanft, dann aber steil (bis gut 30°) in den Talboden und in kurzem Gegenanstieg zur Hütte.

Gletscherbruch beim Anstieg zum Piz Buin.

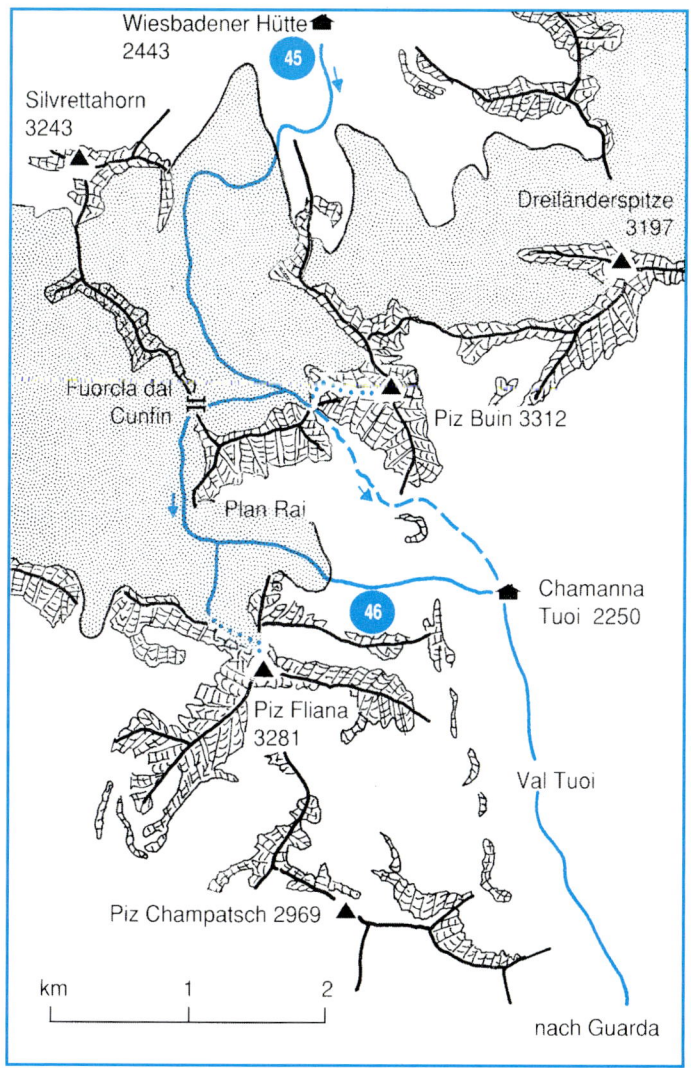

Wiesbadener Hütte
2443

Silvrettahorn
3243

Dreiländerspitze
3197

Fuorcla dal
Cunfin

Piz Buin 3312

Plan Rai

Chamanna
Tuoi 2250

Val Tuoi

Piz Fliana
3281

Piz Champatsch 2969

km   1   2

nach Guarda

45

46

Touren-Steckbrief

Schwierigkeit: GAS. Lawinengefahr um diese Jahreszeit nur, wenn die steilen Osthänge am Beginn des Anstieges zu stark aufweichen, nicht aber nach kalter Nacht und rechtzeitigem Aufbruch.

Höhenunterschied: Aufstieg 1080 m; Abfahrt vom Skidepot 900 m in den Talboden, dann Richtung Guarda, soweit der Schnee reicht.

Zeit: Aufstieg 3^1/$_2$ Std.; Abfahrt vom Skidepot bis in den Talgrund 1 Std., bei der Abfahrt nach Guarda je nachdem, wie weit der Schnee noch reicht.

Lage: Aufstieg O, NW; Abfahrt NW, O, S.

Diese prachtvolle Berggestalt steht im Schatten des höheren und ungleich berühmteren Piz Buin Grond und wird deshalb unverdient selten bestiegen. Die alpinen Schwierigkeiten sind ähnlich, liegen beim Piz Fliana allerdings bei geringer Schneelage häufig mehr im eistechnischen Bereich.

Aufstieg: Nach einer kurzen Abfahrt von der Chamanna Tuoi (2250 m) in den Talboden geht es mühsam über die steile Ostflanke (bis gut 30°) zum weiten Gletscherbecken Plan Rai und zum breiten Sattel (2875 m) – wie bei der Normalabfahrt vom Piz Buin über die Fuorcla dal Cunfin. Nun Richtung Süden zum Nordwestgrat unseres Gipfels. Der Hang steilt sich auf, so daß man zuletzt meist zu Fuß (evtl. Steigeisen) aufsteigen muß. Skidepot nach den Verhältnissen und dem technischen Können mehr oder weniger weit unterhalb von P. 3114. Über den Grat in leichter Kletterei zum höchsten Punkt.

Unterhalb der Gletscherbrüche beim Anstieg zum Piz Fliana.

Abfahrt: Vom Skidepot auf dem Anstiegsweg in den Talboden. Hier fährt man Richtung Süden ab, hält sich aber mehr in der Nähe der linken Talseite. Hier verläuft der breite Weg, den man benützt, wenn allmählich die letzten Schneeflecken aufhören. Auf dem Weg erreicht man Guarda (1653 m), einen der reizvollsten Orte des Engadins mit einem vorzüglich erhaltenen Dorfbild mit typischen Engadiner Häusern. Es ist kein Fehler, wenn man hier eine Stunde auf den Autobus warten muß, der einen zur Bahnstation Guarda bringt.

Skitouren im Mai

Der Mai ist eine sehr gute Zeit für die großen Hochtouren in der Gletscherregion. Sonnenseitig kann man an schönen Tagen bis in den Gipfelbereich auch hoher Berge mit Firn rechnen. Damit herrschen völlig sichere Schneeverhältnisse, wenn es in einer klaren Nacht entsprechend durchgefroren hat und man rechtzeitig mit der Abfahrt beginnt. Gab es dagegen eine bedeckte, milde Nacht, ist das Skifahren mit Bruchschnee und Schneesumpf mühsam und wegen der Gefahr von Naßschneelawinen lebensbedrohlich.

Im Mai erlebt man die ganze Abfahrtsstrecke selten mit dem gleichen Schnee: Entweder fährt es sich oben locker im Firn und unten verkrampft im Pfludi, wie man in der Schweiz zum tiefen Naßschnee sagt. Oder man gibt im Gipfelbereich konzentrierten Kanteneinsatz, um erst gegen das Tal zu beschwingt über aufgefirnte Hänge zu gleiten. Welche der beiden Varianten angenehmer und sicherer ist, dürfte klar sein. Das bedeutet für die Skibergsteiger nun aber auch: Sie müssen auf harter Unterlage sturzfrei schwingen können. Dazu braucht es natürlich die entsprechenden Ski: hart und griffig im Mittelteil, mit einer etwas weicheren Schaufel, damit sie im tiefen Schnee nicht bohren. Solche Ski drehen selbstverständlich auch im Pulverschnee oder auf Sulz. Weiche Tiefschneeski und runde Kanten hingegen sind auf Firn gefährlich und im Naßschnee schlecht brauchbar.

Werden die Abfahrten im Mai im allgemeinen anspruchsvoller, so gilt dies auch für die Aufstiege. Wird das Gelände steil, ist es oft sicherer, mit aufgeschnallten Ski und Steigeisen aufzusteigen.

Verlängertes Wochenende über der Greina

Adula Alpen

Anreise: Mit der RhB [920] von Chur nach Ilanz und mit dem Postauto [920.40] nach Vrin.

Rückreise: Von Fuorns mit dem Postauto [920.80] über Curaglia nach Disentis und mit der Bahn weiter Richtung Chur [920] oder Andermatt [610]. Bei einer Abfahrt ins Tessin: Von Campo Blenio mit dem Postauto [600.78] nach Olivone und mit dem Postauto entweder weiter nach Biasca [600.72] oder über den Lukmanierpaß [920.80] nach Disentis.

Ausgangspunkt: Vrin (1448 m) zuhinterst im Lugnez (romanisch Lumnezia).

Unterkunft: Casa d'albiert Pèz Terri in Vrin, Zimmer und Lager, Tel. 0 81/9 31 12 55. In Sogn Giusep die Casa d'albiert Tgamanada mit Lager, Tel. 0 81/9 31 17 43 (1 1/2 km taleinwärts von Vrin, kommt nur in Frage, wenn man über den Paß Diesrut die Camona da Terri erreichen will). Capanna Motterascio-Michela SAC (2172 m), 70 Plätze (Winterraum 10), ab Juni bewartet, Tel. 0 91/8 72 16 22. Capanna Scaletta SAT (Società alpinistica ticinese) (2205 m), 40 Plätze, immer offen, unbewartet, Tel. 0 91/8 72 26 28. Camona da Terri SAC (2170 m), 82 Plätze, am Wochenende zeitweise bewirtschaftet, Tel. 0 81/ 9 43 12 05. Camona da Medel SAC (2524 m), 50 Plätze (Winterraum 23), nicht bewirtschaftet, Tel. 081/9 49 14 03.

Material: Für Skihochtour. Fährt man vom Piz Medel nach Süden ab und berührt die stärker vergletscherte Nordabdachung der Medelser Gruppe nicht, so genügen erfahrenen Skialpinisten Steigeisen (und 1 Pickel pro Gruppe).

Karten: 256 S Disentis, 257 S Safiental; 1233 Greina, 1234 Vals.

Jahreszeit: Ende März bis Anfang Juni; allgemein erst, wenn sich die Schneedecke gut verfestigt hat. Wenn der Aufstieg zum Piz Terri auf der ersten Streckenhälfte (bis hinter Vanescha) schneefrei ist, erleichtert das den Aufstieg. Im Spätfrühling müssen die Ski allerdings ein Stück weit nach Fuorns hinuntergetragen werden.

Ausweichtour: Aufstieg von Vrin in die Camona da Terri. Dazu von Vrin auf der Straße über Cons und Sogn Giusep nach Puzzatsch. Über die Aua da Ramosa und südwestwärts der Flanke entlang zu den Alphütten von Tegia Sut (1899 m). Westwärts hinauf auf einen Rücken (P. 2071), ansteigende Querung von Steilhängen in ein Tälchen und darin aufwärts zum Paß Diesrut (2428 m). Abfahrt rechts eines Baches zum Zusammenfluß desselben mit dem Rein da Sumvitg (P. 2194). Nun nicht auf dem Sommerweg zur Terrihütte (oder nur bei optimalen Verhältnissen), sondern entlang dem Hügelzug Muot la Greina südwestwärts zum Sattel P. 2263 m. Abfahrt: nordwärts auf eine Schwemmebene und kurzer Wiederaufstieg zur Camona da Terri (2170 m). Zeit: $4^1/_2$ Std. von Vrin. Nach starken Schneefällen oder bei warmer Witterung teilweise stark lawinengefährdet. Früh starten.

Besonderes: Die Greina ist nicht nur Wasserscheide zwischen Nordsee und Mittelmeer, sondern auch eine Wetterscheide. Wenn nur für den Süden schönes Wetter gemeldet wird, kann die Medelser Gruppe durchaus noch im Staubereich liegen.

In Westen der Adula Alpen liegen die Terri-Aul- und die Medelser-Gruppe. Mit Ausnahme der zwischen Vals und Vrin gelegenen Kette des Piz Aul (übrigens auch ein rassiger Skiberg) erheben sich ihre Hauptgipfel zwischen dem romanischsprachigen Bündner Oberland und dem italienischsprachigen Tessin und gehören zum Alpenhauptkamm. Während der Piz Terri nur einen kleinen Gletscher aufweist, ist die Nordabdachung der Medelser Berge recht stark vergletschert. Die zwei Gebirgsgruppen berühren sich in der Greina, einer einzigartigen, kilometerlangen und etwa zwei Kilometer breiten Hochebene zwischen 2200 und 2400 m, die der mäandernde Rein da Sumvitg durchfließt. Der Plaun la Greina ist eine abgeschiedene, unberührte Insel in den Bergen, ein biologischer Garten, ein geologisches Museum – und heute beinahe ein Stausee. Erst 1986 wurde der Plan für die Überflutung der Greina aufgegeben, unter anderem dank dem Widerstand aus Umweltkreisen.

Wenn wir in Vrin, dem Ausgangspunkt unserer Skidurchquerung des Terri-Medel-Gebietes, übernachten, so bringen wir wenigstens ein paar Franken in dieses abgelegene Bergdorf im hinteren Lugnez. Der Zielort heißt Fuorns an der Lukmanierpaßstraße, die das Vorderrheintal mit der Valle di Blenio verbindet. Zwischen Vrin und Fuorns liegen drei Tage, sechs Dreitausender (jeden Tag einer mehr) und ein paar Hütten. In welchen wir übernachten, ob in den zwei auf der Nord- oder in den zwei auf der Südseite oder einmal hier und dann dort, hängt von vielem ab. Nur eines ist sicher: Viva la Greina – viva lo sci!

Piz Terri (3149 m)
Von Vrin über die Fuorcla Blengias zur Capanna Motterascio

47

Touren-Steckbrief

Schwierigkeit: GAS. Die Schwierigkeiten liegen in der Länge der Tour (12 km von Vrin) und in der Lawinengefährdung, die auf weiten Strecken beim Aufstieg in die Fuorcla Blengias herrschen kann (im Mai allerdings ist diese Gefahr gering). Der recht ausgesetzte W-Grat ist bei guten Verhältnissen nicht schwierig (Kletterstellen I). Die SW-Flanke unterhalb des Skidepots ist auf 200 Hm 32° steil.
Höhenunterschied: Aufstieg 1780 m; Abstieg 400 m, Abfahrt 580 m.
Zeit: Aufstieg 6–7 Std; Abstieg und Abfahrt 1–2 Std.
Lage: Aufstieg bis Skidepot O und NO; Abfahrt SW.

Der Piz Terri, der höchste Gipfel der Terri-Aul-Gruppe, ist eine aus Bruchgestein schön und steil geformte, scharfkantige Pyramide. Der Aufstieg von Vrin ist lang, die Abfahrten – langweilig nord-, kurzweilig südwärts – sind kurz. Kein Wunder, daß der stolze Gipfel im Winterhalbjahr wenig Besuch erhält, zumal die obersten 400 Hm zu Fuß zurückgelegt werden müssen. Doch es lohnt sich: Die Aussicht ist phantastisch. Wer später von der Capanna Motterascio, auch Capanna Michela genannt, noch die Hochebene der Greina bei vollem Tageslicht erleben will, wandert gemütlich in die Camona da Terri, wo statt des Blicks in südliche Gefilde der Tödi im Talausschnitt die Aufmerksamkeit auf sich zieht.

Aufstieg: Von Vrin (1448 m) auf der Straße taleinwärts bis jenseits eines Bachtobels und auf einer abzweigenden Straße hinab zur Glognbrücke (1374 m). Auf dem östlichen Ufer weiter taleinwärts bis zu einer Talgabelung, wo eine Erschließungsstraße den Fluß Glogn überbrückt und dann auf der linken (westlichen) Talseite weiter taleinwärts zieht. In der steilen Flanke (erst Wald, dann Grashänge) erreicht der Weg schließlich die Alpsiedlung Vanescha (1789 m), 6 km südlich von Vrin. Auf dem Sommerweg südwestwärts zum Beginn des Blengiastales (P. 1874). Je nach (Schnee-)Verhältnissen auf den steilen Hängen links oder rechts des Baches bis unterhalb von Blengias Miez (1972 m), wo man den Bach spätestens überqueren wird. Nun westwärts schräg über die Hänge ansteigen, südlich von P. 2193 und

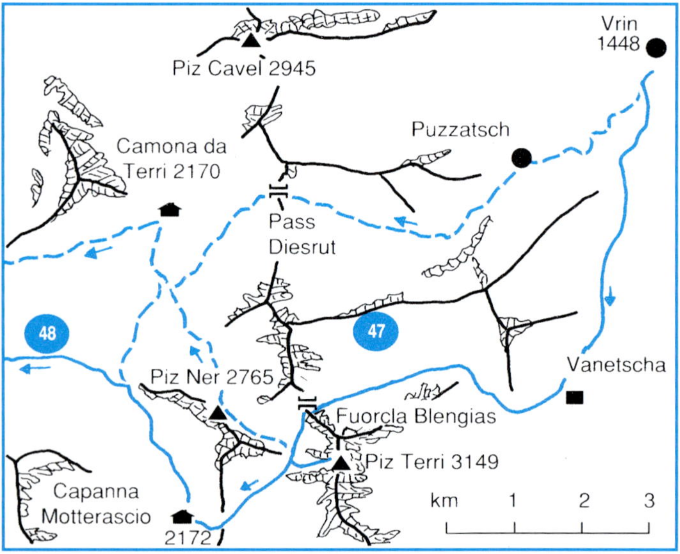

P. 2387 vorbei. Zuletzt durch eine Mulde in die Fuorcla Blengias (etwa 2710 m). Querung des dort harmlosen Glatschers dil Terri an Fuß des W-Grates des Piz Terri. Skidepot auf ca. 2750 m. Durch die Nordflanke hinauf gegen P. 2898: zuerst etwas links ausholend, dann auf einem Band auf ca. 2850 m (sehr gute Skifahrer können bis hier die Ski mitnehmen; 39°) nach rechts an den Fuß eines kurzes Kamins. Er leitet auf den W-Grat hinauf (Steinmann oben). Über den anfänglich breiten, oben schmäler und steiler werdenden Grat zum Gipfelkreuz des Piz Terri (3149 m), wobei man die Felshindernisse je nach Verhältnissen überklettert oder rechts umgeht (vor allem zuoberst).

Abfahrt: Vom Skidepot linkshaltend über SW-Hänge in die Valle di Güida. Darin bis etwa 2300 m hinunter und Querung auf eine Schulter nördlich P. 2276. Nordostwärts über einen letzten schönen Hang hinab und zur Capanna Motterascio (2172 m).

Varianten:

1) Abfahrt zur Camona da Terri: Vom Skidepot (2750 m) nordwestwärts Querfahrt auf dem Gletscher dil Terri bis in den steilen Nordhang des Piz Ner. Hinab in die Mulde Canal und auf der rechten oder linken Seite des Val Canal hinunter auf die Plaun la Greina. Die Ebene mit dem Rein da Sumvitg nordwärts queren und hinauf zum Sattel P. 2263 südwestlich des Muot la Greina. Abfahrt durch ein Tälchen auf eine Schwemmebene (P. 2129) und Aufstieg zur Camona da Terri (2170 m).

2) Von der Capanna Motterascio zur Camona da Terri: Auf der Route zum Piz Vial bis Crap la Crusch (2259 m). Nordwärts hinab, auf einer Brücke über den Rein da Sumvitg, nordostwärts über die Ebene und hinauf in den Sattel (P. 2263). Zeit: 2 Std. von Hütte zu Hütte.

48 Piz Vial (3168 m) – Piz Valdraus (3096 m)

Von der Capanna Motterascio zur Capanna Scaletta

Touren-Steckbrief

Schwierigkeit: GAS Piz Vial, GS Piz Valdraus. Der Gipfelhang des Piz Vial ist zwischen 3000 und 3100 m 34° und weiter zum höchsten Punkt 42° steil (wird meistens zu Fuß zurückgelegt). Der Gipfelhang des Piz Valdraus ist kurz 39° steil. Mitunter lawinengefährdet.

Höhenunterschied: 1000 + 340 m (= 1340 m); Abfahrt 410 + 890 m (=1300 m).

Zeit: Capanna Motterascio–Piz Vial 4 Std.; Piz Vial–Piz Valdraus 1$^1/_2$ Std.; Piz Valdraus – Scalettahütte 1 Std. Gesamt 6$^1/_2$ Std.

Lage: vorwiegend S.

Im Nahbereich der beiden Gipfel – der Piz Vial ist der höchste des die Greina im Norden begrenzenden Kammes, der Piz Valdraus bildet den nördlichsten Punkt des Kantons Tessin – befinden sich vier Hütten, was viele Aufstiegs- und Abfahrtsmöglichkeiten ergibt. Am sichersten sind die Routen von der Motterascio- und Scalettahütte. Als eine Spur steiler erweisen sich die Routen von den beiden Bündner Hütten. Da zudem alle Routen etwa gleich viele Höhenmeter aufweisen, werden wir die richtige aufgrund der jeweiligen Verhältnisse wählen. Wer nordseitig zur Medelser Hütte mit ihren bis zu 50 Plätzen abfährt, muß am nächsten Tag den oft zu Beginn heiklen Gletscheranstieg Richtung Piz Medel bewältigen. Wer die 1994 neu errichtete Capanna Scaletta als Nachtlager vorzieht, erreicht am folgenden Morgen über den sonnigen Ostgrat den Piz Medel. Zudem können wir von dieser Hütte aus die schwierige Südostabfahrt in die Val Camadra studieren; wer sie wagt, kann so eine praktisch gletscherfreie Durchquerung des Terri-Medel-Gebietes machen.

Aufstieg Piz Vial: Von der Capanna Motterascio (2172 m) nordwärts zu einer kurzen Felsstufe, die auf einer Leiter überwunden wird. In der gleichen Richtung über die Alpe di Motterascio (entweder auf dem Sommerweg oder besser weiter westlich) zu einem Übergang (P. 2272), wo die eigentliche Hochebene der Greina sichtbar wird. Flach zum Crap la Grusch (2259 m), ein Steinblock mit Metallkreuz. Nordwärts hinab zum Rein da Sumvitg, ihn überqueren und auf seinem Nordufer zum markanten Tälchen, das sich in NW-Richtung gegen den Piz Valdraus hinaufzieht. Darin hoch bis zu P. 2640 und nordwärts einen steileren Hang hinauf zu einer Verflachung östlich P. 2760. Nordostwärts über wieder etwas steilere Hänge zur sehr steilen Gipfelflanke des Piz Vial. Dieser Südhang kann gut auf seiner rechten Seite mit Ski bis ungefähr 3100 m gemacht werden. Darüber steilt er sich spürbar auf; bei genügend und sicherem Schnee mit Ski, sonst zu Fuß zum höchsten Punkt (3168 m).

Weiterweg zum Piz Valdraus: Abfahrt wie Aufstieg zu P. 2760. Um den Südgratausläufer des felsigen Piz Gaglianera herum in die Südmulde des Piz Valdraus und durch diese (vom Vadrecc del Valdraus merkt man nichts) mit Ski bis zum Gipfel (3096 m).

Abfahrt zur Capanna Scaletta: Durch die S-Mulde hinab zu P. 2902 und etwas rechtshaltend auf eine kleine, runde Schwemmebene auf etwa 2580 m. Von hier gibt's zwei Möglichkeiten: **a)** östlich eines Bachlaufes steil in felsdurchsetztem Gelände hinab zum Bach Brenno della Greina; **b)** westwärts hinab zu einem See (2496 m); von seinem Südrand leicht linkshaltend hinab auf den nächsten Absatz und unterhalb der Felsen von P. 2464 wieder linkshaltend und ziemlich steil hinab zum Bach. Durch das eingeschnittene Tal des Brenno di Greina westwärts auf offenes Gelände und leicht linkshaltend zur Capanna Scaletta (2205 m).

Varianten:

1) Aufstieg Piz Vial von der Camona da Terri: Von der Camona da Terri (2170 m) hinab auf die kleine Schwemmebene (2129 m). Über den nördlichsten der auffallenden, von sehr steilen Rinnen getrennten Rücken ansteigen. Wo der Rücken etwas flacher wird, hält man sich in Richtung eines Tälchens beim Piz da Stiarls Ostgrat und zieht auf etwa 2600 m südwestwärts zum Glatscher dalla Greina hinauf. Über ihn leicht in die Lücke zwischen P. 3087 und Piz Greina (3124 m, ohne Namen auf der LK). Auf etwa 3060 m Querung eines zuletzt ziemlich steilen Hanges auf einen Gratrücken. Von hier etwas abwärtshaltend zur Gipfelflanke des Piz Vial (auf der Karte sieht es flacher aus als in Wirklichkeit). 3^1/$_2$ Std. von der Terrihütte. Nur bei sicheren Verhältnissen; die ersten 600 Hm des Aufstieges sind fast anhaltend steil (bis gut 35°). Unter Umständen ist es besser (dafür etwas länger), den Piz Vial (oder auch direkt den Piz Valdraus) mit dem Umweg über die Greina anzusteuern.

2) Abfahrt Piz Valdraus in die Camona da Medel: Vom Gipfel (3096 m) rechtshaltend durch die S-Mulde hinab und ihren Begrenzungsgrat nördlich P. 2853 gewinnen. Abfahrt über das rechte Ufer des Glatschers da Lavaz (zuerst ziemlich steil) und am Schluß eher linkshaltend in die Val Lavaz hinab. Anfellen auf etwa 2200 m und hinauf in die Fuorcla Lavaz, wo die Camona

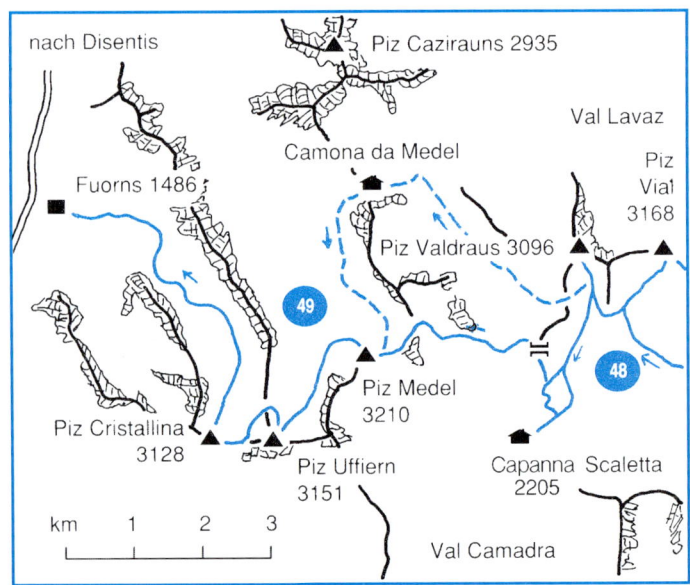

da Medel (2524 m) liegt. $1^1/_2$–2 Std. vom Piz Valdraus; Lawinengefahr beim Beginn der N-Abfahrt. Unter Umständen ist es sicherer, über die Fuorcla Sura di Lavaz abzufahren.

Piz Medel (3210 m) – Piz Uffiern (3151 m) – Piz Cristallina (3128 m)

49

Von der Capanna Scaletta nach Fuorns in der Val Medel

Touren-Steckbrief

Schwierigkeit: GAS. Schwierigstes Teilstück ist der felsige, schmale Abschnitt auf dem 3 km langen Ostgrat des Piz Medel, wo die Ski getragen werden müssen (aper oder mit guter Überschneiung wenig schwierig, in der Zwischenphase evtl. heikel). Lawinengefahr bei der nordseitigen Umgehung von P. 2759 westlich der Fuorcla Sura da Lavaz, bei der N-Abfahrt vom Piz Medel sowie beim Verlassen des Glatschers Davos la Buora. Die Spaltengefahr ist im allgemeinen gering.

Höhenunterschied: Aufstieg 1060 + 300 + 130 m (= 1490 m); Abfahrt 360 + 150 + 1670 m (= 2180 m im besten Fall, wenn bis zur Lukmanierstraße gefahren werden kann; im Mai wird die Abfahrt bei P. 1810 enden).

Zeit: Capanna Scaletta – Piz Medel 4 Std.; Piz Medel – Piz Uffiern – Piz Cristallina $2^1/_2$ – 3 Std., Abfahrt nach Fuorns 2 Std. und mehr. Gesamt mindestens 8 Std.

Lage: Aufstieg S, O; Abfahrt N, W.

Der Piz Medel ist der höchste Gipfel des Gebietes. Entsprechend umfassend sind die Ausblicke zu vielen großen Schweizer Bergen. Doch auch vom Piz Uffiern werden wir lange umherschauen wollen, etwa nach Süden, wo der Blick bis in die Riviera bei Bellinzona, der Hauptstadt des Tessins, reicht. Ebenso faszinierend ist die Sicht nach Norden, wo der weiße Glatscher da Medel im Vordergrund einen scharfen Kontrast zum grünen Vorderrheintal abgibt. Darüber bauen sich die mächtigen Skiberge auf seiner Nordseite auf, allen voran der Oberalpstock. Die beste Mai-Abfahrt mit dem meisten Schnee und kürzesten Fußabstieg ist die vom Piz Cristallina oder Piz Uffiern nach Fuorns an der Lukmanierpaßstraße. Dann so schnell wie möglich hinab nach Disentis und hinein in den Speisewagen des »Glacier-Express«, der Zermatt mit St. Moritz verbindet. Aber nicht vergessen, bei Sumvitg nach Süden zu schauen, um im Talausschnitt den Piz Vial leuchten zu sehen.

Aufstieg Piz Medel: Von der Capanna Scaletta (2205 m) auf der Valdraus-Abfahrtsroute bis zum See (2496 m) und nordwärts hinauf durch ein Tälchen, zuletzt steil, in die Fuorcla Sura di Lavaz (2703 m). Schrägabfahrt auf etwa 2650 m und Wiederaufstieg von Norden durch eine kleine Mulde in die Lücke 2728 m. Bei unsicheren Verhältnissen ist es besser, aber mühsam, immer dem Grat über P. 2759 zu folgen, wobei die Ski teilweise getragen werden müssen; einzelne Felstürme lassen sich auch knapp rechts umgehen. Von der Lücke mit aufgebundenen Ski über den schmalen Blockgrat zu P. 2856 steigen und klettern. Nun wieder mit Ski auf dem breiten Grat zum Felsen von P. 3015, der nordseitig ganz knapp umgangen wird. Flach, zuletzt wieder steil zum Gipfelgrat des Piz Medel. Skidepot auf etwa 3200 m und über den schmalen Blockgrat zu Fuß zum höchsten Punkt (3210 m).

Abfahrt Piz Medel – Aufstieg Piz Uffiern: Vom Skidepot Abfahrt genau nordwärts und sobald wie möglich westwärts über einen weiteren steilen Hang (bis 33°) in die flache Mulde (ca. 2850 m) des Glatschers da Medel. Südwärts flach ansteigen, dann südwestwärts steiler auf den SO-Grat des Piz Uffiern; Skidepot auf 3100 m. Über den Grat in Blockkletterei (I-II) zum Gipfel (3151 m).

Abfahrt Piz Uffiern – Aufstieg Piz Cristallina: Vom Skidepot dem felsigen N-Grat des Piz Uffiern entlangfahren, bis er aufhört, und man nach links fahren kann. Anfellen auf etwa 3000 m und flach in die Fuorcla Cristallina (3003 m); Achtung vor Spalten. Es gibt noch eine Lücke weiter westlich, die sich aber als Übergang weniger eignet. In der steilen (30°) SO-Flanke des Piz Cristallina zuerst horizontal, dann schräg ansteigen und zuletzt über den O-Grat auf den Gipfel (3128 m).

Letzte Skispuren auf der Fahrt über den Glatscher da Medel gegen das Felsriff Davos la Buora. Sommerwolken steigen aus dem Vorderrheintal auf.

Abfahrt nach Fuorns: Kurz über den O-Grat und in der kurzen, aber steilen (gut 30°) N-Flanke (Bergschrund!) auf den Glatscher da Medel; unter Umständen ist es besser, zurück in die Fuorcla Cristallina zu fahren. Über die weite Gletscherfläche hinab zum Felsriff Davos la Buora. Westlich von ihm steiler in die Tiefe. Auf etwa 2600 m deutlich links halten und unter dem Glatscher Davos la Buora steil (35°) in eine Mulde. Diese linkshaltend auf eine Moräne verlassen, ihr entlang steil hinunter und unterhalb des Felsriegels in die Val la Buora einfahren. Durch diese bis zur Brücke (1810 m). Auf einem horizontalen Weg durch Wald auf der rechten Talseite bis zu einem Rücken. Weiter auf dem Wanderweg durch Wald – oder mit Ski über die Hänge nördlich davon – hinab ins Dörfchen Fuorns und zur Lukmanierstraße (ca. 1460 m) in der Val Medel.

Varianten:

1) Aufstieg Piz Medel von Camona da Medel: Von der Hütte (2524 m) westwärts hinab zu P. 2422, steil rechts um einen Fels- sporn herum und weiter steil bis sehr steil zum Glatscher da Plat- tas hoch. Etwas westlich seiner Mitte zum Glatscher da Medel hin- auf und deutlich nach Osten ausholend zum Gipfelhang, wo man auf die Ostgratroute stößt. 3 Std. von der Hütte auf den Piz Medel. Nur bei sehr sicheren Verhältnissen; Spaltengefahr beachten.

2) Abfahrten nach Norden: Vom Piz Medel und vom Piz Uffiern kann auch östlich des Felsriffs Davos la Buora abgefahren und durch die Val Plattas Curaglia (1332 m) erreicht werden: eine in jeder Hinsicht großzügige Abfahrt, im frühen Frühling derjeni- gen nach Fuorns vielleicht sogar vorzuziehen.

3) Abfahrt Piz Medel über SO-Flanke: Am Vorabend von der Capanna Scaletta aus die einzig mögliche Route durch diese rie- sige Flanke studieren (auf der Skiroutenkarte Disentis ist sie rich- tig eingezeichnet), am nächsten Morgen sehr, sehr früh aufstehen und später bei eben auffirnendem, über Nacht durch- gefrorenem Schnee die durchwegs steilen 1000 Meter in die Val Camadra abfahren – ein Traum! Die weitere Abfahrt durchs Tal nach Campo Blenio (1216 m) ist keiner mehr.

Verlängertes Wochenende in der Rheinwaldhorn-Gruppe

Adula Alpen

Anreise: Mit der RhB [920] von Chur nach Ilanz und mit dem Postauto [920.45] nach Vals.

Rückreise: Von Hinterrhein mit dem Postauto [940.30] nach Thusis und mit der RhB [940] nach Chur. Bei einer Abfahrt vom Rheinwaldhorn oder Grauhorn ins Tessin: Von Campo Blenio mit dem Postauto [600.78 und 600.72] über Olivone nach Biasca und per Schnellzug [600] weiter Richtung Gotthard oder Süden.

Ausgangspunkt: Berghaus Zervreila (ca. 1840 m) unterhalb der Staumauer des Zervreilasees (1868 m); von Vals Platz auf einer Straße zu Fuß (2 Std.) oder mit Taxi (Tel. 0 81/9 35 12 79) erreichbar. Oder mit einer Abfahrt, solange Lifte laufen (normalerweise bis Ostern); vom obersten Lift unterhalb des Kleinen Frunthorns (2941 m; ohne Namen auf der LK) nordwärts um den Dachberg herum, dann auf Sonnenhängen über Schafläger nach Fruntläger (wegen Felsbändern nicht ganz leicht!); südwärts durch eine Mulde gegen den Zervreilasee, aber oberhalb von diesem scharf nach links zur Staumauer und über diese zum Berghaus Zervreila. Schneetel. des Valser Skigebietes 0 81/ 9 35 14 08.

Unterkunft: Läntahütte SAC (2090 m), 33 Plätze, normalerweise nicht bewirtschaftet, Tel. 0 81/9 35 17 13. Zapporthütte SAC (2276 m), 35 Plätze, an Wochenenden teilweise bewirtschaftet, Tel. 0 81/6 64 14 96. In Vals: Berghaus Zervreila (ca. 1840 m), etwas unterhalb der Staumauer des Zervreilasees, zur Skitourenzeit offen, Tel. 0 81/9 35 11 66 (wenn keine Antwort, Auskunft im Restaurant Edelweiß in Vals, Tel. 0 81/9 35 11 33. Für sonstige Unterkünfte in CH-7132 Vals: Kur- und Verkehrsverein, Tel. 0 81/9 20 70 70, Fax 9 20 70 77. Auf der Tessiner Seite des Rheinwaldhorns: Capanna Adula SAC (2012 m), 70 Plätze, nicht bewirtschaftet, Tel. 0 91/8 72 15 32. Capanna Adula UTOE (Unione Ticinese Operai Escursionisti), (2393 m), 100 Plätze, immer offen, nicht bewirtschaftet, Tel. 0 91/8 72 16 75. In Hinterrhein: Touristenlager, Auskunft erhältlich beim Lebensmittelgeschäft Aebli, Tel. 0 81/6 64 14 91 oder 6 64 15 13.

Material: Für Skihochtour.

Karten: 257 S Safiental, 266 S Valle Leventina, 267 S San Bernardino; 1234 Vals, 1253 Olivone, 1254 Hinterrhein.

Jahreszeit: Ende März bis Anfang Juni. Der Spätfrühling ist günstiger, da sich die Schneedecke um diese Zeit im allgemeinen gut verfestigt hat und die Lawinen aus den steilen Talflanken heruntergedonnert sind; vielleicht müssen die Ski dann vom Zervreilasee ein Stück weit Richtung Läntahütte getragen werden. Die Rheinwaldhorn-Gruppe gilt als schneereich und -sicher. Nach starken Schneefällen sind Länta- und Zapporthütte wegen der lawinengefährdeten Zustiege »Mausefallen«.

Varianten: Die Varianten zur unten vorgeschlagenen 4-Tage-Tour von Vals nach Hinterrhein sind zahlreich. Hier ein paar Vorschläge:

1) Grauhorn-Westabfahrt: am zweiten Tag vom Grauhorn steile, phantastische Direktabfahrt in die Val Carassino und Wie-

deraufstieg zu einer der Adulahütten; am dritten Tag Überquerung des Rheinwaldhorns von West nach Ost. Vorteile: Wenig befahrene Steilabfahrt des Grauhorns, die derjenigen über die N-Flanke in nichts nachsteht; Vermeidung des spaltenreichen N-Aufstieges aufs Rheinwaldhorn; Nachteil: immer volle Rucksäcke, da kein Depot in einer Hütte möglich.

2) Läntahütte einfach: Als strenge Wochenendskitour, mit Anreise freitags nach Zervreila, am nächsten Tag Furggelti- und Güferhorn, am Sonntag Grau- und Rheinwaldhorn (oder umgekehrt), und Abfahrt je nach Schneeverhältnissen nach O, N oder gar nach Westen ins Tessin (ab Lago di Luzzone an Wochenenden möglicherweise Mitfahrgelegenheit nach Campo Blenio).

3) Umgekehrte Richtung: 1. Tag Hinterrhein – Rheinquellhorn (mit Gepäckdepot) – Zapporthütte (oder auch nur Zapporthütte); 2. Tag Rheinwaldhorn und Abfahrt zu einer der beiden Adulahütten; 3. Tag Grauhorn – Läntahütte; 4. Tag Güferhorn (mit dem Gepäckdepot Seelein P. 2681) – Furggeltihorn – Zervreilasee. Vorteil: skiläuferisch vielleicht noch schöner, dazu Bekanntschaft mit allen Hütten am Rheinwaldhorn; Nachteil: unter der Woche schwieriger Zugang zur Zapporthütte.

Ausweichtour: Die im Dezember 1996 eingeweihte Felsentherme von Peter Zumthor in Bad Vals: ein architektonischer Meilenstein, ein sinnliches Erlebnis in 60 000 Platten Valser Quarzit. Täglich geöffnet von 11 bis 20 Uhr; Auskunft über Tel. 0 81/9 26 80 80.

Besonderes: Der Zugang zur Zapporthütte ist unter der Woche wegen des Panzerschießplatzes von Hinterrhein mitunter nicht möglich; Erkundigung unter Tel. 0 81/6 64 15 85, Fax 6 64 17 25.

Der Benediktinermönch Placidus a Spescha (1752-1833) ist einer der Großväter des Alpinismus. Der in Truns als Kind einer armen Bauernfamilie geborene Bündner bestieg als erster viele Gipfel im Vorderrheintal und seinen angrenzenden Gebieten, und das zu einer Zeit, als das Besteigen der Gipfel kaum eingesetzt hatte (1786 Erstbesteigung des Mont Blanc). Placidus a Spescha ging's keineswegs nur um die wissenschaftliche Erforschung und Eroberung der Berge, sondern auch um die Freude am Bergsteigen an sich. Er stieg als erster auf so herausragende Gipfel wie Scopi (1782), Piz Terri (1801/02), Tödi (nur fast, trotz mehrerer Versuche), Güferhorn (1806) und eben das Rheinwaldhorn. Allein erreichte er von Osten die 3402 m hohe Spitze, nachdem ihn anfangs noch ein Schweizer und zwei deutsche Ärzte sowie ein Hirte der Zapportalp begleitet hatten. Das war Mitte Juli 1789 gewesen.

Die zeitliche Übereinstimmung zur Französischen Revolution ist zufällig – und doch bezeichnend. Denn Placidus a Spescha war ein Anhänger freiheitlicher Ideen, was den Österreichern während der Revolutionskriege nicht gefiel, weshalb sie den rebellischen Alpinistenpater für anderthalb Jahre nach Innsbruck in die Verbannung schickten. Die unten vorgeschlagene viertägige Tour durch die Rheinwaldhorn-Gruppe endet dort, wo Placidus a Spescha seine Erstbesteigung des auch Adula genannten Gipfels startete. Sie ist eher klassisch als revolutionär, aber wer nicht mit blinden Augen in dieses Gebirge zwischen Graubünden und Tessin reist, wird entdecken, daß es zahlreiche unbekannte skialpinistische Herausforderungen bereithält.

Furggeltihorn (3043 m) – Güferhorn (3383 m)

Vom Zervreilasee zur Läntahütte

50

Touren-Steckbrief

Schwierigkeit: Furggeltihorn GS (SGS), Güferhorn GAS (SGAS). Steilstes Stück ist der letzte Hang bei der Abfahrt zur Läntahütte mit durchschnittlich(!) 34° auf 300 Hm; etwas ausgesetzt. Aber auch die sich weiter oben befindenden Westhänge sind nicht flach. Der N-Grat zum Furggeltihorn ist auf 60 Hm 35°. Die ausgesetzte Firnschneide zum Gipfel des Güferhorns (gut 40°) kann bei besten Verhältnissen ebenfalls mit Ski befahren werden. Nur bei sicheren Verhältnissen; Lawinengefahr an mehreren Orten. Spalten auf dem Güfergletscher beachten.

Das Güferhorn, der zweithöchste Gipfel der Adula Alpen, gleicht von Osten gesehen dem Rheinwaldhorn. Allerdings ist es ein paar Meter weniger hoch, die Aussicht ist etwas weniger vielfältig (es fehlt der Tiefblick in die südlichen Täler), vom Gipfel kann nur bei besten Verhältnissen abgefahren werden, und in der Abfahrtenanzahl ist das Güferhorn seinem Nachbarn auch leicht unterlegen. Trotzdem lohnt sich ein Besuch dieses stolzen und formschönen Gipfels, zumal die Abfahrt zur Läntahütte, besonders ab der Güferlücke, herrlich und fast anhaltend steil ist. Man kann sich auch vom Furggeltihorn mit dem Anblick des Güferhorns begnügen und dann gleich zu dieser Hütte abfahren, die eine der bemerkenswertesten in den Schweizer Alpen ist. Sie wurde, wie früher die ersten Alphütten oder heute noch die Unterstände für Ziegen in den Tessiner Alpen, an und unter einen gigantischen Felsblock gebaut, der sie zugleich vor den Lawinen im höchst lawinenträchtigen Läntatal schützt. Trotzdem beschädigte vor ein paar Jahren eine riesige Lawine die heimelige Holzhütte, so daß eine zusätzliche Schutzmauer errichtet werden mußte, deren Teil aus Beton als Kletterwand gestaltet wurde. Man kann da also an den langen Spätfrühlingsnachmittagen schon für die Sommertouren trainieren.

Aufstieg Furggeltihorn: Vom Berghaus Zervreila (ca. 1840 m) zur Staumauer (1868 m). Auf dem Sträßchen auf dem O-Ufer des Zervreilasees über P. 1985 zur Brücke (1865 m) über den östlichen Stauseezipfel. Auf dem Sträßchen nordwärts dem See entlang bis zu den Hängen östlich des Hornbachs, wo der eigentliche Aufstieg beginnt. Südwärts hinauf nach Unter Butz (P. 2407) und südwestwärts am Fuße der Brochenhüreli-Nordhänge über P. 2598 in den Übergang (ca. 2750 m) südlich von P. 2761. Über den steilen N-Grat auf den flachen Gipfelrücken und zum höchsten Punkt des Furggeltihorns (3043 m).

Abfahrt Furggeltihorn und Aufstieg Güferhorn: Vom Furggeltihorn westwärts auf dem Gipfelgrat Richtung W-Gipfel (3023 m) und in der teilweise steilen NW-Flanke abwärts bis etwa 2800 m. Nun scharf nach links wenden und südöstlich von den Felsen von P. 2768 durch eine Mulde abwärts, um dann wieder nach links zu einem Seelein (2681 m) zu queren. Hier am besten Gepäckdepot machen und anfellen. Durchs Tälchen hoch in die Güferlücke (2863 m). Auf den Güfergletscher queren und diesen südwärts ansteigen, wobei man deutlich nach O ausholt, um die Spaltenzone auf etwa 2950 m zu umgehen. Am Fuß des N-Grates (ca. 3280 m) meistens Skidepot und zu Fuß über die Firnschneide (Achtung: Wächten!) zum Gipfel des Güferhorns (3383 m); bei besten Verhältnissen können die Ski mitgenommen werden.

Abfahrt zur Läntahütte: Bis zum Seelein (2681 m) wie Aufstieg. Nun direkt durchs schmale Tälchen weiter, dann rechtshaltend unterhalb von Felsen in einen größeren Hang einfahren. Ihn ebenfalls rechtshaltend abfahren, um den Steilhang zu erreichen, der im Norden von den Felswänden von P. 2422 begrenzt ist. Ihnen entlang (und nicht dem Bachlauf weiter links), bis man direkt zum Valser Rhein hinabkurven kann. Auf Schneebrücken über den Fluß und kurze Gegensteigung zur Läntahütte (2090 m). Vom Seelein kann auch nordwestwärts über eine flache Rampe abgefahren werden, bis etwa 2500 m. Nun scharf nach SW drehen, um die oben erwähnte, einzig mögliche Ausfahrt zur Läntahütte in dieser steilen Talflanke zu finden.

Varianten:

1) Nur Furggeltihorn: Abfahrt vom Gipfelgrat zwischen Haupt- und Westgipfel nordwestwärts bis zu einem Einschnitt südlich von P. 2610 (hierher auch direkt vom Übergang am Fuß des N-Grates), dann südwestwärts zu den Steilhängen südlich von P. 2422.

2) Nur Güferhorn: Vom Übergang am Fuß des Furggeltihorn N-Grates Querung auf etwa 2780 m, bis man südöstlich von P. 2768 Richtung Seelein (2681 m) halten kann. Eine ganz andere Route umgeht das Furggeltihorn auf seiner Ostseite, ist aber weniger empfehlenswert, da der Übergang über die Lücke zwischen P. 2849 und P. 2781 heikel sein kann.

3) Nur Läntahütte: Von der Brücke über den Zervreilasee (1865 m) auf dem Sträßchen ins Läntatal und flach über die Lampertsch Alp zur Läntahütte. 3 Std. ab Berghaus Zervreila.

51 Grauhorn (3260 m)
Von der Läntahütte über die N-Flanke

Touren-Steckbrief

Schwierigkeit: SGAS. Der Grauhorngletscher ist zwischen 2780 m und dem Gipfel anhaltend steil; durchschnittliche Neigung auf diesen knapp 500 Hm 33°, mit spürbar steileren Abschnitten (bis 40°). Große Ausgesetztheit, da der Aufstieg häufig am spaltenarmen, dafür nach der einen Seite in Felswände abbrechenden O-Rand des Grauhorngletschers erfolgt. Nur bei nstabiler Schneedecke.

Höhenunterschied: Aufstieg und Abfahrt je 1170 m.

Zeit: Aufstieg $3^1/_2$–4 Std.; Abfahrt 1–$1^1/_2$ Std.

Lage: N. Der Grauhorngletscher ist leicht nach NO gerichtet und erhält schon die ersten Sonnenstrahlen; sehr früher Aufbruch empfiehlt sich.

Das Grauhorn ist der dritthöchste Gipfel der Adula Alpen. Für Skibergsteiger, welche steile, direkte Abfahrten lieben, ist dieser Berg ein Muß. Von der Läntahütte aus kann man sehr gut den Aufstieg und die Abfahrt über die vergletscherte N-Flanke studieren. Eine Besteigung des Grauhorns läßt sich ohne großen zeitlichen Mehraufwand mit derjenigen des Rheinwaldhorns verbinden.

Aussicht vom Piz Terri zur Rheinwaldhorn-Gruppe, mit der Adula in der Mitte und dem fast gleich hohen Güferhorn links. Da gibt es einiges zu tun.

Aufstieg: Von der Läntahütte (2090 m) taleinwärts bis P. 2264. Schräganstieg zum Grauhorngletscher, den man etwa in seiner Mitte betritt. Auf etwa 2740 m an den O-Rand der N-Flanke des Grauhorns und direkt sehr steil hinauf zum höchsten Punkt (3260 m); der Gipfelhang kann auch rechtshaltend gequert werden, um zuletzt über den NW-Grat zum Ziel zu gelangen.

Abfahrt: Wie Aufstieg.

Weiterweg zum Rheinwaldhorn: Vom Gipfel des Grauhorns über den NW-Grat (Spalten!) in eine Lücke südlich eines Fels-aufschwungs und links sehr steil (gut 40°) durch eine Rinne auf den Vadrecc di Casletto abfahren. Hier setzt die Steilabfahrt in die Val di Carassino zur Alpe Bresciana (1889 m) an. Um zum Rheinwaldhorn zu gelangen, quert man so hoch wie möglich um die Rippe zwischen Grauhorn und Cima della Negra herum auf den nördlichen Vadrecc di Bresciana. Anfellen auf etwa 3050 m. Auf einer Art Rampe unter dem Adulajoch hindurch zur Lücke P. 3253 (oder auch zu einer Lücke weiter südlich) und über den NO-Rücken, der oben in einen schmalen Grat übergeht, auf den höchsten Punkt des Rheinwaldhorns (3402 m). 1^1/$_2$ Std. vom Grauhorn.

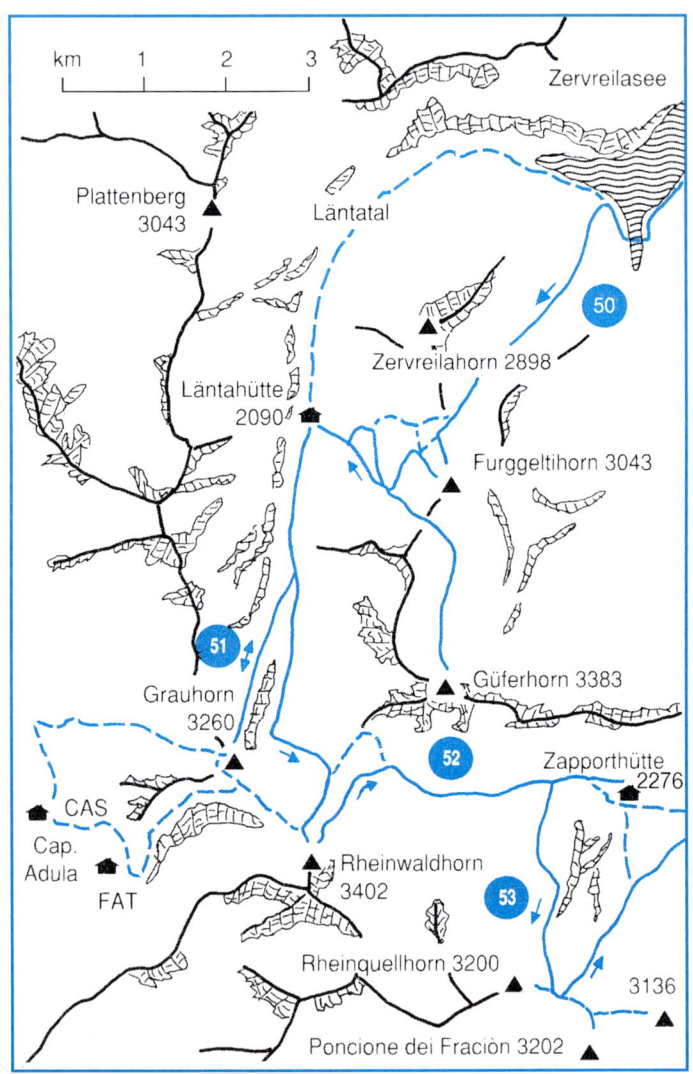

km 1 2 3

Zervreilasee

Plattenberg 3043

Läntatal

Zervreilahorn 2898

50

Läntahütte 2090

Furggeltihorn 3043

Güferhorn 3383

51

Grauhorn 3260

52

Zapporthütte 2276

CAS

Cap. Adula

FAT

Rheinwaldhorn 3402

53

Rheinquellhorn 3200

3136

Poncione dei Fraciòn 3202

Touren-Steckbrief

Schwierigkeit: GAS. Der Läntagletscher ist recht steil (je 200 Hm um die 30°) und ziemlich verschrundet (was man bei der Ansicht von der Läntahütte kaum vermutet). Der Gipfelgrat ist knapp 30° steil und etwas ausgesetzt, kann aber gut mit Ski befahren werden. Die O-Flanke ist bis 35° steil, oder noch mehr, je nach gewählter Route; ihr Gletscher ist zahm. Nur bei sicheren Schneeverhältnissen.
Höhenunterschied: Aufstieg 1310 m; Abfahrt 1130 m.
Zeit: Aufstieg 4^1/$_2$ Std.; Abfahrt 1^1/$_2$-2 Std.
Lage: Aufstieg N; Abfahrt O.

Das Rheinwaldhorn ist der höchste Gipfel der Adula Alpen. Sie werden so genannt, weil ihr Kulminationspunkt auf italienisch Adula heißt. Dieses Gebirge liegt im Grenzkamm zwischen dem Graubünden und dem Tessin, und das Rheinwaldhorn markiert gleichzeitig den höchsten Punkt des südschweizerischen Kantons. Das 3402 m hohe Haupt des Adulagebirges ist eine vierseitige Firn- und Felspyramide, in der fünf Täler gipfeln. Von Osten strebt das Hinterrheintal, von Norden das Läntatal in einem Zug bis zum Gipfelkreuz; im Westen reichen die Val Soi und die Val di Carassino bis zum Gipfelbereich; nach Süden hingegen bricht der früher auch noch Piz Valrhein genannte Berg mit einer 700 m hohen Felswand in die Val Malvaglia ab, die sich in kurzem Lauf zu den Reben und Palmen der Valle di Blenio absenkt.

Vier Hütten erleichtern die Besteigung der Adula. Wer diese mit Ski ausführt, wird einen der schönsten Skiberge der Schweiz kennenlernen. Das gilt für die Aufstiege wie die Abfahrten. Und für die Aussicht erst recht: dank seiner Höhe und seiner weit nach Süden vorgeschobenen Lage ist das Rheinwaldhorn einer der hervorragendsten Panoramaplätze im zentralen Alpenbogen.

Aufstieg: Von der Läntahütte (2090 m) taleinwärts zum Läntagletscher. Auf seinem westlichen Ufer, unterhalb der Grauhornfelsen, bis etwa 2800 m aufsteigen und auf einer spaltenärmeren Verflachung nach links zu den Felsen von P. 2923 aufsteigend queren. Über steilere Hänge zum Verbindungsgrat Läntalücke – Rheinwaldhorn hinauf und über ihn zum Gipfeldreieck. Den Bergschrund an seinem Fuß umgeht man rechts und steigt über den zusehends schmäler werdenden NW-Rücken mit Ski aufs Rheinwaldhorn (3402 m).

Abfahrt: Vom Gipfelkreuz kurz über den Grat zurück und rechts gleich einen ziemlich steiler Hang hinab auf eine Verflachung. Nach links halten, bis man über eine Kante einen steileren Hang Richtung P. 3029 befahren kann. Aber oberhalb davon wieder nach links halten. Wo man die darunterliegende, von Felsen durchsetzte Steilstufe überwindet, hängt von den Schnee- und Sichtverhältnissen ab. Am sichersten ist es, wenn man unterhalb der Felsen des N-Rückens nordwärts bis etwa 2900 m hält, um dann zur Verflachung bei P. 2712 abzufahren; die Abfahrt ist jedoch auch weiter südlich möglich (aber auf jeden Fall nördlich von P. 2664). Hinab in den flachen Talboden und ostwärts nach Ursprung (P. 2345). Nun auf dem linken Ufer des Hinterrheins, entlang dem Sommerweg in der abschüssigen S-Flanke, zur Zapporthütte (2276 m); kleine Gegensteigung oberhalb P. 2295.

Varianten:

1) Abfahrt über Läntalücke: Über den N-Rücken des Rheinwaldhorns bis zur Läntalücke (2979 m) und südostwärts, einigen Felsstufen ausweichend, in den Talgrund hinab.

2) Abfahrt zur Capanna Adula: wie beim Grauhorn beschrieben bis zum Anfellpunkt. Im Süden des Felsgrates der Cima della Negra durch ein zusehends steiler werdendes Tälchen bis 2640 m, dann scharf links hinaus auf die Moräne. Ihr entlang, bis man nordwärts zur Hütte (2393 m) abfahren kann.

Touren-Steckbrief

Schwierigkeit: GAS. Schwierigste Teilstücke sind der Anstieg von der Zapporthütte Richtung Ursprung sowie die stark lawinengefährdete Route durch die Rheinschlucht zur großen Schwemmebene westlich von Hinterrhein (Panzerschießplatz). Zuoberst am Rheinquellhorn müssen die Ski durch eine kurze Steilrinne beim Rauf wie Runter getragen werden (oder man macht gleich ein Skidepot). Der Zapportgletscher ist mäßig verschrundet. Nur bei sicheren Verhältnissen.

Höhenunterschied: Aufstieg 910 m; Abfahrt 1200 m rassig und 400 m flach.

Zeit: Aufstieg 3 Std.; Abfahrt mindestens 3 Std.

Lage: N.

Besonderes: Der Abstieg auf dem Sommerweg von der Zapporthütte nach Hinterrhein ist nur bei völliger Ausaperung machbar.

Das Rheinquellhorn ist nur der siebenthöchste Gipfel der Adula Alpen, dafür derjenige mit dem schönsten Namen. Quelle des Rheins, Europas drittlängstem Fluß (1320 km), Deutschlands Strom mit Loreley und so, aber auch Schweizerhalle (Chemiekatastrophe in Basel). Der Rhein entwässert 68% der Schweiz. Im Lai da Toma (2345m) beim Oberalppaß beginnt der Vorderrhein (dort ist auch Kilometer 0). Im Paradiesgletscher im Osten des Rheinwaldhorns entspringt der Hinterrhein, das Gletschertor war einst bei P. 2345 (!), mit dem schönen Wort Ursprung benannt. Die 1870/1871 erbaute Zapporthütte hieß früher auch Ursprunghütte, und ihr gegenüber beschließen wir die Tour durch die Rheinwaldgruppe, mit einer direkten Abfahrt vom Rheinquellhorn über herrliche Nordhänge hinab ins »Paradies«. So heißt eine karge Alpwiese südlich des Rheins, und die Felswände am

andern Ufer, in denen der ausgesetzte Sommerweg zur Zapporthütte verläuft, haben zu Recht den Namen »Höll«. Eher letzte-
rem entspricht die weitere Abfahrt zum Dörfchen Hinterrhein,
mit ihren zuerst alpinen und später militärischen Gefahren ...

Aufstieg: Von der Zapporthütte (2276 m) auf der Rheinwald-
horn-Route bis westlich P. 2295. Über den Hinterrhein und süd-
west-, später südwärts ansteigen bis P. 2694. Ostwärts den
Gratausläufer des Paradieshüreli queren und auf einer Art Rampe
im westlichsten Zapportgletscher an den Fuß des SO-Grates des
Rheinquellhorn. Ein Felsband versperrt den Zugang zur gut
befahrbaren O-Flanke. Es kann durch eine kurze Steilrinne rechts
der Gratkante überwunden werden. Danach zu Fuß oder wieder mit Ski entlang dem SO-Grat auf den Gipfel des Rhein-
quellhorns (3200 m).

Abfahrt: Bis unterhalb des Felsbandes wie Aufstieg, dann direkt
(aber Vorsicht vor einigen Spalten) über den Zapportgletscher
zur großen Moräne, die sich ins Paradies absenkt. Über sie, später über eine weiter östlich liegende Moräne zum Rhein (ca.
2000 m) hinab. Auf dem rechten Ufer zuerst durch eine ein-
drückliche Schlucht (bei zuwenig oder zuviel Schnee heikel!),
später in etwas offenerem Gelände talauswärts. Den Fluß ungefähr beim Beginn der Schwemmebene (Höghufer auf der Karte)
auf einer Lawinenschneebrücke überqueren (weiter vorne befindet sich eine richtige Brücke) und auf Panzerpisten und einer
Straße zu Restaurant und Postauto-Haltestelle beim Nordportal
des San-Bernadino-Straßentunnels (1612 m). Ein zusätzlicher
Straßenkilometer bis ins Dorf Hinterrhein.

Varianten:
1) Aufstieg über Abfahrtsroute: Von der Zapporthütte westwärts
bis P. 2295, über den Rhein und auf dem rechten Ufer abwärts bis
etwa 2200 m, worauf man nordwärts zur großen Moräne aufsteigt. Der Abstieg direkt von der Zapporthütte zum Rhein ist sehr
abschüssig und von oben her nicht leicht zu finden. Von unten:
Der Fluß wird etwa 200 m westlich P. 2097 überquert, worauf
man etwas rechts ausholend über Bänder die Hütte erreicht.

2) Piz de Stabi (3136 m) und Poncione dei Fracíon (3202 m):
Vom Zapportpaß (3045 m) leicht und schnell erreichbar, der Piz
de Stabi über den W-Rücken mit Ski bis zuoberst, der Poncione
dei Fracíon über den N-Grat, das letzte Stück zu Fuß.

Wochenende am Malojapaß

Bernina Alpen

An- und Rückreise: Von Chur mit der RhB [940] nach St. Moritz. Weiter mit dem Postauto [940.80] über Sils-Maria nach Maloja.

Ausgangspunkt: Maloja (1809 m).

Unterkunft: Für Piz da la Margna Möglichkeiten in CH-7516 Maloja. Auskünfte erteilt das Verkehrsbüro, Tel. 0 81/8 24 31 88, Fax 8 24 36 37.

Will man die Tour früher im Jahr unternehmen, so bietet die Pension Lagrev in Isola, einer kleinen Siedlung am Südufer des Lej da Segl, einen guten Ausgangspunkt, Tel. 0 81/8 24 35 91. Für Piz Tremoggia: Möglichkeiten in 7514 CH-Sils-Maria. Auskünfte erteilt das Verkehrsbüro, Tel. 0 81/8 38 50 50, Fax 8 38 50 59. Wer die Tour früher im Jahr machen will, kann in der Val Fex übernachten: Chesa Pool in Fex-Platta, Tel. 0 81/8 26 55 04 (geschlossen von Ende April bis Mitte Juni); Hotel Fex in der mittleren Val Fex (1960 m), Tel. 0 81/8 26 53 55 (geschlossen eine Woche nach Ostern bis Mitte Juni).

Material: Für Skihochtour.

Karten: 268 S Julierpaß; 1276 Val Bregaglia, 1277 Piz Bernina.

Jahreszeit: Ab März möglich, besser jedoch erst im April/Mai.

Ausweichtouren: Im Frühling zahlreiche Touren rund um den Malojapaß; im Mai allerdings sind die Möglichkeiten infolge Ausaperung ziemlich eingeschränkt. Kann keine Skitour unternommen werden, legt man sich ans Ufer des Silsersees und liest Friedrich Nietzsches »Also sprach Zarathustra«, das dieser in Sils-Maria schrieb, oder besucht sein Haus (Sammlung mit Erinnerungsstücken).

Der Malojapaß an der Schwelle vom Engadin ins Bergell ist Ausgangspunkt für Skitouren unterschiedlicher Schwierigkeit. Die hier ausgewählten Anstiege erfordern erprobte Skibergsteiger mit hervorragender Kondition – und sichere Schneeverhältnisse!

Touren-Steckbrief

Schwierigkeit: SGAS. Die Nordrinne ist sehr steil – zwischen 3100 und 3000 m 45°, darunter 100 Hm 42°, dann spürbar flacher (36° und 32°); im unteren Teil ist sie eng und bei geringer Schneelage felsdurchsetzt; große Ausgesetztheit. Eine kalte, klare Nacht und frühzeitiger Aufbruch (Länge der Tour beachten!) sind unbedingt erforderlich. Aufstieg durch die N-Rinne empfiehlt sich, um die Schneeverhältnisse zu prüfen. Der Piz da la Margna ist aber auch auf dem »Normalweg« (also ohne Befahrung der Nordrinne) steil und lawinengefährdet.

Höhenunterschied: Aufstieg und Abfahrt je 1350 m.

Zeit: Aufstieg 5 Std.; Zeit für die Abfahrt vom skitechnischen Können und den Schneeverhältnissen abhängig; berücksichtigen, daß beim Übergang von der Val Fedoz in die Val Fex ein kurzer Gegenanstieg und Flachstücke Zeit kosten.

Lage: Aufstieg NW, N, NO; Abfahrt N, NO.

Anstrengende und schwierige Bergfahrt auf den weithin sichtbaren »Wächter des Oberengadins«. Die Nordrinne ist eine Extremabfahrt für Skiartisten, die ungewöhnlich günstige Verhältnisse erfordert – Absturzgefahr bei Hartschnee, Lawinengefahr bei Weichschnee!

Aufstieg: Von Maloja (1809 m) Richtung Osten durch lichten Wald mit mäßigem Höhengewinn nach Plan Fond (ca. 2000 m). Richtung Südosten ziemlich steil zu einem Rücken, der sich vom nordwestl. Vorgipfel des Piz da la Margna (La Margneta) herabzieht. Über diesen Rücken quert man in die riesige Nordmulde ein. Durch diese Mulde steil (180 Hm 31°) bis in eine Höhe von 2800 m. Hier quert man nach links (knapp 40°) zu den Felsen hinaus. Erscheint eine Abfahrt durch die Nordrinne nicht möglich, errichtet man das Skidepot bei oder dicht unter P. 2912.

Ohne oder mit aufgeschnallten Ski über den langen Nordostgrat in unschwieriger Blockkletterei auf den Gipfel des Piz da la Margna (3158 m).

Abfahrt: Für sehr gute Skifahrer bei ausgezeichneten Verhältnissen vom Gipfel durch die äußerst steile und im unteren Teil enge, bei geringer Schneelage felsdurchsetzte Nordrinne in die große Mulde. Hierher bei ungünstigen Verhältnissen vom Skidepot auf dem Anstiegsweg. Nach der zweiten Steilstufe durch sanft geneigtes Gelände bis in eine Höhe von etwa 2200 m. Hier beginnt man sich rechts zu halten und quert um einen felsigen Rücken (Fil da Murtairac) nach O zu einer Alm (Ca d'Starnam, 2024 m) in der Val Fedoz. Fast ohne Gegenanstieg zu einem Höhenrücken, der Fedoz- und Fextal trennt. In kurzer Abfahrt

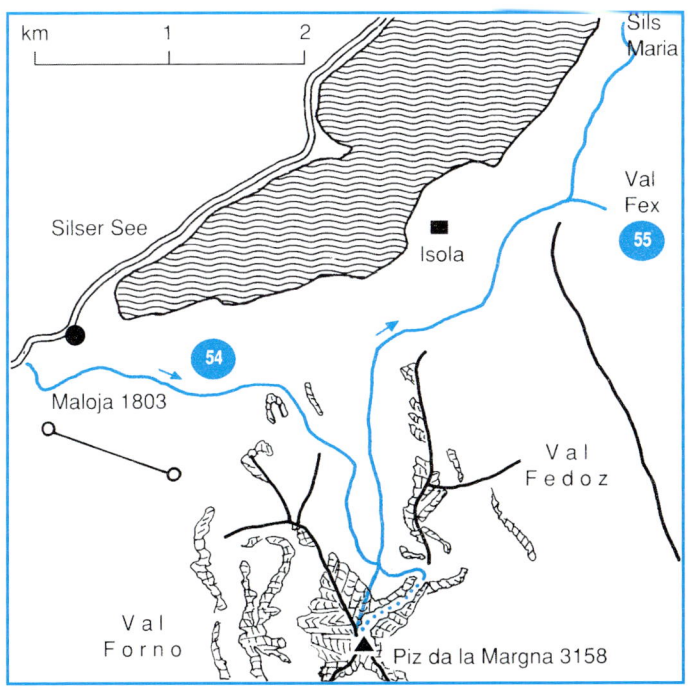

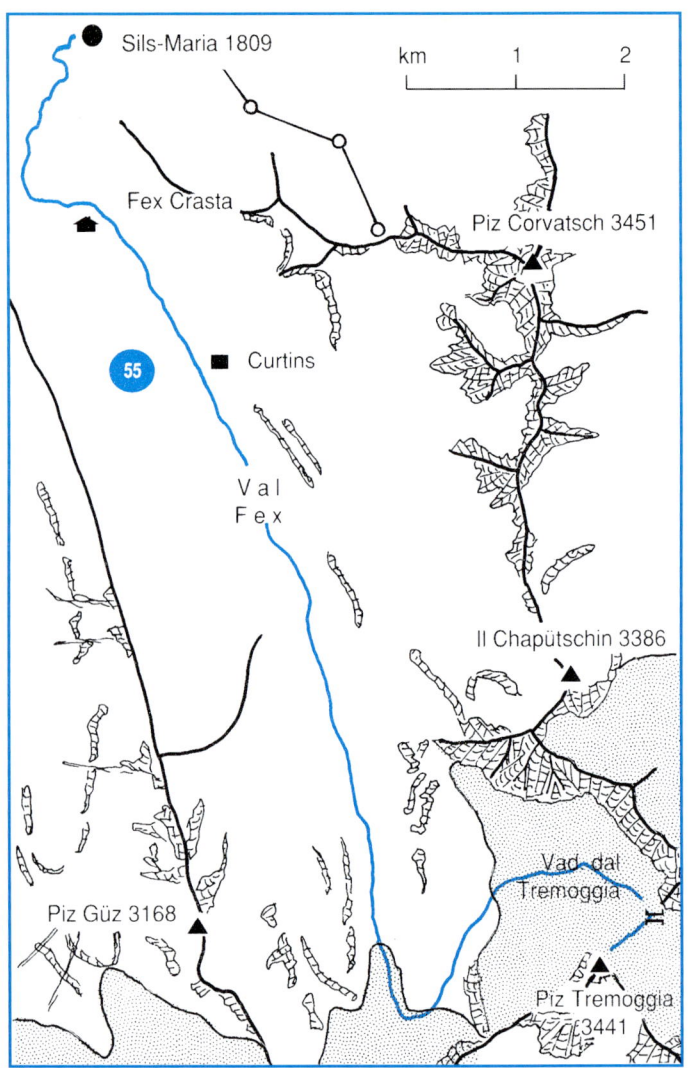

Sils-Maria 1809

km   1   2

Fex Crasta

Piz Corvatsch 3451

55   Curtins

V a l
F e x

Il Chapütschin 3386

Vad dal
Tremoggia

Piz Güz 3168

Piz Tremoggia
3441

zur Fahrstraße in der Val Fex, die man etwas oberhalb des großen Parkplatzes erreicht. Anmerkung: Das Fextal ist für den allgemeinen Verkehr gesperrt. Also zu Fuß nach Sils-Maria (1809 m). Die fahrplanmäßige »Pferdegespann-Linie« [940.77] in der Val Fex verkehrt erst ab Juni. Fahrten auf Bestellung werden jedoch durchgeführt (Tel. 081/8265286).

Piz Tremoggia (3441 m)
NW-Flanke aus der Val Fex

Touren-Steckbrief

Schwierigkeit: GAS. In dieser Jahreszeit nach kalter Nacht kaum lawinengefährdet. Naßschneerutschen bei verspäteter Abfahrt möglich.
Höhenunterschied: Aufstieg und Abfahrt je 1630 m.
Zeit: Aufstieg 6 Std.; Abfahrt 2–3 Std., in der Val Fex lange Flachstücke.
Lage: Aufstieg und Abfahrt NW, NO.

Der Piz Tremoggia ist ein bedeutender Gipfel mit charakteristischer Gestalt: weithin sicht- und erkennbare Firnkuppe. Im Vergleich zum Piz da la Margna ist der Anstieg leichter, länger, aber auch (in den beiden unteren Dritteln des Anstiegs) eintöniger.
Aufstieg: Von Sils-Maria (1809 m) auf der Straße in der Val Fex bis zum Hotel Fex (1960 m); 1 Std. Am östlichen Ufer der Fedacla kurz talein, über eine Brücke (P. 1978) und – nunmehr am westlichen Ufer, aber weiterhin mit sehr geringem Höhengewinn – zu einer Alphütte (P. 2070) und zum Talschluß (P. 2303). Erst sanft, dann aber ziemlich steil Richtung Süden zum Vadret da Fex. Weiterhin steil bis in eine Höhe von etwa 2650 m. Nun folgt die »Schlüsselstelle« des Anstiegs, die Querung nach links zum Vadret dal Tremoggia. Der Westhang, der gequert werden muß, ist steil und felsdurchsetzt. Auf dem Tremoggiagletscher (Spalten!) in einem weiten Rechtsbogen zur Fuorcla Fex-Scerscen

(3122 m). Von der Scharte steigt man über den behäbigen Nordostrücken, der sich in den letzten hundert Höhenmetern ordentlich aufsteilt, zum Gipfel. Dieser Schlußteil des Anstiegs führt bereits über italienisches Staatsgebiet. Nordöstlich oberhalb der Scharte das Bivacco Colombo (etwa 3170 m), eine Biwakschachtel für Notfälle. Achtung: Der Nordostrücken ist mitunter vereist und dann gar nicht mehr gemütlich.

Abfahrt: Wie Aufstieg. Vom Hotel Fex mit Pferdegespann oder zu Fuß nach Sils-Maria.

Wochenende in Samnaun

Samnaungruppe

An- und Rückreise: Von Chur auf schmaler Spur mit der RhB nach Scuol [940, 960]. Weiter mit dem Bus nach Samnaun [960.70].

Ausgangspunkt: Samnaun (1840 m).

Unterkunft: Auskünfte beim Verkehrsverein in CH-7563 Samnaun, Tel. 0 81/8 68 58 58, Fax 8 68 56 52; Internet: http://www.scuol.ch.

Material: Normale Skitourenausrüstung. Harscheisen nicht vergessen!

Karten: 249 S Tarasp; 1179 Samnaun.

Jahreszeit: Ab Februar, günstiger jedoch spät im Jahr (April oder Mai).

An der äußersten Ecke im Nordosten der Schweiz liegt Samnaun. Das ehemals arme Bergdorf war lange Zeit nur auf dem Umweg über österreichisches Staatsgebiet erreichbar und erhielt, nicht zuletzt zur wirtschaftlichen Besserstellung, den Status eines Zollausschlußgebietes. Inzwischen ist Samnaun längst auch von der Schweiz her erreichbar und nicht nur ein beliebtes Reiseziel, weil man hier Zigaretten und Spirituosen, Parfum und Benzin billiger einkaufen kann, sondern auch weil es sich zu einem ansehnlichen Skigebiet (über die Staatsgrenze hinweg mit Ischgl verbunden) entwickelt hat. Dennoch finden die Skitouristen keineswegs alltägliche Ziele! Der mächtige Gipfelhang des Muttler kann durchaus als Steilflanke betrachtet werden. Wer ihn – bei sicheren Verhältnissen, versteht sich – mit Genuß und nicht mit Zittern befährt, darf sich zu den Meistern des Skilaufs zählen. Weniger schwierig zu befahren ist die windgeschützte Nordmulde, die zum Piz Chamins führt – gleichfalls ein skiläuferischer Leckerbissen!

Piz Chamins (2927 m)

Durch das N-Kar

Touren-Steckbrief

Schwierigkeit: GS. Lawinengefahr in der Val Gravas, vor allem zwischen 2200 und 2400 m. Steilheit: im unteren Teil der Val Gravas sowie im Gipfelbereich bis 33°.
Höhenunterschied: Aufstieg und Abfahrt 1090 m.
Zeit: Aufstieg 3^1/$_2$ Std.; Abfahrt 1 Std.
Lage: Aufstieg und Abfahrt N. Auf dem Fahrweg O.

Der Piz Chamins steht im Rang als Skitour im Schatten des ungleich bekannteren Muttler, bietet jedoch einen großartigen Anstieg durch ein urtümliches Nordkar.
Aufstieg: Von Samnaun (1840 m) auf einem Fahrweg Richtung Westen in das Tal des Schergenbaches. Nach etwa 20 Min. sieht man links die Val Chamins abzweigen – gleichfalls eine großartige Skimulde, jedoch mit dem Nachteil, daß sie nicht auf einen ordentlichen Gipfel führt (der Piz Chamins über den O-Grat ist nicht jedermanns Sache), sondern nur auf eine Höhenkote (P. 2922). Wen das nicht stört, dem sei dieser Anstieg sehr empfohlen! Wenig später mündet neuerlich ein Bach ein. Wir verlassen unser Tal und folgen ihm Richtung Südwesten, auf einen Wasserfall zu. Deutlich unterhalb der Fälle, in einer Höhe von etwa 2150 m, wechselt man zur ungleich steileren anderen Bachseite. Auf dieser (in Aufstiegsrichtung) linken Talseite steigt man steil durch die Val Gravas, bis es ab einer Höhe von etwa

2500 m (ab hier hält man sich in der Mitte des Tales) etwas gemütlicher wird. Ohne Orientierungsschwierigkeiten, zuletzt jedoch etwas enger und neuerlich steil, erreicht man den Gipfel.
Abfahrt: Wie Aufstieg.

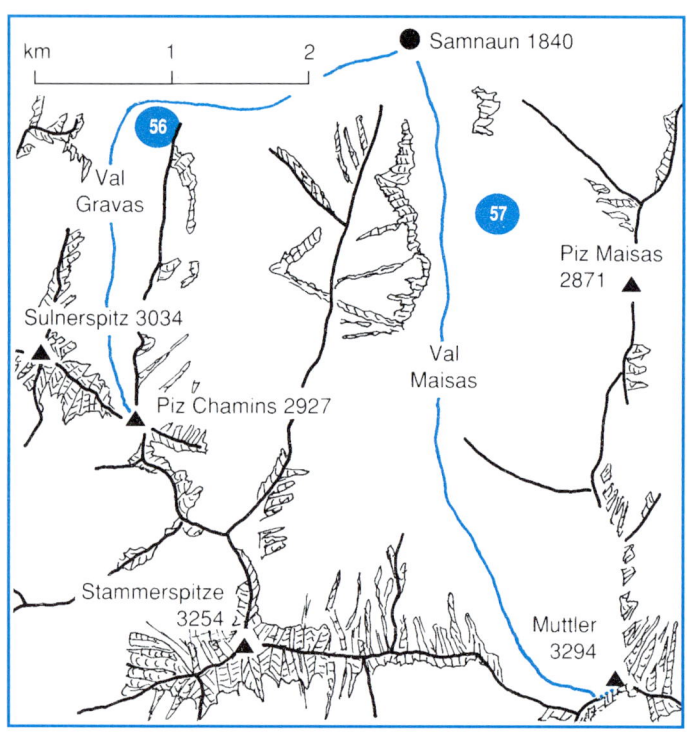

Muttler (3294 m)

Über die NW-Flanke

Touren-Steckbrief

Schwierigkeit: SGS. Häufig lawinengefährdet. 800 Hm durchschnittlich 33°, davon die obersten 300 Hm 36° (gemessen in der südwestlichen Hälfte der NW-Flanke); je nach gewählter Route auch etwas weniger oder gar noch steiler, besonders bei der Einfahrt in die mittlere, große Rinne der Flanke.
Höhenunterschied: Aufstieg und Abfahrt 1450 m.
Zeit: Aufstieg 4$^{1}/_{2}$ Std.; Abfahrt – bei bestem Firn viel zu rasch.
Lage: Aufstieg und Abfahrt NW, N.

Eine mächtige Pyramide, von vielen Gipfeln eindrucksvoll zu sehen, mit einer schwierigen Abfahrt nach Samnaun.
Aufstieg: Von Samnaun (1840 m) auf der (im Anstiegssinne) linken Talseite durch die Val Maisas bis zum Talschluß. Hier beginnt die großartige, nur wenig gegliederte NW-Flanke, die über rund 1000 Hm zum Gipfel führt! Über diese Flanke, die sich schon nach kurzer Zeit ordentlich aufsteilt, steigt man – bei günstigen Verhältnissen – mit Ski bis zum Gipfelkreuz. Der letzte Teil des Anstiegs ist besonders steil und felsdurchsetzt.Lassen es die Verhältnisse oder das skitechnische Können nicht zu, hält man sich noch weiter rechts und erreicht die Einsattelung zwischen Muttler und Punkt 3143 der LK (»Muttlerscharte«, weder bezeichnet noch kotiert). Skidepot. Über den unschwierigen SW-Grat zum Gipfel (3294 m).
Abfahrt: Wie Aufstieg.

Skitouren im Juni

Im Juni rutscht der Schneesaum nochmals weiter nach oben, über 2000 m und noch höher; nur nordseitige Rinnen und Hänge sind unterhalb davon noch weißlich. Aufstiegs- und vor allem Abfahrtsrouten sind nun offensichtlich: ganz einfach da, wo noch Schnee liegt. Vom letzten zum allerletzten weißen Flecken zu rutschen und zu springen, das hat einen ganz besonderen Reiz. In höheren, vergletscherten Regionen kann natürlich auch im Juni noch Winter sein, wenigstens was den Schnee (kurzfristig) betrifft. Normalerweise hat sich der Schnee so gut gesetzt und verfestigt, daß teilweise noch nach Mittag angenehme Bedingungen für rassige Firnabfahrten vorzufinden sind. Herrschte im Mai aber oft schlechtes Wetter, dann gilt für den Juni: Sternenhimmel verspricht Genuß, mitten in der Nacht aufstehen ist ein Muß. Ist die Schneedecke nur halb durchgefroren, so ist sie vielleicht nur vor den ersten Sonnenstrahlen befahrbar; sonst wartet man besser, daß sie richtig aufgeweicht wird – wenn es die Verhältnisse erlauben. Auf die tageszeitliche Erhöhung der Lawinengefahr muß auch im Juni Rücksicht genommen werden. Eine andere Gefahr ist ebenfalls ernstzunehmen: das Befahren von Bachläufen. Wenn der unterhöhlte Schnee plötzlich einbricht, kann es leider schnell ungemütlich werden. Zu Frühsommer-Skitouren gehören hochgelegene Ausgangspunkte; Bergbahnen und wiedergeöffnete Paßstraßen, über die ab Ende Mai oder ab Mitte Juni auch die Postautokurse ihren Betrieb aufnehmen, machen es möglich. Manchmal müssen die Ski freilich auch getragen werden, und dann sind leichte Ski, Tourenbindungen und Schuhe von gewichtigem Vorteil. Zuweilen begegnet man auf Skitouren im Juni schon den ersten Leuten mit Wanderschuhen. Auch sie denken sich vielleicht, daß dieser Monat ideal ist, um die Einsamkeit des Hochgebirges zu erleben. Denn im Juni ist der Ansturm der Skifahrer vorbei, und derjenige der Wanderer und Bergsteiger hat noch nicht eingesetzt. Und wenn noch Schnee liegt, ist fahren schöner als gehen.

Ein ganz anderes Wochenende

Schweiz und Italien

An- und Rückreise: Mit der RhB [940] nach Thusis und mit dem Postauto [940.40] nach Avers Cröt.

Unterkunft: Walserstube in Cröt, Tel. 0 81/6 67 11 28. Baita del Capriolo Val di Lei liegt auf italienischem Staatsgebiet, 1 km nördlich der Westecke des schweizerischen Staudammes des Lago di Lei, 44 Plätze, offen von Mitte Mai bis Ende Oktober (in dieser Zeit ist auch der Zugangstunnel zur Valle di Lei offen), Tel. 0 81/6 67 11 36.

Material: Für Skihochtour (aber nur Pizzo Stella; sein Gletscher ist allerdings nur mäßig verschrundet; Steigeisen immer einpacken, falls der Gipfelgrat vereist ist). Personalausweis. Lire für Baita del Capriolo nicht nötig, caffè con grappa, Alpkäse und -wurst können auch in franchi svizzeri bezahlt werden.

Karten: 267 S San Bernardino; 1255 Splügenpaß, 1275 Campodolcino.

Jahreszeit: Mitte Mai bis Mitte Juni. Der Pizz Gallagiun lohnt sich nicht im Winter/Frühling, da die Val Madris viel zu flach ist. Der Pizzo Stella hingegen schon, aber dann von Madesimo aus über den Pizzo Groppera (der bekannteste Privatsender der Schweiz, »Radio 24«, begann dort oben halblegal zu senden); Bahnen und Skilifte sind bis ca. Ende April in Betrieb; Verkehrsverein Madesimo, Tel. 0343/503015.

Andere Juni-Rad-Ski-Touren im Avers

1) Valle di Lei: Cima da Lägh oder di Lago (3083 m).

2) Val Madris: Cima da Lägh (3083 m), leichter als aus der Valle di Lei; Pizzo Rosso (3052 m), Piz Bles (3044 m).

3) Bergalga: Gletscherhorn (3107 m), vgl. Tour 60.

Besonderes: Die Räder ein paar Tage vor der Tour mit Bahn/Postauto nach Avers-Cresta, allerdings mit dem Vermerk »Nur bis Walserstube, Cröt« senden (direkt nach Avers-Cröt geht nicht, da keine offizielle Entladestation; deshalb dieser Vermerk, den die Averser Postautochauffeure kennen). Noch besser ist es, sie im TranzBag gleich mitzunehmen; diese Radtasche ist an großen Bahnschaltern käuflich und ermöglicht einen gebührenfreien Transport. Wer nach den Skitouren mit dem Rad über Andeer und durch die Via Mala nach Thusis sausen will (sehr empfehlenswert, 30 km, 1000 m Abfahrt), kann das überflüssige Gepäck mit der Post ebenfalls dorthin transportieren lassen (zwei Paar Ski zusammenbinden, da pro Gepäckstück eine Gebühr erhoben wird). Und: In der Baita del Capriolo können Räder gemietet werden (vorher anfragen); allerdings muß man so von der Averser Talstraße zur Berghütte wandern, durch den 1 km langen Tunnel ein ungewohntes Vergnügen ...

Skitouren mit öffentlichen Verkehrsmitteln sind im Frühsommer nur beschränkt möglich, da am Ausgangspunkt häufig kein Flecken Schnee zu sehen ist, während die Autofahrer auf den Paßstraßen und Alpwegen dem begehrten Weiß nachfahren. Nun gibt es eine neue Art, um auch im Mai und Juni ohne Auto bis zur Schneegrenze zu fahren: mit zwei Rädern nämlich. Das Bergfahrrad, besser bekannt als Mountainbike, ermöglicht einen eleganten Zugang zu den Firnhängen. Langgestreckte Bergtäler, häufig durchzogen von einem Sträßchen durch den Talboden, sind skifahrerisch wenig vergnüglich. Besser ist, man wartet ab, bis der Talgrund grün ist, um dann taleinwärts zu gelangen. Zu Fuß machen solche Anmarschwege, wenn sie sich über Kilometer erstrecken, nur heiße Sohlen; mit dem Auto gibt's Gestank und Lärm, ganz abgesehen davon, daß viele Erschließungssträßchen mit einem Fahrverbot belegt sind, dem die Natur manchmal noch Nachdruck verleiht, wenn Lawinenkegel die Weiterfahrt versperren. Das Mountainbike hingegen ist leicht und leise, sauber und auch schnell. Und nötig!

Die breiten Reifen lassen den spitzen Stein der Schotterstraße nicht zum Anlaß eines Reparaturstopps werden, der stabile Rahmen bringt die Person mit Sack und Ski nicht in Lenkschwierigkeiten, die vielen Gänge nehmen es – fast – mit jeder Steigung auf, und kräftige Bremsen beenden die Schußfahrt sicher vor einer plötzlich herangaloppierenden Kuhherde. Ein gutes Tourenrad tut auf der Zufahrtsstrecke zur Skitour natürlich auch seinen Dienst und ermöglicht es zudem, das aufs Minimum reduzierte Gepäck hinten aufzubinden, was die Fahrer spürbar entlastet. Spezielle Radhosen braucht man für solch ungewohnte Tour nicht unbedingt; wer sie trägt, sollte nicht vergessen, noch ein paar lange Hosen mitzunehmen, denn Bike-Ski-Touren in Shorts sind nur bedingt zu empfehlen. Empfehlenswert hingegen sind Teleskopstöcke, ein Muß sind kurze Ski. Mit normalen Tourenski ist eine Bike-Ski-Tour eine leidige Sache: Die Ski erweisen sich als zu massig und zu sperrig. Kurzski hingegen, wie zum Beispiel der Kästle Firn Extrem, sind leicht und handlich. Und noch ein Materialtip: Mit Tourenskischuhen ist das Radeln kein Vergnügen; deshalb in den Innenschuhen fahren und die Schalen in den Rucksack stecken. Leichter sind Kunststoff-Bergschuhe, und mit ihnen kurvt sich auf zwei Rädern überraschend locker.

Jetzt fehlen bloß noch die geeigneten Ziele. Das Avers zwischen dem Hinterrheintal einerseits und dem Bergell und Italien andererseits ist ideal für Rad-Ski-Touren. Seine langen, flachen Seitentäler sind, wenigstens im Talgrund, stunden- und abfahrtsmäßig genauso lang und flach. Die beiden Pyramiden allerdings, der Pizz Gallagiun am Ende der stauseebedrohten Val Madris und der Pizzo Stella zuhinterst in der überfluteten Valle di Lei, zählen auch ohne Annäherung an den Berg auf zwei Rädern zu den interessanten Skibergen der Ostalpen. Daß ihre Besteigung jedoch so umfassend erfahrbar ist, gibt ihnen eine ganz neue Dimension.

Ungewohnte Begegnung auf dem Staudamm des Lago di Lei.

58 Pizz Gallagiun (3107 m)

Aus der Val Madris

Touren-Steckbrief

Radweg: Cröt (1715 m) – nach Süden in die Val Madris – Alp Preda Sovrana (1995 m). Distanz 11 km, Aufstieg 280 m (in Wirklichkeit etwas mehr, da einige Gegensteigungen), Zeit 1 $^1/_2$ Std. Straße zu $^2/_3$ geteert, die letzten 2 km recht rauher Schotterweg.

Schwierigkeit: GS. Schwierigstes Teilstück ist der Aufstieg von der Alp Preda Sovrana in die Val da Roda bei viel Schnee – im Juni freilich wird der Wanderweg aper sein. Zwei steilere Hänge beim Aufstieg zur O-Flanke des Pizz Gallagiun.

Höhenunterschied: Aufstieg und Abfahrt je 1110 m.

Zeit: Aufstieg 3$^1/_2$ Std.; Abfahrt und Abstieg 1$^1/_2$ Std.

Lage: N, oben O.

Der auch Piz Gallegione genannte Berg liegt zuhinterst in der Val Madris – oder Madrisch, wie das Tal ebenfalls heißt. Es liegt nämlich im Schnittpunkt der drei Sprachen Deutsch, Romanisch und Italienisch. Dies ist nicht die einzige Besonderheit: Es ist ein rund 10 km langes, von Norden nach Süden gerichtetes, von menschlichen Zerstörungen weitgehend verschontes Tal, mit saftigen Alpweiden, auf denen im Sommer unzählige Kühe weiden – bis vor 90 Jahren waren's diejenigen der Soglieser Bauern aus dem Bergell gewesen, die ihre Herden über den Pass da la Prasgnola und seine jahrhundertalte Steintreppe in den 1900 m hohen Talboden trieben. Heute kommen die Kühe aus dem Unterland ins Avers, dank der um die Jahrhundertwende errichteten Zugangsstraße. Die neue Straße war auch der Grund gewesen, daß die Bewohner der Val Madris ihre Lebensmittel nicht mehr über den Passo di Lago oder Madriserberg hinweg in Chiavenna holen mußten. Heute ist das Tal nur noch im Sommer bewohnt. Seine Zukunft ist allerdings gefährdet: Im hinteren Teil des Tales, dort, wo jetzt schon ein kleiner Stausee das Wasser für den Lago di Lei sammelt, wollen die Kraftwerke Hinterrhein einen 100-Mio.-Kubikmeter-Pumpspeicher erstellen. Der Stausee, gegen den die Arbeitsgruppe Val Madris-Curciusa seit Jahren kämpft, würde im Sommer mit »billigem« Atomstrom vollgepumpt und im Winter für teure Spitzenenergie auf dem Euromarkt abgelassen. Allerdings liegt dort, wo das Pumpspeicherwerk gebaut würde, das größte Grasfroschbiotop des Kantons Graubünden. Es ist ins Inventar der Flachmoore von nationaler Bedeutung aufgenommen worden, und die Schweizer Bürger haben 1987 eine Initiative zum Schutz der Moore gutgeheißen. Deshalb ist zu hoffen, daß das Val Madris mit seinen Fröschen nicht zerstört wird.

Skitourenfahrer werden das ebenfalls zu schätzen wissen. Denn der untere Teil der Val da Roda, das den Zugang zur Val da la Prasgnola und so zum Pizz Gallagiun ermöglicht, käme unter Wasser zu liegen. Das wäre schade, weil dieser Gipfel ein großartiger Berg ist. Einmal wegen seiner Abgeschiedenheit am Rande einer noch heilen Schweiz und dann wegen seines Panoramas, dessen Nah- und Fernsicht besonders gelobt werden dürfen. Der Tiefblick auf die italienische Stadt Chiavenna, die 2800 m fast senkrecht weiter unten liegt, ist beeindruckend; der Anblick der südlichen granitstrotzenden Bergeller Berge, wie Pizzo Badile, Pizzo Cengalo und Sciora-Gipfel sowie der eisgepanzerten Cima della Bondasca dazwischen, ist besonders schön; die Aussicht auf viele große Gipfel der zentralen Alpen ist herrlich. Die Schweizer Soldaten, die im Zweiten Weltkrieg in der 1940 erbauten Gipfelhütte nach Truppenbewegungen Mussolinis in Chiavenna Ausschau halten mußten, werden dieses Panorama wohl stundenlang bewundert haben. Am 9. Oktober 1990 ist die Hütte abgebrannt.

Menschenwerk ist vergänglich. Unsere Skispuren in der weißen Ostflanke des Pizz Gallagiun werden auch nicht lange sichtbar sein.

Aufstieg: Von der Alp Preda Sovrana (1995 m, ohne Namen auf der LK) zuhinterst in der Val Madris südostwärts auf dem Wanderweg oberhalb einer Schlucht in die Val da Roda hinein. Auf einem schmalen Betonsteg (P. 2132) wird der Bach überschritten (oder auch etwas weiter unten, wo man leicht zum eingeschnittenen Bachbett absteigen kann), woraufhin man in die Val da la

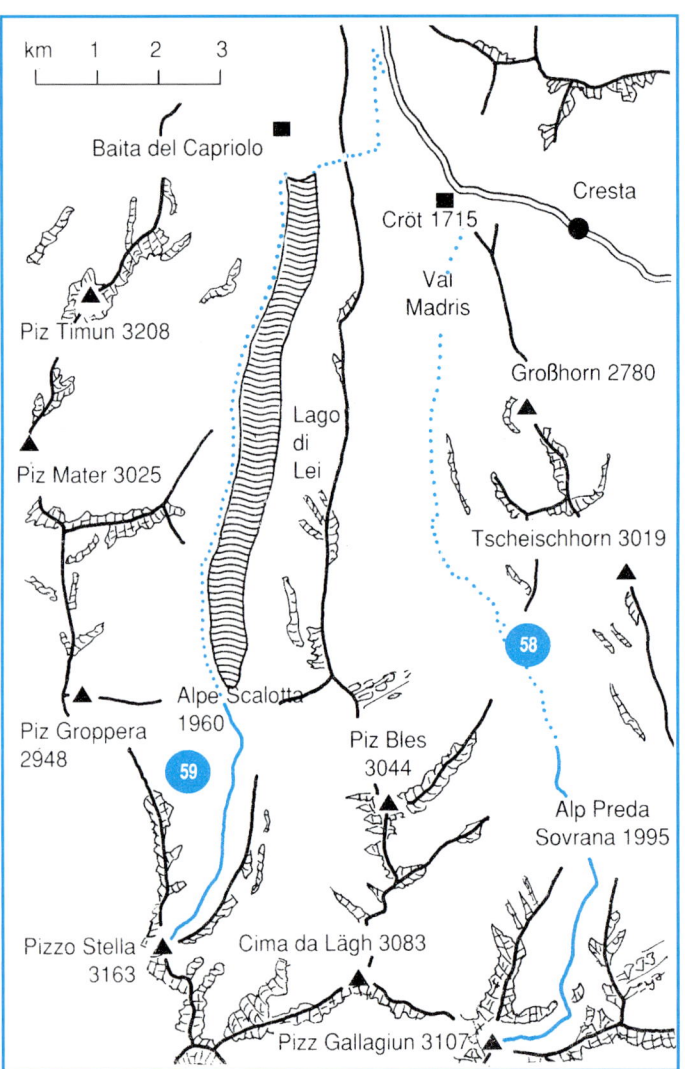

km 1 2 3

Baita del Capriolo

Piz Timun 3208

Cröt 1715

Cresta

Val
Madris

Großhorn 2780

Piz Mater 3025

Lago
di
Lei

Tscheischhorn 3019

Piz Groppera
2948

Alpe Scalotta
1960

58

Piz Bles
3044

Alp Preda
Sovrana 1995

59

Pizzo Stella
3163

Cima da Lägh 3083

Pizz Gallagiun 3107

Prasgnola hineinzieht. Am besten auf dem östlichen Ufer bis in den hinteren Talkessel. Rechtshaltend einen steileren Hang auf eine Verflachung hinauf, nochmals kurz einen von Felsen gesäumten Steilhang hoch und nach links in einen Sattel westlich von P. 2684 (mit Niederschlagsmesser) queren. Über die felsdurchsetzte O-Flanke auf den Gipfelgrat, wobei man sich mit Vorteil etwas rechts in einer schwach ausgeprägten Mulde hält. Über den Grat zum Triangulationssignal des Pizz Gallagiun (3107 m).

Abfahrt: Wie Aufstieg. In der O-Flanke kann man auch in ihrem mittleren Teil abfahren und auf der Höhe von P. 2684 nach links queren.

Pizzo Stella (3163 m)

Aus der Valle di Lei

Touren-Steckbrief

Radweg: Cröt (1715 m) – Abzweigung Valle di Lei nördlich von Campsut (P. 1672) – Tunnel-Staumauer Lago di Lei (1932 m) – westliches Seeufer bis zur Brücke westlich der Alpe Scalotta (ca. 1960 m). Distanz 15 km, Aufstieg 290 m, Zeit 1¹/₂ Std. Geteert bis Staudamm, dann Naturstraße. Wer in der Baita del Capriolo startet, radelt flach zum Seende.

Schwierigkeit: GAS. Der Gipfelhang ist auf 200 Hm 33° steil, der kurze, verwächtete Schlußgrat zum Gipfelkreuz unangenehm abschüssig (aber gut befahrbar). Lawinengefahr an einigen Stellen, doch im Juni normalerweise gering, wenn die Nacht klar war. Der Ghiacciaio Ponciagna ist nur mäßig verschrundet.

Höhenunterschied: Aufstieg und Abfahrt je 1200 m.

Zeit: Aufstieg 3¹/₂ Std.; Abfahrt 1 Std.

Lage: N im unteren, NO im oberen Teil. Also spätestens bei Sonnenaufgang den Skiaufstieg beginnen, damit der steile Gipfelhang sicher befahren werden kann.

Der Pizzo Stella liegt am Ende der Valle di Lei, einem Paralleltal westlich der Val Madris, aber schon zu Italien gehörend, weil die italienischen Orte Plurs und Chiavenna Weiderechte geltend machen konnten, als es im 19. Jahrhundert darum ging, Staatsgrenzen festzulegen. Heute gibt es nur noch wenige Weiden in der Valle di Lei, da ein riesiger, 8 km langer Stausee das Tal anfangs der 60er Jahre unter Wasser gesetzt hat. Wer genau hinschaut, wird sehen, daß die Staumauer in der Schweiz liegt, und so spricht man denn vom Lago di Lei auch von einem der größten Stauseen der Schweiz. Seine Betreiberin, die Kraftwerke Hinterrhein, wollte anfangs der 40er Jahre einen großen Stausee im Rheinwald errichten, was am Widerstand der bedrohten Dörfer scheiterte. Der Lago di Lei ersetzt diesen geplanten Stausee.

Dem Lago di Lei fahren italienische Fischer entlang – und vielleicht ein paar Radfahrer mit Ski, um den Nordfuß des Pizzo Stella zu erreichen, was dank des Tunnels zum Staudamm überhaupt erst möglich ist. Wenn wir aus dem Loch herausradeln, sehen wir weit hinten die weiße Pyramide des Pizzo Stella, 1200 m über dem Ende des Sees, unnahbar und doch verheißungsvoll leuchtend wie der Morgenstern. Auf der Schotterstraße haben

wir keine Zeit mehr, diesen unvergleichlichen Talabschluß zu studieren, und einmal am Berg, aber nun mit Ski, merken wir gar nicht, wie mächtig er ist. Doch Stunden später, bei der Rückfahrt, baut sich dieser Gipfel im Schnittpunkt der am Splügenpaß beginnenden Valle San Giacomo und der vom Malojapaß herabkommenden Val Bregaglia mächtig auf. Wir können es kaum glauben, in diese schlicht grandiose Nordflanke unsere Spuren gezogen zu haben.

Aufstieg: Von der Brücke (ca. 1960 m) bei Alpe Scalotta auf der östlichen Seite des eingeschnittenen Baches im Vallone dello Stella ansteigen, genau in südlicher Richtung (wegen des Geländes also immer leicht rechtshaltend über eine Folge von Mulden und Kuppen). Auf etwa 2620 m faßt man auf dem Ghiacciaio Ponciagna Fuß, steigt zuerst eher auf seiner östlichen Seite auf, hält auf einem Flachstück nach rechts und uberwindet den steilen Schlußhang in seiner Mitte. Zuletzt über einen ausgesetzten, verwächteten Grat zum Gipfel des Pizzo Stella (3163 m).

Abfahrt: Wie Aufstieg.

Variante: Im Vallone dello Stella, nach dem Flachstück auf 2150 m, südostwärts durch eine Mulde auf das Plateau südlich P. 2341 hoch und über den Rücken, vorbei an P. 2509, zum Gletscher, der westlich von P. 2671 betreten wird.

Zweites Wochenende im Avers

Oberhalbsteiner oder Averser Alpen

An- und Rückreise: Mit der RhB [940] nach Thusis und mit dem Postauto [940.40] über Andeer ins Avers.

Unterkunft: In Juf Pension Edelweiß bzw. Jugendherberge, Tel. 081/667134; Gasthaus Alpenrose, Tel. 081/6671135. Hotel Alpina in Juppa (genaugenommen zwischen Juppa und Pode-

Schöne Bergeller Kulisse mit dem Pizzo Badile ganz rechts für den Kurzskifahrer oben am Pizz Gallagiun. Unten geht die Fahrt mit dem Radl weiter.

statsch Hus), das Hotel bringt die Skialpinisten zum Ausgangspunkt, Tel. 081/6671168. Weitere Unterkunftsmöglichkeiten beim ersten Avers-Wochenende (Seite 156 ff).

Material: Evtl. Steigeisen für Aufstieg auf den Piz Piot von Bergalga.

Karten: 268 S Julierpaß; 1256 Bivio, 1276 Val Bregaglia.

Jahreszeit: Dezember bis Juni.

Ausweichtour: Im Juni keine große Auswahl; sonst Großhorn – Chlin Hüreli (vgl. Tour 39) sowie Bödengrat P. 2952 und Wissberg 2980 m aus der Bergalga.

Besonderes: Die beiden Touren lassen sich natürlich gut mit dem »Bike-Weekend« in Avers-Cröt verbinden – besonders das Gletscherhorn hat alle Voraussetzungen zu einer Rad-Ski-Tour.

Schon wieder ein Wochenende im Avers? Gibt es nicht andere, in diesem Führer noch nicht vorgestellte Täler Graubündens, wo man ebenfalls Skitouren machen könnte? Die gibt es, gewiß, aber im Juni ist die Auswahl etwas eingeschränkt. Deshalb bietet sich das sonnige Hochtal von Avers geradezu an. Aus verschiedenen Gründen.

Zum Beispiel seine leichte Erreichbarkeit, fährt doch sommers wie winters das Postauto mehrmals täglich von Thusis über Andeer bis ins hinterste Dorf. Es heißt Juf, bekannt als das höchste ganzjährig bewohnte Dorf der Alpen. 2126 m über Meer liegt sein nördlicher Dorfteil, und diese Höhe garantiert Schnee vom Winter- bis zum Sommerbeginn. Hinzu kommt, daß die meisten Averser Berge mit Ski erreichbar sind. Diese Auswahl an leichten und schwierigen Skitouren zu fast jeder Jahreszeit macht das Gebiet zwischen dem Schons am Hinterrhein und dem Val Bregalia, zwischen dem Oberhalbstein und der italienischen Valle San Giacomo, zu einer vorzüglichen Gegend für Ausflüge mit Ski. Bemerkenswert, daß die Gasthäuser in den gut erhaltenen, noch nicht verbauten Dörfern einen Aufenthalt auf ihre Art bereichern.

Aber es sind nicht allein die Lage, die Skigipfel, der Zugang und die Unterkünfte, welche das Avers besonders auszeichnen. Das Avers ist eine Talschaft voll anschaulicher Vergangenheit, mit walserischer Einwanderung und rauher Abgeschiedenheit, mit Warenverkehr über die gefährlichen Pässe nach Italien. Es ist aber auch ein Bergbauerngebiet voll spannungsgeladener Gegenwart und Zukunft, mit Abwanderung, die durch Tourismus und dem Kraftwerkbau im Valle di Lei aufgehalten werden konnte, und mit neuen Staudammplänen für ein idyllisches Seitental des Averser Haupttales.

Gletscherhorn (3107 m)
Aus der Bergalga über die NW-Rampe

60

| Touren-Steckbrief |

Schwierigkeit: GS. Der nordöstliche Gipfelhang ist auf etwa 100 Hm 36°. Nur bei sicheren Verhältnissen.
Höhenunterschied: Aufstieg und Abfahrt je 1120 m (vom Eingang zur Bergalga).
Zeit: Aufstieg 4 Std. von Juf, $3^1/_2$ von Juppa/Hotel Alpina; Abfahrt 1 Std. bis Olta Stöfel/Hinter Bergalga und 1 weitere Std. durchs Tal zurück.
Lage: NW.
Besonderes: Man kann sich, vor allem wenn man im Hotel Alpina in Juppa logiert, überlegen, ob man die Ski nicht in Olta Stöfel stehen lassen will, um dann am nächsten Tag über den NW-Rücken auf den Piz Piot zu steigen und je nach Schneelage dahin zurück- oder überraschender nach Juf hinunterschwingen will!

Das Gletscherhorn, der hinterste Gipfel in der Bergalga, dem letzten Seitenast des Averser Hochtales, ist eine kühne weiße Spitze. Zu ihr zieht sich eine nach Nordwesten gerichtete Rampe in einem Schwung 900 Hm von der hintersten Talsohle der Bergalga hoch. Obwohl es mit einem harmlosen Firnfeld im Gipfelbereich seinem Namen keine Ehre macht, im Gegensatz zu seinen nördlichen Nachbargipfeln, bleibt am Gletscherhorn der Schnee bis in den Frühsommer hinein liegen. Auf dem flachen Zustieg von Juppa oder von Podestatsch Hus, der letzten Sied-

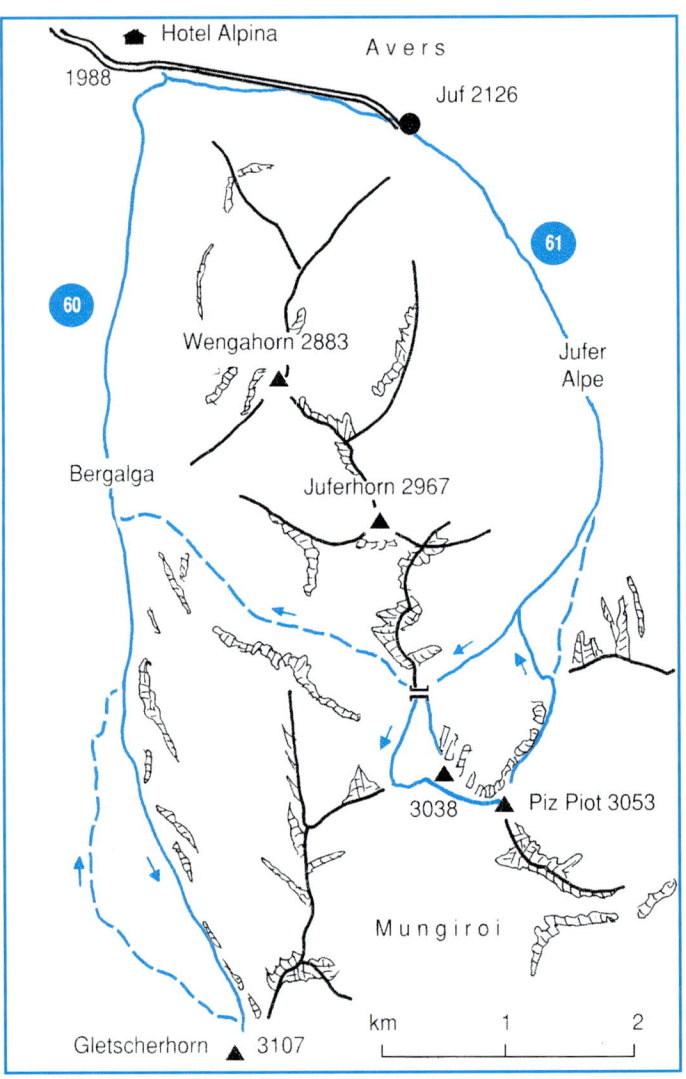

Hotel Alpina

A v e r s

1988

Juf 2126

61

60

Wengahorn 2883

Jufer Alpe

Bergalga

Juferhorn 2967

3038

Piz Piot 3053

Mungiroi

km 1 2

Gletscherhorn 3107

lung vor Juf, wird man um diese Zeit die Ski tragen müssen. Dabei wird man sich, falls dort noch genügend Schnee liegt, mit prüfenden Blicken auf die Direktabfahrt vom Piz Piot nach Hinter Bergalga abzulenken wissen, während beim Rückmarsch das Treiben der (sonnen-)hungrigen Murmeltiere für Abwechslung sorgt.

Aufstieg: Vom Hotel Alpina bei Juppa auf der Straße taleinwärts bis rund 100 m vor Podestatsch Hus. Hierher auch von Juf (2126 m), 2 km auf der Straße talauswärts. Auf einem Weglein hinunter zur Brücke über den Jufer Rhein (1988 m); bei genügend Schnee fährt man natürlich vom Hotel ab. Auf dem Fahrweg 3 km durch das Tal der Bergalga bis zur hintersten großen Alphütte in Hinter Bergalga, Olta Stöfel (2074 m), und noch einen guten Kilometer weiter zum Talschluß bei P. 2138. Man kann schon vorher mit dem Aufstieg über die teilweise als Tälchen ausgebildete NW-Rampe beginnen, die gradlinig in den Sattel zwischen Piz Predarossa und Gletscherhorn führt. Über den steilen Schlußhang zum Gipfelsteinmann (3107 m).

Abfahrt: Wie Aufstieg.

Varianten: Viele Abfahrtsvarianten, insbesondere über die weiten Hänge westlich der NW-Rampe (verschiedene Durchgänge durch das Felsband, welches die Rampe im W begrenzt). Die erste Möglichkeit ist eine schmale, steile Rinne gleich unterhalb des (nordöstlichen) Gipfelhanges; weiter nordwestwärts über herrliche Hänge nach Uf de Büela und nordwärts über Masügg zum Talboden der Bergalga (P. 2138). Bei besten Verhältnissen können sehr gute Skifahrer auch direkt vom Gipfel über die N-Flanke (39° auf 200 Hm) abfahren.

61 Piz Piot (3053 m)

Von Juf mit Abfahrt über O-Grat oder nach Bergalga

Touren-Steckbrief

Schwierigkeit: GS, mit kurzen Stellen an der Grenze zu SGS (W-Grat des Hauptgipfels sowie oberster Teil des NNO-Grates, die beide um die 35° und recht ausgesetzt sind). Das gleiche gilt übrigens auch für den obersten Teil des N-Grates des Westgipfels. Schneebrettgefahr im jähen Nordhang unterhalb des Jufer Jochs. Achtung auf Wächten im Gipfelbereich. Erreicht man den W-Gipfel über den W-Grat und fährt von dort wieder ab, ist die Schwierigkeit nur MS.
Höhenunterschied: 940 m von Juf.
Zeit: Aufstieg von Juf 3 1/2 Std.; Abfahrt 1 1/2 Std.
Lage: N, NO.

Der Piz Piot, der hinterste Gipfel im Averser Haupttal, ist der beliebteste Gipfel von Juf aus. Seine nordseitigen Hänge sowie die schmalen Grate, die sich vom Jufer Joch bzw. vom Piotjoch zum Doppelgipfel hinaufziehen, werden auf dem längeren Flachstück der Jufer Alpa erreicht. Je nach Schneeverhältnissen, Können und Tageszeit wählt man verschiedene Routenkombinationen. Besonders empfehlenswert ist bei genügend und sicherem Schnee die Überquerung von Ost nach West mit anschließender Steilabfahrt nach Hinter Bergalga. Aber auch die drei im oberen Teil verschiedenen Abfahrten nach Juf sind lohnend – und vor allem noch im Juni durchführbar. Daß sich der Schnee auf den Wiesen hinter diesem bemerkenswerten Alpendorf so lange hält, schätzen allerdings die Tourenskiläufer weitaus mehr als die Landwirte.
Aufstieg: Von Juf (2126 m) auf dem Ostufer des Jufer Rheins taleinwärts und unter der N-Flanke des Piz Turba südostwärts abbiegen. Immer weiter dem Talgrund folgen bis unterhalb einer recht steilen Verengung (P. 2397), die man links ausholend umgeht, um dann wieder in der Talachse aufzusteigen (man

kann aber auch direkt durch die Verengung hoch). Man gelangt so auf das Flachstück unterhalb des Piotgletschers. Südwestwärts in das Piotjoch (2822 m) hinauf und südwärts durch eine Mulde zum Westgipfel-Westgrat, der östlich von P. 2959 erreicht wird. Über diesen Grat aufwärts und durch die Flanke auf den verwächteten Verbindungsgrat Westgipfel-Hauptgipfel queren. Weiter in der Flanke auf den höchsten Punkt der Piz Piot (3053 m).

Abfahrt: Vom Hauptgipfel über den im oberen Teil schmalen NNO-Grat hinab gegen das Jufer Joch (2766 m). Noch vor der tiefsten Einsattelung links steil hinunter (39° auf 60 Hm) und zur Aufstiegsroute. Vom Jufer Joch kann bei sicheren Verhältnissen auch direkt über sehr steile N-Hänge abgefahren werden.

Varianten:

1) Umgekehrte Route: Aufstieg über Jufer Joch, Abfahrt vom Westgipfel (3037 m) über den im oberen Teil schmalen und steilen (kurz um die 35°) N-Grat direkt ins Piotjoch (ein Felsturm wird westlich umfahren). Diese Route wird man wählen, wenn man anschließend nach Hinter Bergalga abfährt. Der N-Grat des Westgipfels dient auch als ziemlich sichere Aufstiegsroute, besonders dann, wenn der Ausstieg auf den Westgrat des Westgipfels zu gefährlich erscheint.

2) NO-Flanke des Westgipfels: Über den N-Grat bis in die Lücke südlich des Felsturms, dann leicht linkshaltend über die NO-Flanke (41° auf 120 Hm) auf den Piotgletscher.

3) Abfahrt vom Piotjoch in die Bergalga: Vom Joch nordwestwärts über flaches, gewelltes Gelände, nördlich der beiden Kuppen P. 2753 und P. 2746,3 vorbei, zur Kanzel von P. 2650. Hier beginnt die steile Abfahrt nach Olta Stöfel. Über den NW-Rücken, der rechts in den tiefeingeschnittenen Hüttabach abfällt, hinunter zu P. 2199,5, wobei man sich im unteren Teil meistens etwas rechts des Rückens hält. Auf der südlichen, moränenartigen Bachbegrenzung hinunter zu den Alphütten (2074 m). Bei sicheren Verhältnissen eine ganz starke Abfahrt. Schwierigkeit SGS, durchschnittlich 30° auf 500 Hm, mit deutlich steileren Abschnitten.

Wochenende auf dem Flüelapaß

Albula Alpen

Anreise: Von Chur mit der RhB [910] nach Davos Dorf oder Platz. Mit dem Postauto [910.75, verkehrt erst ab Mitte Juni] über den Flüelapaß bis zur Haltestelle Schwarzhorn, der nächsten nach Ospiz Flüela.

Rückreise: Von Dürrboden im Dischmatal mit dem Bus [910.65, verkehrt erst ab Mitte Juni] nach Davos Dorf oder Platz. An Wochenenden im Mai und Juni, wenn die Straße bis Dürrboden offen ist, besteht freilich die Möglichkeit, mit einem der vielen Skitouren-Autos mitzufahren. Wer nicht auf diese Weise nach Davos zurückkehren will, fährt vom Piz Grialetsch zurück an die Flüelapaßstraße (Haltestelle Chant Sura), entweder direkt über die NO-Flanke oder über die N-Flanke mit anschließendem Wiederaufstieg zur Grialetschhütte. Konditionsstarke Skibergsteiger steigen vom Fuß der Grialetsch-Nordflanke in etwa 2 Std. aufs Chüealphorn (3077 m) und fahren ins Sertig ab (vgl. Tour 42).

Ausgangspunkt: Haltestelle Schwarzhorn östlich des Flüelapaßes, bei der Abzweigung des Sommerpfades auf das Schwarzhorn, ca. 2330 m.

Unterkunft: Chamanna da Grialetsch SAC (2542 m), 75 Plätze (Winterraum 30), März/April durchgehend, im Juni teilweise bewirtschaftet, Tel. 081/4163436. Paßhotel Flüela-Hospiz, Tel. 0 81/46 17 47. Weitere Auskünfte: Verkehrsverein CH-7270 Davos, Telefon 0 81/4 13 21 21, Fax 4152100, Internet: http://www.davos.ch/parsenn.

Material: Normale Skitourenausrüstung. Vorsichtshalber Pickel und Seil für die Abfahrt über den Scalettagletscher.

Karten: 258 S Bergün; 1217 Scalettapaß.

Jahreszeit: Ausgenommen die Steilflanke vom Piz Grialetsch (besser erst ab März) sind die Anstiege von Dezember bis Juni möglich. Automatischer Schneebericht: Tel. 0 81/4 13 69 04.

Ausweichtour: Die sonnenseitige Abfahrt von der (Radüner) Rothorn Furgga kann in schneearmen Wintern im Juni schon recht aper sein. Bei solchen Verhältnissen ist es angenehmer, die Tour in der umgekehrten Richtung zu machen.

1) Umgekehrte Richtung: Aufstieg am ersten Tag von der Haltestelle Chant Sura (2176 m) auf der Engadiner Seite des Flüelapasses durch die Val Grialetsch zur Chamanna da Grialetsch; Zeit 2 Std. Wer früh genug startet, steigt direkt auf den Piz Grialetsch, fährt über die Nordflanke ins Gletschertälli (ca. 2240 m) ab und bummelt gemütlich über die Fuorcla da Grialetsch zur Hütte hinauf. Mit 6–7 Std. ist von Chant Sura zu rechnen. Am nächsten Tag über Radüner Rothorn und Schwarzhorn zum Flüelapaß.

2) Zusatzgipfel Piz Sarsura: Ein schneesicherer Juni-Skigipfel ist der Piz Sarsura (3178 m), den man ebenfalls in den Aufstieg zur Grialetschhütte einplanen kann. Am Talschluß der Val Grialetsch (P. 2369) zweigt man nach links ab und steuert den östlichen Teil des Vadret da Grialetsch an. Knapp unter der Fuorcla Barlasch nach links in einer steilen W-Flanke zum Gipfel. Einfacher ist der Anstieg über die Fuorcla Sarsura und den gleichmäßig geneigten Vadret da Sarsura.

Besonderes: Unter der Woche kann das Grialetschgebiet unter den Geschossen des Fliegerabwehr-Schießplatzes S-chanf leiden; Auskunft unter Tel. 0 81/8 54 16 81 oder 8 54 16 82.

Spät in der Skitourensaison braucht es hochgelegene Ausgangspunkte, damit man die Ski nicht stundenlang zum Schnee tragen muß. Ein solcher Ausgangspunkt, bei dem man noch im Juni nach dem Aussteigen aus dem Postauto die Ski anschnallen kann, ist der Flüelapaß mit seinen ansehnlichen 2393 m. In Verbindung mit der Chamanna da Grialetsch ermöglicht er ein schönes, auch skiläuferisch befriedigendes Wochenende.

Touren-Steckbrief

Schwierigkeit: GS. Der Schwarzhorn-S-Rücken ist nicht sehr steil, aber schmal und deshalb recht ausgesetzt. Die O-Flanke des Radüner Rothorns ist 100 m hoch und 34° steil. Die obersten 120 Hm bei der Abfahrt von der Rothornfurgga sind 30°. Um diese Jahreszeit bei normalen Verhältnissen keinerlei Lawinengefahr.

Höhenunterschied: Aufstieg 880 + 220 m (= 1100 m); Abfahrt 350 + 480 m (= 830 m).

Zeit: Flüelapaßstraße, Haltestelle Schwarzhorn – Schwarzhorn 3 Std.; Schwarzhorn – Radüner Rothorn 1 1/2 Std. Radüner Rothorn – Chamanna da Grialetsch 1 Std. Gesamt 5 1/2 Std.

Lage: Aufstieg zum Schwarzhorn NO, SO, zum Radüner Rothorn NO; Abfahrt vom Schwarzhorn SO, vom Radüner Rothorn zur Grialetschhütte SO, S.

Im Juni gibt es gut abgesetzten Sommerfirn. Da kann man mit dem ersten Zug bzw. Autobus statt des Hüttenanstiegs von einem Gipfel zur Hütte abfahren und noch einen zweiten, das Radüner Rothorn, »mitnehmen«. Obwohl das Schwarzhorn wie ein unzugänglicher Felskamm aussieht, kann man mit Ski bis zum Gipfel steigen, einem ungemein aussichtsreichen Gipfel übrigens. Wer wird sich dieses Vergnügen entgehen lassen?

Aufstieg Schwarzhorn: Von der Haltestelle Schwarzhorn an der Flüelapaßstraße (ca. 2330 m) kurz talauswärts fast bis zur

Auf dem Anstieg zum Schwarzhorn. Der eindrucksvolle Bergstock im Hintergrund ist der Piz Kesch.

Einmündung des Radöntbaches (2263 m) abfahren. Von hier steigt man Richtung Süden auf, erreicht in einem weiten Linksbogen P. 2418 und geht flach weiter zu P. 2487 (kleiner See). Nun wird es steil beim Weiterweg zur Schwarzhornfurgga (2883 m). Hier setzt der Südgrat des Schwarzhorns (3146 m) an, den wir bis zum Gipfel verfolgen – anfangs reichlich steil, dann mäßig geneigt.

Abfahrt vom Schwarzhorn: Wie Aufstieg bis unterhalb der Schwarzhornfurgga, etwa bis in eine Höhe von 2800 m.

Aufstieg zum Radüner Rothorn: Durch eine Mulde steigt man ohne Schwierigkeiten erst süd-, dann südostwärts einbiegend, zum Gipfel (3022 m) auf.

Abfahrt zur Chamanna da Grialetsch: Über den steilen Osthang in eine Mulde, aus der man nahezu eben zur Rothornfurgga (2884 m) queren kann. Richtung Süden durch eine schöne Mulde zum Furggasee (2510 m). Bereits etwas oberhalb des Sees hält man sich links, um keine Höhe zu verlieren, erreicht die Fuorcla da Grialetsch (2537 m) und mit ganz geringem Auf und Ab wenig später die Hütte (2542 m).

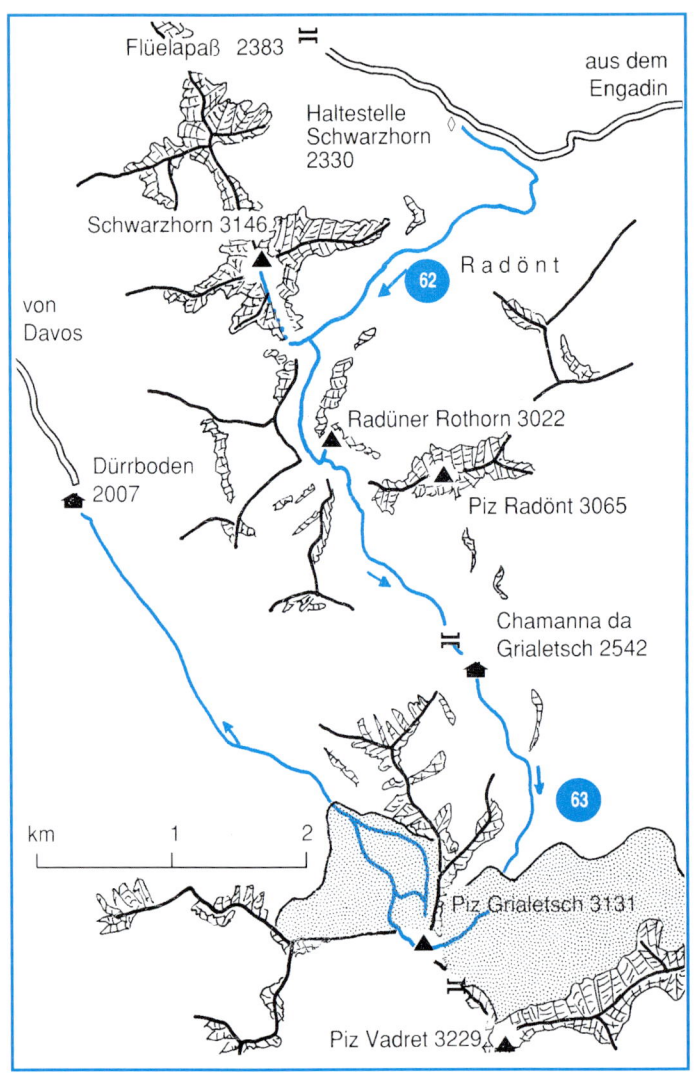

Flüelapaß 2383

aus dem
Engadin

Haltestelle
Schwarzhorn
2330

Schwarzhorn 3146

Radönt

62

von
Davos

Radüner Rothorn 3022

Piz Radönt 3065

Dürrboden
2007

Chamanna da
Grialetsch 2542

63

km   1   2

Piz Grialetsch 3131

Piz Vadret 3229

Touren-Steckbrief

Schwierigkeit: GAS (SGAS). Direktabfahrt vom Gipfel knapp 40°, die anschließende Querung etwa gleich steil. Nordflanke unterhalb Sattel bei P. 3043 ebenfalls knapp 40°, aber offeneres Gelände. Um diese Jahreszeit kaum Lawinengefährdung, ausgenommen nach starken Schneefällen oder einem Wärmeeinbruch. Auf dem Scalettagletscher Spalten, die bei schlechter Sicht gefährlich werden können.
Höhenunterschied: Aufstieg 590 m; Abfahrt 1120 m.
Zeit: Aufstieg 2 Std.; Abfahrt 1¹/₂ Std.
Lage: Aufstieg N, NO, S, W; Abfahrt N, NW.

Der Piz Grialetsch ist ein »leichter« Dreitausender mit einer schwierigen Abfahrtsdirettissima, die geradewegs in den Bergfrühling führt. Seine Paradeseite, die eindrucksvolle Nordflanke, sehen wir erst nach unserer Abfahrt ins Tal von Dischma.
Aufstieg: Von der Chamanna da Grialetsch (2542 m) in südlicher Richtung zu einem flachen Sattel (P. 2668) und – nach anfangs geringem Höhenverlust – weiter zu P. 2713 m. Wenig später erreicht man den Vadret da Grialetsch und steigt nun mäßig steil zur Fuorcla Vallorgia (2969 m) auf. Unter dem Felsaufbau unseres Gipfels quert man hinüber zu einem Sattel östlich von P. 3034 am Westgrat. Über den Grat erreicht man (mit aufgeschnallten Ski) unschwierig den Gipfel.
Abfahrt: Wer es sich zutrauen darf, fährt vom Gipfel steil Richtung Norden zu einer sanft geneigten Gletscherterrasse ab. Von hier biegt man auf etwa 2970 m zwischen Felsen Richtung Westen in den oberen Teil des Scalettagletschers ein. Hierher eine Spur leichter, wenn man über den W-Grat bis in den Sattel östlich P. 3043 zurückkehrt und Richtung Nordosten in die Nord-

flanke einfährt. Ohne weitere Schwierigkeiten erreicht man in der weiteren Abfahrt das Gletschertälli und (nach einem schneereichen Winter) auf den letzten Schneeresten oder zu Fuß über die Almböden Dürrboden (2007 m).

Verlängertes Wochenende in der zentralen Bernina

An- und Rückreise: Von Chur mit der RhB [940] nach Samedan und auf der Linie St. Moritz – Tirano [950] weiter zur Haltestelle Morteratsch; die übernächste Haltestelle ist Bernina Diavolezza.

Ausgangspunkt: Hotel Morteratsch bei der gleichnamigen Bahnstation (1896 m).

Unterkunft: Hotel Morteratsch, normalerweise 2 Wochen nach Ostern bis Mitte Juni geschlossen, Tel. 081/8426313, Fax 8427258. Chamanna da Boval SAC (2495 m), 100 Plätze (Winterraum 12), meistens bewirtschaftet, Tel. 081/8426403. Für CH-7504 Pontresina: Verkehrsverein, Tel. 081/8426488, Fax 8427996. Die italienischen Schutzhütten Rifugio Marinelli (218 Plätze, Winterraum mit 14 Plätzen immer offen) und Rifugio Marco e Rosa (alte Hütte mit 20 Schlafplätzen immer offen, keine Kochgelegenheit) sind im Mai/Juni nicht bewirtschaftet (Rifugio Marinelli um Ostern, Rif. Marco e Rosa nur in der Sommersaison bewirtschaftet).

Material: Vollständige Ausrüstung für Skihochtour. Wer im Rifugio Marco e Rosa übernachten will, muß unbedingt Kocher und evtl. auch Schlafsack mitschleppen.

Karten: 268 S Julierpaß; 1257 St. Moritz, 1277 Piz Bernina.

Jahreszeit: Ab März möglich, günstigste Zeit jedoch April bis Juni.

Im unteren Teil des Anstiegs zum Piz Chalchagn. Blick zum Piz Palü und zur Bellavista. Im Mittelgrund der Morteratschgletscher.

Was den Gipfel betrifft, bringt dieses Wochenende im wahrsten Sinne den Höhepunkt: den Piz Bernina (4049 m) als den höchsten Gipfel (und einzigen Viertausender) nicht nur der Bernina Alpen, sondern der gesamten Ostalpen. Der Piz Palü mag als zweiter Höhepunkt gelten. Die dreigipfelige Firnschneide ist für viele Menschen ein Symbol für »Berg« schlechthin und damit in die Nähe des Matterhorns gerückt. Daß dieses Wochenende anstrengend ist und keine Genußskiläufer, sondern erprobte Skibergsteiger erfordert, braucht nicht besonders betont zu werden. Dennoch oder gerade deshalb: Bei gutem Wetter kann sich dieses Wochenende auch zu einem persönlichen Höhepunkt im alpinen Tourenjahr gestalten.

64 Piz Chalchagn (3154 m)
Von Morteratsch über die SO-Seite mit Abfahrt zur Chamanna da Boval

Touren-Steckbrief

Schwierigkeit: SGS. Der knapp 200 m hohe, steile Gipfelhang ist auf 100 Hm 34° steil. Bei rechtzeitigem Aufbruch nach kalter Nacht um diese Jahreszeit keine Lawinengefahr.
Höhenunterschied: Aufstieg 1260 m; Abfahrt 660 m.
Zeit: Aufstieg 4 Std.; Abfahrt 1$^{1}/_{2}$ Std.; im unteren Teil der Abfahrt zur Hütte ziemlich flach.
Lage: Aufstieg O, S; Abfahrt S, SO.

Wer wird denn einen ganzen Tag für einen Hüttenanstieg verwenden? Günstiger ist es, die Chamanna da Boval über den Piz Chalchagn anzusteuern. Der Gipfel ist gleich zweifach berühmt: Wegen seiner vorgeschobenen Lage bietet er eine großartige Aussicht, insbesondere einen eindrucksvollen Nahblick auf die späteren hohen Ziele; wegen seiner steilen Gipfelflanke wird er von Skiläufern geschätzt.

Aufstieg: Von Morteratsch (1896 m) kurz taleinwärts, dann auf dem Sommerweg (ab Mai häufig aper) zur Chünetta (2083 m), einem schönen Aussichtspunkt. Steil in westlicher Richtung hinauf. Bei etwa 2500 m erreicht man flacheres Gelände. Weiterhin in der Grundrichtung Westen zu einem kleinen See (2740 m). Nach Norden einbiegen und geradewegs auf den Gipfel zu. In einer Höhe von etwa 2900 m erreicht man den steilen Gipfelhang. Man hält sich wegen einiger Felsen ziemlich weit rechts. Über eine Kuppe erreicht man schließlich unschwierig den weitläufigen Gipfel des Piz Chalchagn (3154 m).

Abfahrt: Über die steile Südflanke. Weiter in dieser Richtung bis oberhalb einer kleinen Mulde, in die ein See eingelagert ist (2640 m). In südöstlicher Richtung auf einer Art Terrasse (skiläuferisch nicht besonders reizvoll, da sehr flach), zuletzt in einem flachen Tälchen zur Chamanna da Boval (2495 m).

Piz Bernina (4049 m)

Von der Chamanna da Boval über den »Buuch«

65

Touren-Steckbrief

Schwierigkeit: SGAS. Lawinengefährdung um diese Jahreszeit (außer nach starken Schneefällen oder Wärme-Einbrüchen) gering, doch Eisschlag- und Spaltensturzgefahr. Skialpinistisch die anspruchsvollste Tour in diesem Führer!

Höhenunterschied: Aufstieg 1550 m; Abfahrt vom Skidepot 1400 m.

Zeit: Aufstieg 6 Std. bei einigermaßen günstigen Verhältnissen. Zeit für die Abfahrt nicht nur vom skitechnischen Können und den Schneeverhältnissen, sondern auch vom Ausmaß der Spaltengefährdung abhängig – erhebliche Verlängerung, wenn teilweise angeseilt abgefahren werden muß. Mit mindestens 3-4 Std. rechnen!

Lage: Aufstieg und Abfahrt N, NO, SO.

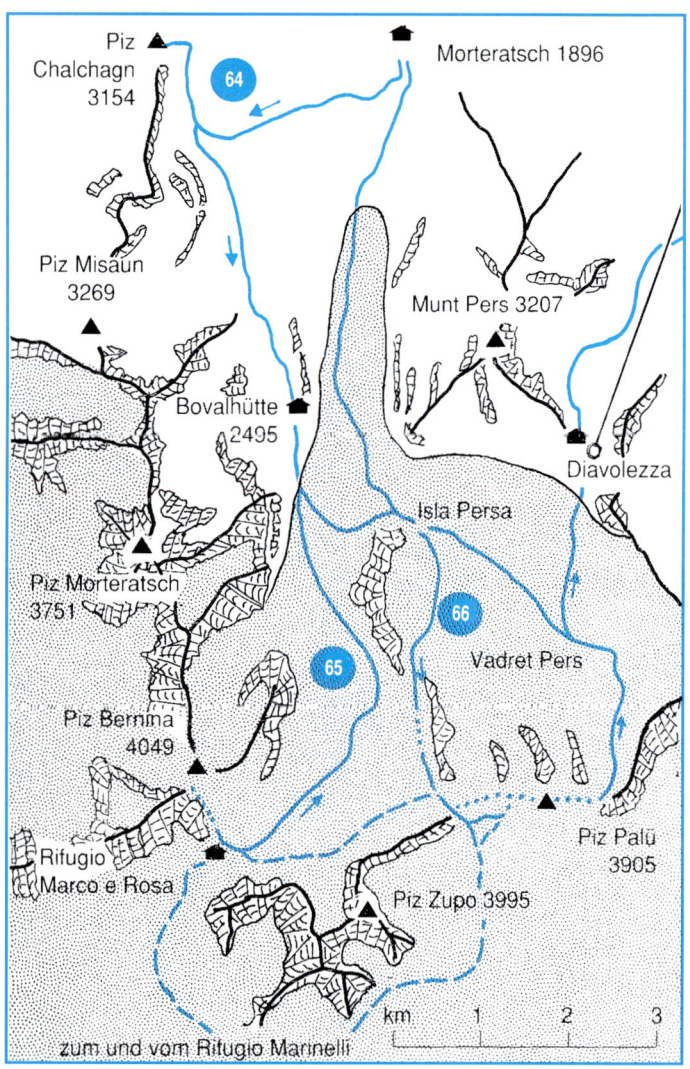

Piz Chalchagn 3154

64

Morteratsch 1896

Piz Misaun 3269

Munt Pers 3207

Bovalhütte 2495

Diavolezza

Isla Persa

Piz Morteratsch 3751

66

Vadret Pers

65

Piz Bernina 4049

Rifugio Marco e Rosa

Piz Palü 3905

Piz Zupo 3995

km   1   2   3

zum und vom Rifugio Marinelli

Großartige Bergfahrt auf den höchsten Gipfel der Ostalpen. Alpin anspruchsvoll und gefährlich – Eisschlaggefahr, sehr gefährliche Spalten. Zweckmäßige und vollständige Ausrüstung, ausgezeichnete Kondition, bergsteigerisches Können sowie günstige Verhältnisse (vor allem gute Sicht) sind unbedingt erforderlich! Die Hauptschwierigkeit des Anstiegs besteht in der Überwindung der ungeheuren Spaltenbrüche. Von den drei möglichen Durchstiegen (Labyrinth, Buuch, Foura = Loch) wird bei Skibesteigungen der mittlere Durchschlupf («Buuch«) am häufigsten gewählt. Ein relativ sicherer Anstieg wäre über den Fortezzagrat und die Bellavistaterrasse möglich, er ist jedoch mit einem bedeutenden Umweg und entsprechendem Zeitverlust verbunden.

Aufstieg: Von der Chamanna da Boval (2495 m) zum Vadret da Morteratsch und sehr flach zu den felsigen Ausläufern, die den Gletscher im Osten begrenzen. Steil durch spaltenreiches Gelände zu einer Verflachung, und kurz darauf wieder steil zwischen einem Felssporn (P. 3087 m) und dem Fortezzagrat. Geradeaus ginge es jetzt in das »Loch«, das gegenwärtig so stark zerklüftet ist, daß man mit Ski kaum einen Durchstieg findet. Wir wenden uns deshalb oberhalb des Sporns nach rechts (SW) und steigen wenig später – wieder sehr steil! – zwischen P. 3225 und P. 3591 auf. Richtung SW geht es auf die Fuorcla Crast' Agüzza (3601 m) zu, in deren unmittelbarer Nähe das Rif. Marco e Rosa steht (etwas westlich der Scharte auf einer fast gleich hohen Kuppe). Wir können bereits unterhalb der Scharte nach rechts abbiegen und über den schönen Südosthang fast bis zur »Schulter« (La Spedla, 4020 m, »Spallagrat«) aufsteigen. Skidepot. Über den Grat unschwierig, aber ausgesetzt, zum Gipfel des Piz Bernina (4049 m).

Abfahrt: Wie Aufstieg.

Varianten:

1) Nächtigung in dem (unbewirtschafteten) Rifugio Marco e Rosa (3597 m). Anschließend am nächsten Tag über die Bellavistaterrasse (besonders ausdauernde Geher können auch die drei Gipfel der Bellavista mitnehmen). Nach einer Überschreitung der drei Palügipfel Abfahrt nach Morteratsch. Eine Nächtigung im Rif. Marco e Rosa ist allerdings nicht ohne Risiko, weil ein Wetterumschwung verheerende Auswirkungen haben kann: Man sitzt wie in einer Mausefalle fest.

Piz Bernina mit Spallagrat (links) und Biancograt (rechts).

2) Von der Fuorcla Crast' Agüzza in sehr anspruchsvoller Abfahrt oder Abstieg durch das 350 m hohe SW-Couloir (100 Hm 45°) zum gleichfalls (zu dieser Zeit) unbewirtschafteten Rifugio Marinelli (2813 m). Am nächsten Tag Überquerung der sehr flachen Vedretta di Fellaria, Aufstieg zum Altipiano di Fellaria und zur Fuorcla Bellavista. Nach einer Überschreitung der drei Palügipfel Abfahrt nach Morteratsch.

Piz Palü (3901 m)

Überschreitung West – Ost mit Abfahrt zur Diavolezza oder nach Morteratsch

66

Touren-Steckbrief

Schwierigkeit: SGAS. Abfahrt häufig zu einer »rauhen Piste« eingefahren, Spaltengefahr daher aufgrund der entsprechend deutlichen Spuren gering; im Juni jedoch erhält der Piz Palü weniger Besuch, weshalb man die richtige Route zwischen den Spalten oft selbst suchen muß. Lawinengefährdung nur nach starken Schneefällen oder nach einem Wärmeeinbruch.

Höhenunterschied: Aufstieg 1410 m + einige kurze Gegenanstiege; Abfahrt ab Skidepot 1840 m bzw. soweit der Schnee reicht.

Zeit: Aufstieg 6 Std.; Abfahrt 2–3 Std.

Lage: Aufstieg N, O; Abfahrt N, NO, N.

Die Überschreitung des »Silberdoms« ist kaum weniger schön als eine Ersteigung des Piz Bernina – aber ungleich weniger gefährlich. Wegen der größeren Abwechslung des Anstiegs wird sie trotz gleicher Anstiegszeit zumeist weniger anstrengend empfunden. Etwas Kletterfertigkeit erforderlich. Bei der Überschreitung selbst ist bei günstigen Bedingungen lediglich Schwindelfreiheit gefragt.

Aufstieg: Von der Chamanna da Boval (2495 m) in einem leichten Rechtsbogen über den Vadret da Morteratsch zur Abfahrtspiste von der Diavolezza. Auf die Piste Richtung P. 2720 (Isla Persa). Kurz vorher zweigt man nach rechts ab und steigt, erst in einer Mulde, dann über den Vadret da la Fortezza zur Gemsfreiheit (Rifugi dals Chamuotschs, 3129 m) auf. Man läßt diesen aussichtsreichen Minigipfel wörtlich links liegen und steigt zum Fortezzagrat auf. Das ist ein gut begehbarer Rücken, der jedoch ein felsiges Zwischenstück aufweist, das mit aufgeschnallten Ski überwunden werden muß. Anschließend problemlos weiter Richtung Ostgipfel der Bellavista (3804 m) zu. In einer Höhe von

3680 m, jedenfalls aber oberhalb der gewaltigen Eisbrüche (links), verläßt man den Rücken und quert zur Fuorcla Bellavista (3688 m). Kurz Richtung Osten, dann müssen die Ski aufgeschnallt werden. Hier beginnt die Überschreitung der Palügipfel. Bei guten Verhältnissen ein Stapfen im Firn mit großartiger Aussicht, aber auch gruseligem Tiefblick. Bei weniger guten Verhältnissen sind Steigeisen erforderlich und weniger Geübte anzuseilen. Über den Westgipfel (3823 m) und den Hauptgipfel (3901 m) erreicht man den überaus häufig bestiegenen Ostgipfel (3882 m), der nur während der Revisionsarbeiten an der Diavolezza-Seilbahn zwischen der Winter- und der Sommersaison (Winterbetrieb endet Anfang Mai) seine Schonzeit erhält.

Abfahrt: Kurzer Abstieg vom Piz Palü Ostgipfel über den Ostgrat, dann können die Ski angeschnallt werden. Richtung N durch die Gletscherbrüche bis in die flache Mulde des Vadret Pers in 3000 m Höhe. Hier heißt es, Vor- und Nachteile abzuwägen:

a) Richtung NW abfahrend stößt man auf die Pistenabfahrt von der Diavolezza, steigt kurz zur Isla Persa auf und fährt dann über den Morteratschgletscher ab. Die Abfahrt endet praktisch bei der Haltestelle Morteratsch (1896 m) der Rhätischen Bahn, apert allerdings im unteren Teil verhältnismäßig früh aus.

b) Man fährt aus der Gletschermulde zuerst nordwestwärts, dann sehr flach Richtung N ab und steigt in einer halben Stunde zur Bergstation der Diavolezza-Seilbahn auf. Anschließend auf der Pistenabfahrt zur Talstation bzw. zur RhB-Haltestelle Bernina Diavolezza (2093 m). Diese Abfahrt ist länger befahrbar, weil sie steiler und schattiger ist und die Schneedecke durch die Pistenpräparierung länger hält.

Variante: Aufstieg von der Chamanna da Boval über die Abfahrtsroute (Vadret Pers) auf den Piz Palü. Von der Hütte wie bei obigem Aufstieg zur Isla Persa, Querung auf den Vadret Pers und südostwärts über den Gletscher zur flachen Mulde auf 3000 m (westlich P. 3031). Mit 5 Std. von der Bovalhütte auf den Piz Palü-Ostgipfel rechnen.

Rückblick zum Piz Palü vom mittleren Teil der Abfahrt.

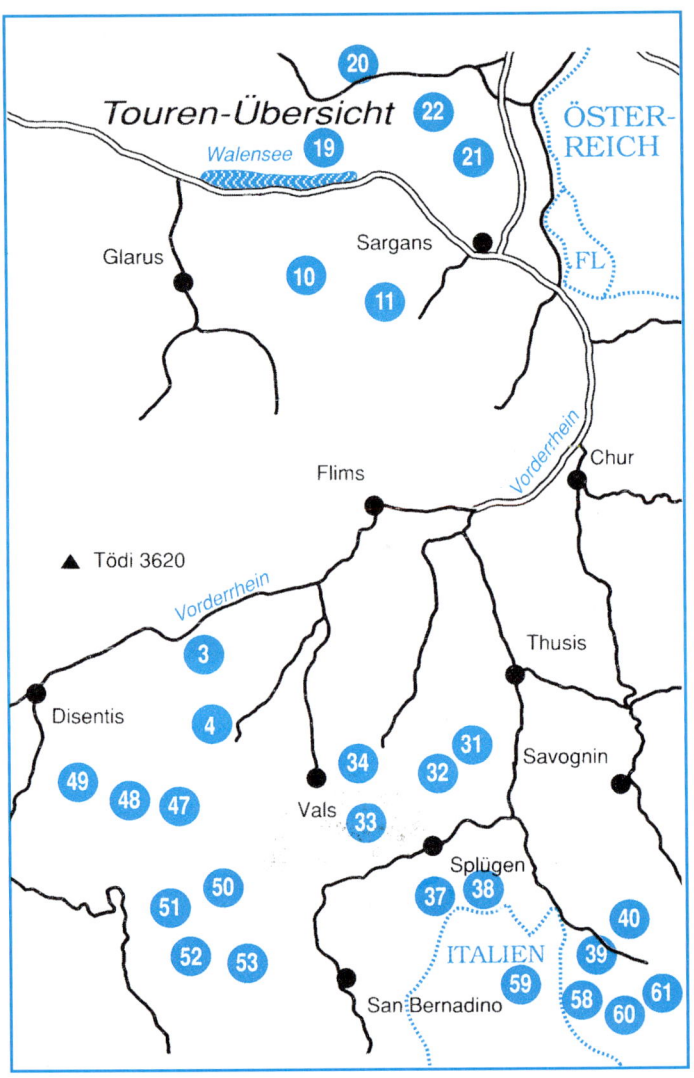

Touren-Übersicht

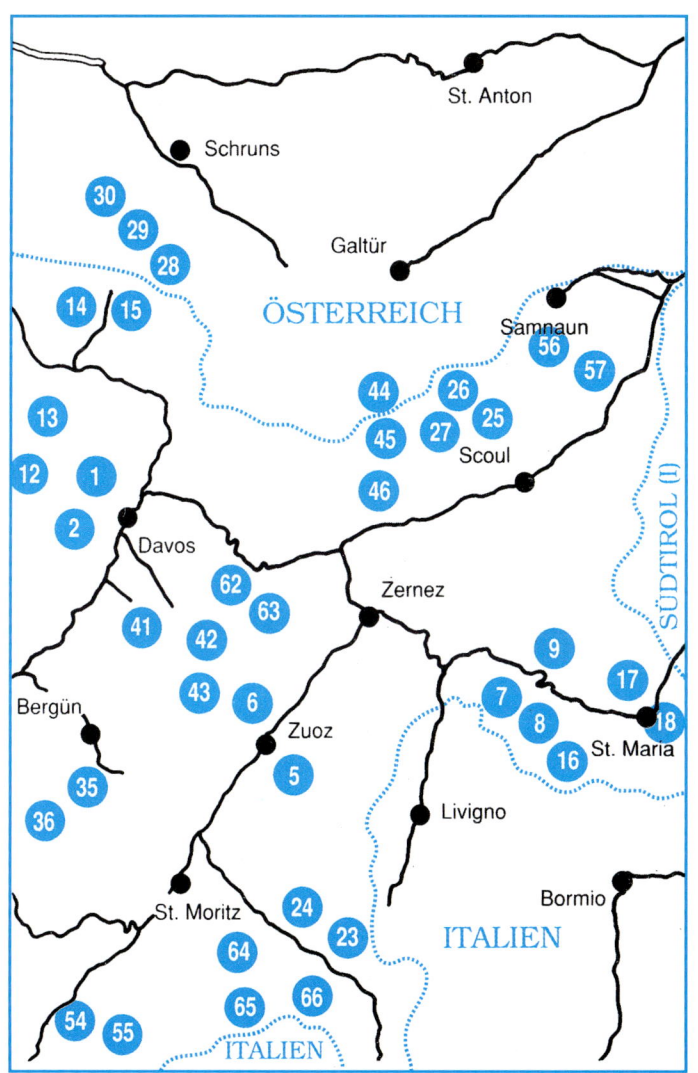

St. Anton

Schruns

30

29

28

14　15

ÖSTERREICH

Galtür

Samnaun

56

57

13

44　26

45　27　25

46　Scoul

12　1

2

Davos

62

63

Zernez

9

41

42

17

43　6

7

8　18

Zuoz

16　St. Maria

Bergün

5

35

36

Livigno

Bormio

24

St. Moritz

23

ITALIEN

64

54　55

65　66

ITALIEN

SÜDTIROL (I)

253

LITERATURVERZEICHNIS

Anker, Daniel und **Fähndrich**, Pius: Skitouren Schweiz,
Band 3, Zentralschweiz-Tessin, Steiger Verlag, Augsburg 1994.
Anker, Daniel und **Labande**, François: Skitouren Berner Ober-
land und Wallis, Steiger Verlag, Augsburg 1996.
Auf der Maur, Willy: Alpine Skitouren Band 1, Zentralschweiz-
Tessin, Verlag Schweizer Alpen-Club, Bern 1993.
Calonder, Georg: Alpine Skitouren Band 2/Graubünden,
Verlag Schweizer Alpen-Club, Bern 1992.
Gnudi, Maurizio e **Malnati**, Franco: Dal Sempione allo Stelvio.
112 itinerari scialpinistici nelle Alpi Centrali, Centro Documenta-
tazione Alpina, Torino 1986.
Grilli, Mario: dal Monte Rosa alle Valtellina, 732 itinerari
scialpinistici. Torino 1989.
Keill, Peter und **Steinbichler**, Hans: Die großen Skihütten der
Ostalpen und ihre Gipfel, Bergverlag Rother, München 1988.
Keill, Peter und **Steinbichler**, Hans: Die großen Skihütten der
Westalpen und ihre Gipfel, Bergverlag Rother, München 1990.
Klappert, Reinhard: Westalpen Skitourenführer, Verlag J. Berg,
München 1991.
Luchsinger, Werner: Alpine Skitouren Band 5, Glarus-St. Gallen-
Appenzell, Verlag Schweizer Alpen-Club, Bern 1997.
Pracht, Egon: Alpenvereins-Skiführer Silvretta und Rätikon,
Bergverlag Rother, München 1984 (10. Auflage).
Seibert, Dieter: Skiführer Ostalpen 3, Allgäu/Engadin,
Bergverlag Rother, München 1988 (3 Auflage).
Seibert, Dieter: Skitouren Vorarlberg, Steiger Verlag,
Berwang 1988.
Weiss, Rudolf und Siegrun: Davos-Prättigau. Skitouren für
Einsteiger und Genießer, Bergverlag Rother, München 1996.
Weiss, Rudolf: Skitouren im Engadin. Steiger Verlag,
Berwang 1989 (2. Auflage).
Weiss, Rudolf und Siegrun: Engadin. Skitouren für Einsteiger
und Genießer. Bergverlag Rother, München 1995.
Weiss, Rudolf: Alpenvereins-Skiführer Ortleralpen,
Bergverlag Rother, München 1991.

REGISTER

Namensteile wie »Piz« oder »Pizzo«, »Klein/Chlin«, »Mittlerer«, »Groß« usw. wurden nachgestellt.